铁路科技图书出版基金
TIELU KEJI TUSHU CHUBAN JIJIN

"十二五"国家重点出版物出版规划项目

高速铁路列车运行控制技术

——调度集中系统

靳 俊 主编

中国铁道出版社有限公司
CHINA RAILWAY PUBLISHING HOUSE CO., LTD.

内 容 简 介

本书通过对调度集中系统在开发、调试、运用过程中的总结，旨在从结构、功能、软硬件、测试验证、运营维护、工程实践等方面进行全面系统的介绍，帮助我国从事高速铁路研究开发、工程实施、运营维护、使用管理等相关技术人员，能够更加深入地了解和掌握调度集中系统的组成、工作原理、关键技术以及相关技术规范等内容。

本书可供高速铁路相关技术人员、运用和管理人员学习，对各类院校相关专业师生也有重要的参考价值。

图书在版编目(CIP)数据

高速铁路列车运行控制技术：调度集中系统/靳俊主编. —北京：中国铁道出版社，2017.7(2025.8 重印)
ISBN 978-7-113-17847-5

Ⅰ.①高… Ⅱ.①靳… Ⅲ.①高速铁路-列车-运行-控制系统 Ⅳ.①U284.48

中国版本图书馆 CIP 数据核字(2017)第 012118 号

书　　名：高速铁路列车运行控制技术——调度集中系统
作　　者：靳　俊

策　　划：崔忠文
责任编辑：徐　清　　**电　　话**：(010) 51873147　　**电子信箱**：357716058@qq.com
(021) 73147
封面设计：崔丽芳
责任校对：苗　丹
责任印制：高春晓

出版发行：中国铁道出版社有限公司(100054，北京市西城区右安门西街 8 号)
网　　址：http://www.tdpress.com
印　　刷：北京盛通印刷股份有限公司
版　　次：2017 年 7 月第 1 版　2025 年 8 月第 6 次印刷
开　　本：787 mm×1 092 mm 1/16　**印张**：14.5　**字数**：351 千
书　　号：ISBN 978-7-113-17847-5
定　　价：60.00 元

《高速铁路列车运行控制技术》编写委员会

主　编　刘朝英

副主编　覃　燕

成　员（按姓氏笔画排序）

李文涛　李　凯　郑　升　袁湘鄂

莫志松　曹　玉　靳　俊

序

近年来，我国高速铁路快速发展，取得了举世瞩目的成就。高速铁路列车具有运行速度高、追踪间隔时间短的显著特点。为确保行车安全，必须采用高可靠、高安全的列车运行控制系统。

中国列车运行控制系统(简称 CTCS)技术体系是充分吸取了国际列控系统的先进经验，并结合中国国情进行系统集成创新的成果，具有自主知识产权，其技术水平已跨入世界先进行列。

CTCS 既包括地面设备，也包括车载设备，是车地一体化的综合控制系统。支撑 CTCS 的主要设备包括：CTCS-3 级、CTCS-2 级列控车载设备，调度集中设备，轨道电路设备，计算机联锁设备，无线闭塞中心(RBC)，列控中心(TCC)，临时限速服务器(TSRS)等。列控地面设备根据联锁进路信息、列车追踪信息、允许速度信息、线路坡度信息等形成列车行车许可，由列控车载设备控制列车安全地运行。CTCS 在应用中不断成熟和完善，为我国高速铁路的快速发展创造了条件。我国高速铁路按照 200～250 km/h 高速铁路信号系统以 CTCS-2 级列控系统为主，250～350 km/h高速铁路信号系统以 CTCS-3 级列控系统为主进行规划建设。

为了完整地呈现中国列车运行控制系统技术体系，反映铁路科研人员长期辛勤耕耘的创新成果，我们编写了《高速铁路列车运行控制技术》，使我国从事高速铁路研究开发、工程实施、运营维护、使用管理等相关技术人员，能够更加深入地了解中国列车运行控制系统的基础理论、关键技术、工程实践和相关技术规范。

《高速铁路列车运行控制技术》包括五个分册，分别是《调度集中系统》《CTCS-3 级列车运行控制系统》《CTCS-2 级列车运行控制系统》《ZPW-2000 系列无绝缘轨道电路系统》《计算机联锁系统》。

高速铁路列车运行控制技术凝聚着一大批科研、建设、运营工作者的智慧和汗水。谨以此书，献给为中国高速铁路列车运行控制技术创新拼搏奉献的同志们。

编写委员会

2016 年 10 月

前　言

调度集中系统是高速铁路调度集中指挥、确保列车按图运行、提高运输效率的重要行车设备。我国调度集中系统在充分利用计算机技术、网络技术和信号控制技术基础上，立足中国国情，自主研发，自2004年起，先后在青藏铁路、胶济线、大秦线、武广高铁、京沪高铁等开通运用，总里程达24 000 km，满足高原、客货混跑、重载以及高速铁路等不同线路调度指挥需求，使得我国的调度集中系统在功能和适应性方面跻身世界前列。

调度集中系统是中国高速铁路技术体系的重要组成部分，也是铁路调度信息化的核心系统。调度集中系统是在列车调度指挥系统（TDCS）基础上，通过对功能、结构、接口的进一步提升，构建的全路联网、具备完整调度指挥功能的集中控制平台。它通过与计算机联锁系统接口实现对列车进路的自动控制，通过与列车运行控制系统接口实现对列车速度的监督和临时限速控制，通过GSM-R无线通信系统实现调度员与列车司机之间的命令传递，通过与运输信息集成平台接口实现和综合调度各专业系统的信息共享，满足我国对全路统一调度指挥和互联互通要求。

本书通过对调度集中系统在开发、调试、运用过程中的总结，旨在从结构、功能、软硬件、测试验证、运营维护、工程实践等方面进行全面系统的介绍，使我国从事高速铁路研究开发、工程实施、运营维护、使用管理等相关技术人员，能够更加深入地了解和掌握调度集中系统的组成、工作原理、关键技术以及相关技术规范。

本书由靳俊主编，崔虎副主编，具体编写分工如下：

第一章由费振豪、蒋耀东编写；

第二章由吴翔、陈宣、陈建鑫编写；

第三章由陈峰、王建英、张涛、应志鹏编写；

第四章由陈震解、乔永涛、王如跃、黄九洲编写；

第五章由陈德俊、冷俊、王丽军编写；

第六章由钱陆飞、田相坤、曹亚辉编写；

第七章由刘俊、徐伟编写；

第八章由陈梵、杜鑫、冯振国编写；

第九章由陈洪雨、王兴利、赵桂敏、丁治敏编写；

第十章由徐贲、秦艳锋、吴春波编写。

全书由夏明校核。同时在本书的编著过程中，也得到了广州铁路(集团)公司电务处陈建译、兰州铁路局电务处任小东、济南铁路局电务处夏兵、沈阳铁路局电务处殷继宏、北京铁路局电务处严频、太原铁路局电务处李俊、西安铁路局电务处孙波、上海铁路局电务处李强、南昌铁路局电务处郭建刚、南宁铁路局电务处周桂强等专家的大力支持，在此表示感谢。

随着我国铁路建设的不断推进，中国调度集中系统还需进一步丰富与完善，期望本书能对我国调度指挥和调度集中系统的研究和运用有所帮助。由于时间和水平有限，不妥之处望给予指正。

编　者

2016 年 12 月

目　录

第一章 绪 论

为了满足国民经济的快速发展对铁路运输提出的新需要，特别是满足不断增长的旅客运输需求，大幅度提高出行便利性、舒适性，按照国家铁路发展规划，我国近年来大力发展高速铁路，提高了铁路运输能力与速度，缓解了铁路运输行业供需紧张的局面，取得了良好的社会效益与经济效益。

高速铁路是一项庞大而复杂的现代化系统工程，由高质量和高稳定的铁路基础设施、性能优越的高速列车、高效的运输组织方式及先进可靠的调度指挥系统等组成，是相关领域高新技术综合协调、集成创新的工程。作为高速铁路运输组织指挥的中枢，调度集中系统在高速铁路建设中具有重要的地位和作用。

高速铁路采用了一系列的新技术、新设备以及新的行车组织方式，因此高速铁路线路与普速铁路在管理和运用等方面存在较大的差别。本书重点介绍的高速铁路调度集中系统(CTC)，是高速铁路行车指挥核心设备；是高速铁路信号系统的重要组成部分；是保证动车组列车高速度、高密度运行，提高旅客服务质量必不可少的基础装备。

中国高速铁路调度集中系统，是我国自主研发、设计、生产的，满足我国高速铁路运输组织需求的新一代调度集中系统，综合了铁路信号、通信、运输等专业技术和计算机、网络等现代信息技术，采用智能化分散自律设计原则，以列车运行调整计划为中心，以车站运行线路信息与相关管理细则为约束条件，兼顾列车与调车作业流程，高度自动化、智能化的调度指挥系统。

高速铁路调度集中系统可与列控系统、运营系统、客运服务系统、统计分析系统等外部系统共享信息，协同工作，共同组成新型技术条件下的新型行车组织方式。

第一节 国内外调度集中系统概况

一、国外调度集中系统

国外铁路调度系统的配置方式一种按照线路管理设置，即一条线路设置一个调度指挥控制中心；另一种按线路所在地区管理体系设置，即在某一区域中心设置调度集中指挥中心，管理一个区域或多条线路。

国外调度指挥采用的模式：一种是仅设调度集中(CTC)系统，来负责列车运行的调度指挥工作。另一种以 CTC 系统为核心，与其他运营系统共享信息、资源共用，包括与运营有关信息管理的综合调度集中系统。

国外调度指挥系统早期采用专用调度总机、车站独立分机设备完成调度指挥作业。随着 IT 技术的进步，逐步发展到采用客户机/服务器模式，利用计算机网络以及现代信息技术实现调度指挥系统。早期的调度集中主要是行车控制，现在已向安全监控、运营管理等综合自动化方向发展。

(一)法国调度集中系统

1981 年在巴黎建成 TGV 东南线 CTC 控制中心，1989 年在巴黎蒙帕纳斯车站建成 TGV 大西洋线 CTC 控制中心，1993 年在里尔开通 TGV 北部线 CTC 控制中心，1995 年在巴黎建成 CO-TGV，2001 年建成 TGV 地中海线 CTC 控制中心。

法国 TGV 铁路调度中心的业务主要是行车调度、运营管理和计划管理这三部分，属于简单 CTC 系统。

法国高速铁路形成以巴黎为中心的星形网络，且线路建设年代不同，高速铁路网建设周期跨越 20 年，调度中心与线路同期建设。由于高速线路车站间距大，TGV 列车在区间运行时，途中管理作业量小，因此，每个调度所仅办理 CTC 调度集中作业，管理业务比较单一。

法国国营铁路新建高速铁路总长约为 1 500 km，但 TGV 运营线路超过 5 000 km，驶出高速线运行的 TGV 列车交由既有线调度指挥系统统一指挥管理。

(二)德国调度集中系统

德国对铁路网的运营采用三级调度管理方式，集中控制列车运营，基本配置为：在柏林和美茵茨各设一个总调度指挥中心协调各区域控制中心的调度工作；全国路网设七个区域控制中心；由遥控中心和车站信号设备组成基层控制系统；高速铁路不专设调度中心，而是将高速铁路调度纳入所在区域的既有调度系统，仅增加供高速线调度使用的工作台。

德国新建和投入运营的高速线有 700 多千米，为客货混运线路。高速新线纳入联邦铁路既有 40 000 多千米线路，成为路网的一个组成部分。

(三)日本调度集中系统

日本新干线路网总长达到 2 000 多千米。1964 年东海道新干线开通，采用调度集中的行车指挥方式，随着列车运行密度的增加，新干线里程和车站的增多，简单调度集中方式已难于满足运输要求。1972 年，日本国铁将计算机辅助运行控制系统(Computer aided Traffic Control System，COMTRAC)投入使用，此后又不断地改进设备扩充功能，形成现在的系统，管理总长为 1 100 km 的东海道和山阳新干线。日本高速铁路就其列车运行密度、运量、安全性、正点率和方便性来说在世界上处于领先位置。1996 年阪神大地震以后，JR 东海与 JR 西日本铁路公司在大阪建设了 COMTRAC 备用中心。1999 年，JR 九州铁路公司将原有的七个既有线调度所合并，采用 COMTRAC 系统，建设了九州综合调度中心，管理 2 000 多千米既有铁路。

在 COMTRAC 基础上，JR 东日本铁路公司又开发了新型综合调度集中系统 COSMOS (Computerized，Safety，Maintenance and Operation System)，1995 年投入运营。

COSMOS 调度中心设在东京，集中管理东北、上越、北陆等新干线，总长达到 900 多千米。COSMOS 系统由运输计划、行车控制、维修作业管理、设备管理、电力监控、车辆管理、维修基地管理 8 个子系统构成。

COSMOS 系统与 COMTRAC 相比，扩大了管理和控制范围，增强了功能，约 500 台计算机构成广域自律分散系统，确保系统故障或中断时仍能维持铁路正常运输秩序。COSMOS 系统采用了 20 世纪 90 年代最新的计算机和通信技术，实现了运输业务管理的综合系统化，取得了 900 多千米铁路上，每日 300 多次列车运行，年平均晚点时间不到 1 min 的佳绩。

(四)西班牙调度集中系统

1992年在马德里阿托查车站建成AVE综合调度系统,2003年在萨拉戈萨建成马德里—巴塞罗那高速线综合调度系统。西班牙马德里—塞维利亚高速线调度所(1992年)调度中心管理马德里—塞维利亚高速线路,实行集中控制、统一管理。

控制部分有行车调度、列控系统控制终端、电力调度监视及遥控。中心监视台显示运营线行车设备状态、火灾报警、空调设备状态、图像系统、通信系统工作状态,由维修调度管理。

与中国相比,国外铁路的行车密度不高、路网结构简单,虽然设有信息化程度较高的运输调度系统,但运输作业较中国简单,其调度指挥的综合性和复杂性的要求低于中国。

二、中国调度集中系统的发展

自20世纪80年代后期以来,各铁路信号研究设计部门、科研机构、铁路局的信号工程技术人员,为全路运输调度指挥管理信息系统工程的实施做了大量的前期准备工作,提供了宝贵的实践经验。

(一)中国列车调度指挥系统(TDCS)的发展

1994年,铁道部电务局在广泛调查研究后,正式提出建设铁路运输调度指挥管理信息系统的可行性研究报告,工程名称确定为DMIS(调度指挥管理信息系统)工程。它是采用通信、信号、计算机网络、数据传输、多媒体等多门学科技术为一体的三级四层综合型现代化运输调度指挥管理信息系统。三级四层是指铁道部、铁路局、铁路分局(2005年3月撤销)及基层信息采集系统,分散采集、集中控制管理。

1996年1月18日,铁道部部长办公会上通过了DMIS工程实施可行性报告,决定在全路组织建设DMIS工程。按照铁道部总体安排,电务局负责整个DMIS工程的方案审查、计划安排和组织实施。成立以通号公司研究设计院、部直属通信处、铁道科学研究院通号所、卡斯柯公司组成的总体设计组,集中全路技术专家共同实施这项历史性工程。

1996年10月3日,铁道部以铁计营〔1996〕137号文下达了《关于铁路运输调度指挥管理信息系统工程总体方案的批复》。根据批复,总体设计组开始了DMIS一期工程初步设计工作。经过多次调研论证以及对设计方案的修改、评审,1998年3月26日,铁道部以铁电务〔1998〕33号文下发了《关于加快DMIS一期工程建设的通知》,对全面启动DMIS工程做出了具体部署,明确了工期要求,工程实施正式起步。

无线车次号校核系统作为DMIS系统的重要子系统,于2000年4、6、8月,分别在北京和南京召开了无线车次号校核系统技术和工程实施的会议,对技术方案的确定、工程实施的步骤、产品生产的进度等进行了具体的安排,并决定在京沪线南京分局管内组织实施,在总体组和有关工厂、机务、电务的共同努力下,无线车次号校核系统按期完成,解决了DMIS系统中重要的技术难题。

2001年,铁道部在全路信息化工作会议上做出决定,要求DMIS一期工程抓紧收尾,全面进行DMIS二期工程建设。

2001年10月底,DMIS“南京模式”通过了铁道部组织的技术鉴定,为全路推广创造了条件。运输局基础部在南京多次召开现场会，向全路推广南京分局经验，由此带动了 DMIS 工程建设的新高潮。

2002 年 5 月至 2003 年 11 月，经过参建单位的奋力拼搏，兰州铁路局在全路率先建成并开通了覆盖全局所有干线及主要支线的 DMIS，实现了“五全”，即“全局全覆盖、功能全实现、系统全脱图、DMIS 加调度集中(青藏线西宁—哈尔盖段)全开通、维护管理全到位”的目标，真正达到了提高运输效率，减轻调度员和值班员劳动强度，提高运输调度指挥自动化水平的目的。同时，在西宁铁路分局(现青藏铁路公司)还首次实现了 TMIS 和 DMIS 的有效结合。

2003 年底，在京沪全线全面实现了 DMIS 功能，上海铁路局上海、南京分局，北京铁路局北京、天津分局，济南铁路局济南、徐州分局全部或部分调度台已实现“甩图”，全线 100 多个车站全部实现车站值班员用计算机接收阶段计划、调度命令、生成行车日志等功能，为繁忙干线 DMIS 建设积累了经验。

2004 年，经过有关铁路局和 DMIS 研制单位的共同努力，基本上完成了 DMIS 一期工程建设任务，形成了铁道部、铁路局调度指挥中心和四大干线(京沪、京哈、京广、京九线)车站基层网。在 DMIS 一期工程建设的同时，有关铁路局自筹资金启动实施了 DMIS 二期工程，即在开通沈阳、北京、郑州、济南、上海、南昌、广州 7 个铁路局中心局域网后，又开通了兰州、柳州、成都 3 个铁路局 DMIS 中心局域网，共建成 20 条干线车站 DMIS 基层网，DMIS 建设取得了突破性进展。铁道部将 DMIS 工程作为六大干线(京沪、京哈、京广、京九、陇海、浙赣线)提速安全标准线“十全”标准之一，在六大干线全面进行建设。

2005 年，根据铁路信息化总体规划，DMIS 更名为 TDCS(列车调度指挥系统)。运输局基础部提出了以 TDCS 为平台，以 CTC 为核心，构建我国铁路现代化的调度指挥系统，力争于 2006 年前在全路所有繁忙干线装备完成 TDCS 系统的建设目标，从而实现我国行车调度指挥现代化的历史性突破。

2005 年 3 月铁道部决定撤销铁路分局，由铁路局直接管理站段。对各铁路局的管理格局进行了重大调整，调度指挥的格局随之发生了重大变化。调度台由原来的分局各自独立设置更改为以铁路局为单位的集中设置，调度中心管辖范围大大扩充，对调度集中系统的管辖范围和处理能力提出了更高的要求。

在经历了调度台搬迁及调度台整合工作后，铁路局调度员管辖范围有所扩大，TDCS 透明指挥的优势得以充分体现，对于调度指挥人力资源有了更高效的整合，各铁路局对于 TDCS 系统的认可程度大大提升，加大了对 TDCS 的投资力度，促使 TDCS 迅速发展，一个适用于现代化铁路运输的行车指挥模式逐步形成。

(二)中国调度集中系统(CTC)的发展

调度集中系统(CTC)是在列车调度指挥系统(TDCS)的基础上发展起来的。在 2000 年以后，随着通信、信号、计算机技术、网络技术的迅速发展，TDCS(原 DMIS)研制单位也在不断改进和发展调度集中系统。

2002 年 11 月，ITC-2000 型调度集中在哈尔盖—格尔木区段正式开通。2003 年 6 月，D6 型调度集中在秦沈客运专线顺利开通。

2003 年 8 月，铁道部组织国内 CTC 系统的主要研制单位(卡斯柯信号有限公司、铁道部科学研究院、北京全路通信信号研究设计院等)及运输、通信信号专家起草了《分散自律调度集中技术条件》，该技术条件重新定义了新一代分散自律调度集中建设的技术标准、关键功能及技术特点。

2004 年 4 月，西宁—哈尔盖单线区段新一代分散自律调度集中系统通过了铁道部组织的技术审查，同年 5 月，该系统正式开通，这是全路历史上第一条采用分散自律控制技术的调度集中系统。

2006 年 7 月 1 日，青藏线分散自律调度集中系统正式开通，在高原环境恶劣区段实现了分散自律控制。

2007 年 1 月 15 日，我国繁忙铁路干线上第一套调度集中系统——胶济线分散自律调度集中系统正式开通。胶济线分散自律调度集中的正式开通，是调度集中在我国繁忙铁路干线上的第一次应用，为我国铁路运输组织、运营管理、调度指挥创造了一系列全新理念，也为我国铁路其他繁忙干线实现调度集中指挥打下了坚实的基础。

2007 年 3 月，郑徐线、沟海线 CTC 系统正式开通；2007 年 4 月，浙赣线调度集中投入运营。

随着 CTCS-2 级和 CTCS-3 级列控系统的运用，高速铁路 CTC 系统也不断创新和完善，通过与车站列控中心（TCC）、临时限速服务器（TSRS）、无线闭塞中心（RBC）的结合，开发完成相关配套功能，满足高速铁路调度指挥需求。

京津城际（北京—天津），CTC 系统于 2008 年 8 月 1 日开通运行，列控系统为 CTCS-3D，线路全长 120 km。全线共计 5 个车站，均为无人值守集控站。

武广高速铁路（武汉—广州），CTC 系统于 2009 年 12 月 26 日开通运行，线路全长 1 069 km，是我国第一条采用 CTCS-3 级列控系统的线路。全线共计 19 个车站，绝大部分车站为无人值守集控站。

京沪高速铁路（北京—上海），CTC 系统于 2011 年 6 月 30 日开通运行，线路全长 1 318 km，采用 CTCS-3 级列控系统。全线正线设高速客运站 24 个，设立北京和上海 2 个动车段，设立济南、南京南、虹桥 3 处动车组运用所，正线车站实现无人值守集中控制模式。

截止 2016 年底，中国高速铁路运营里程达到 2.2 万 km，基本实现“四纵四横”高速铁路网建设目标，所有开通运营的高速铁路全部采用 CTC 系统实施调度集中控制。

第二节 调度集中系统在高速铁路信号系统中的作用

调度集中系统是涵盖调度所、车站的全程全网系统，是在调度所将某一调度管辖区段中的车站信号设备进行远程集中控制，对列车运行直接指挥。高速铁路的行车指挥基本模式就是以调度集中系统作为指挥中枢，以列控、联锁设备为基础，实现对列车运行的自动指挥和集中控制。

调度集中系统与车站联锁系统接口，实现进路控制指令的执行和信号设备状态的采集；与 RBC 系统接口，实现对列车运行状态的实时监视；与临时限速服务器接口，实现临时限速命令的下达和临时限速状态的显示；与 GSM-R 通信系统接口，实现无线调度命令和进路预告的传递；与信号集中监测接口，实现对调度集中系统设备的有效维护。各系统之间既自成体系，又互相关联，其具体关系如图 1-1 所示。

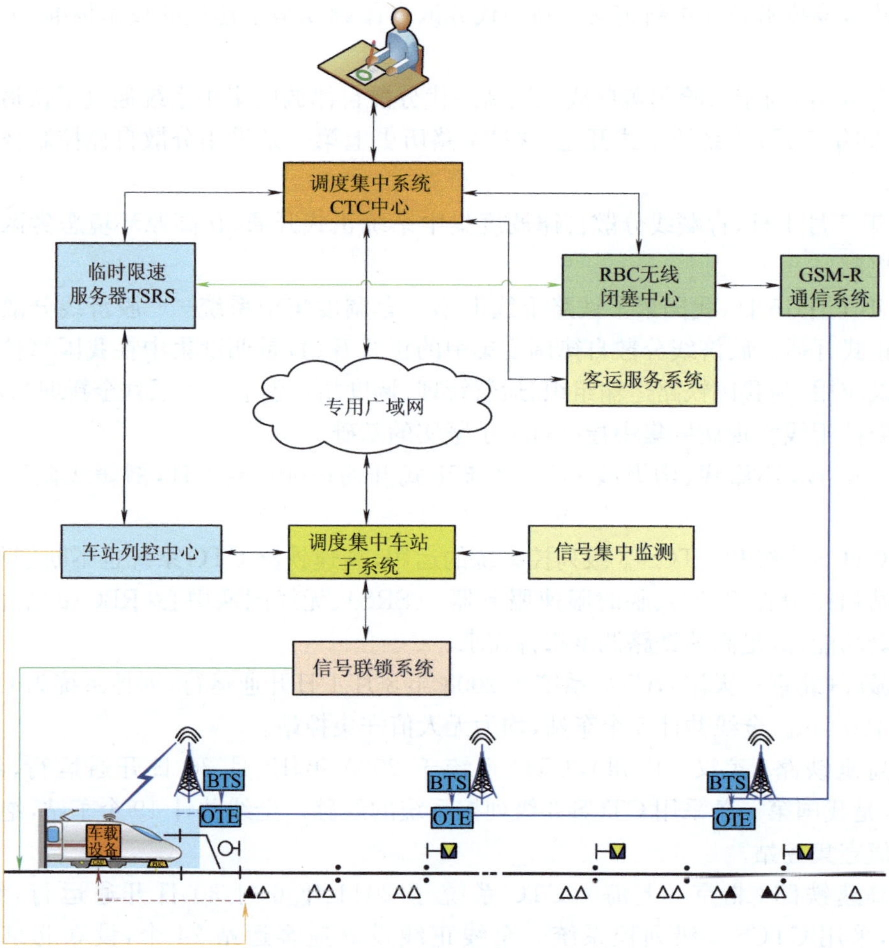

图 1-1　高速铁路信号系统关系

高速铁路的列车指挥和控制功能实现的主要过程是：调度集中系统根据基本图、日班计划编制列车运行阶段计划，按照列车运行阶段计划生成列车进路控制指令，并在规定的时机发送至联锁系统执行；同时通过对现场实时信息的采集状态来进行车次跟踪处理，监视列车实际运行情况，自动记录列车实绩运行图，自动调整后续阶段计划。当列车进路排列成功后，调度集中系统还可通过 GSM-R 无线传输系统向列车自动发送进路预告信息，并接受司机的签收回执信息。

在需要下达临时限速指令的情况下，由调度集中系统拟定临时限速调度命令，下达至临时限速服务器，并由临时限速服务器发送至无线闭塞中心和各车站列控中心执行；同时调度集中系统接收临时限速服务器的反馈信息，实时监督检查临时限速的执行情况。为了确保安全，调度集中系统还可通过 GSM-R 无线传输系统向司机发送临时限速调度命令文本，司机可据此核对车载列控设备接收到的临时限速报文。

综上所述，调度集中系统作为高速铁路信号系统的重要组成部分，直接关系到列车运行计划能否高效、安全的执行，在高速铁路列车指挥和信号控制体系中起着非常重要的作用，是信号设备服务运输生产的核心载体。

第三节 高速铁路调度集中系统的特点

我国高速铁路具有里程长、覆盖范围广、车辆类型多、与既有线之间的联系复杂、部分线路客货混跑等特点。由于各条高速铁路设计定位不同，速度目标值、基础设施和技术装备水平存在差异，其运输组织和调度模式与国外不同，高速铁路与普速铁路的联系较发达国家高速铁路相比更为紧密，高速铁路运营初期存在着高中速混跑以及客货混跑的特点，运输组织的难度和协调的联动性较多，因此我国高速铁路调度集中系统发展不能完全照搬某一个国家的模式，系统的研发和建设必须在充分吸收先进经验和汲取失败教训的基础上走自主创新的道路。高速铁路和普速铁路行车差异对比见表1-1。

目前，我国高速铁路普遍采用的分散自律调度集中系统，是基于现代计算机技术、网络技术、信息处理技术、现场控制技术综合而成的高度自动化、智能化的调度指挥系统。实现以日班计划、列车运行调整计划为框架，将列车运行调整计划信息下传到各个车站自律机中自主执行，根据列车运行实时信息、列车运行计划、各项管理细则等进行自我约束、保证安全，解决列车作业与调车作业在时间和空间上的冲突，实现列车和调车作业的统一控制。

表1-1 高速铁路和普速铁路行车差异对比

序号	关注点	普速铁路特点	高速铁路特点
1	需求类型	客货混运	高速客运
2	设计速度	＜200 km/h	≥250 km/h
3	车流密度	中等	高密度
4	管理范围	车站与运行线路	从动车基地开始的全过程控制
5	调整频度	定期调图	高峰期运行图灵活调整
6	沿线车站	有人值守	无人值守
7	维修方式	天窗修	夜间固定天窗修

除上述的差异之外，高速铁路由于其高速度、高密度、高舒适度的要求，对信号系统的安全性、设备可靠性、连续运行等性能提出了更高要求，同时系统所面对的信息处理量也大大增加，给信号系统带来了一系列的变革，对相应的调度集中系统也提出了新的要求。

(1)适应各类车站联锁系统；

(2)适应新型列控中心；

(3)与临时限速服务器TSRS接口，形成新的临时限速处理方法；

(4)与RBC系统信息交互；

(5)与调度计划管理系统信息交互；

(6)实现与客运服务系统信息交互；

(7)与GSM-R系统的对接；

(8)高速铁路跨局、跨线运行的信息交互。

科学、先进、可靠的调度指挥系统是高速铁路实现高速度、高密度、高效率、安全正点运行的重要保障。高速铁路调度集中系统的运用，可实现自主决策、自主控制，提高运输效率，同时提高安全管理能力，从而显著提高整个运输系统的安全水平，满足时速200 km及以上高速列车运行时调度指挥的需要。

第四节　高速铁路调度集中系统的技术原则

一、适用原则

实施调度集中的必要条件是车站采用集中联锁(宜为计算机联锁)、区间采用自动闭塞或自动站间闭塞。

调度集中应将同一调度区段内、同一联锁控制范围内所有车站(车场、线路所、区间中继站)、动车段(所)的信号、联锁、闭塞设备纳入控制范围。单独设立的调车场、编组场控制设备原则上不纳入调度集中控制范围。

通信系统是保障调度集中系统正常运用的重要基础设施,应满足调度集中对数据、语音通信业务的功能要求。

(1)有线传输系统是调度集中系统内部各层级、相关系统之间各类信息数据可靠交互的必要设施。

(2)无线传输系统(GSM-R)是调度集中系统与无线通信车载设备之间,实现车地信息可靠交互的必要设施。

(3)无线通信车载设备具备车次号校核、列车停稳、调车请求、调度命令、接车进路预告、调车作业通知单、签认回执等信息收发功能。

(4)调度员、司机、车站值班员之间必须具备良好的语音通信。

调度集中系统在分散自律控制模式下具备行车约束条件的检查功能,可以辅助调度员及时发现安全隐患。

为保证调度集中系统的良好运用,使用和维护单位应制定相应的维护管理办法。

二、接口原则

调度集中系统应具备与计算机联锁系统、列控系统、区间闭塞设备、铁路数字移动通信系统、相邻的列车调度指挥系统/调度集中、信号集中监测系统、无线调车机车信号和监控系统、运输信息集成平台等外部系统接口,以及由于业务功能扩展经行业主管部门批准的其他接口。

调度集中系统对车站实行分散自律控制时,联锁关系由车站联锁设备保证,区间闭塞由区间设备保证,列车运行控制由列控系统保证。实现各种功能时,应不影响既有联锁、闭塞以及列控系统的完整性。

调度集中系统与外部系统的接口,应采用规定的协议和方式。与联锁、列控等信号系统接口宜采用安全通信协议,并且接口不影响双方系统安全性。

调度集中系统与列控系统的接口,实现临时限速的界面操作和显示功能,列控系统负责临时限速相关安全条件的检查和限速指令的可靠、安全执行。

调度集中系统从车站联锁设备、车站列控中心设备和区间闭塞设备获得所需现场信号设备信息。

调度集中系统不改变既有联锁场间(含独立车场、独立调车区、无联锁区)的联锁照查条件。调度集中系统在排列相关进路时,也必须受这些条件的约束。

调度集中系统可在保证自身运行安全基础上,加强信息共享,实现信息资源整合和综合利用，为其他系统提供信息支持。

三、构造原则

调度集中系统原则上应将同一调度区段内、同一联锁控制范围内所有车站(车场、线路所、区间中继站)的信号、联锁、闭塞设备纳入控制范围。调度集中区段的两端站、编组站、区段站和动车段(所)以及调车作业较多、有去往区间岔线列车或中途返回补机的中间站，可不列入调度所中心控制，应能通过调度集中车务终端进行自动或者人工控制。

高速铁路调度集中系统、普速铁路列车调度指挥/调度集中系统应分别组网，独立运行；调度所应分别设置高速铁路调度集中中心系统和普速列车调度指挥/调度集中中心系统；高速铁路车站应接入高速铁路调度集中中心系统，普速铁路车站应接入普速列车调度指挥/调度集中中心系统。

调度集中系统应采用动态可扩展的体系结构，可以按需配置权限和控制范围，有效支持调度台管辖范围调整和局界调整。

调度集中系统应配备独立的仿真测试系统，具备相关软件、数据的模拟试验和人员培训等功能。

调度集中系统应设置时间源或从铁路时间同步系统获取时间信号，并为其他接口信号设备提供时间校核信息。

调度集中系统网络规划和设计应遵照统一规划、统一标准、合理布局的原则。

调度集中系统设备和通道均应采取冗余方式，并且还应配备独立的应急备用中心系统和应急通道。

调度集中系统应满足国家计算机网络信息安全等级保护的强制性要求，满足铁路信息安全相关技术条件。调度集中系统应设置信息安全集中管理中心，对相关信息安全设备进行集中管理，构成统一严密的信息安全防御体系。

第二章　调度集中系统功能和原理

调度集中系统以列车调度指挥系统为基础，提供站场信息实时监视、车次号自动跟踪、列车自动采点、列车运行计划和调度命令管理等传统列车调度指挥功能，同时还具备调度集中控制、信号冲突检查、调车进路控制和管理、临时限速、行车作业防护报警、无线接车进路预告和CTCS-3级列车运行状态显示等功能。

第一节　功能概述

CTC系统通过与车站联锁、区间闭塞、列控中心等设备接口，实现站场信号设备状态的信息采集和实时站场显示；进一步通过对采集的站场信息进行处理，实现列车运行自动跟踪和自动采点、列车运行实绩运行图的自动生成以及行车日志的自动生成。

CTC系统提供完整的列车计划管理功能，可以辅助列车调度员进行计划的调整和下发，CTC系统根据列车运行计划和自动跟踪的列车位置自动向联锁系统发送进路办理指令，完成列车的接发车自动控制。CTC系统自动办理进路后，可以自动通过无线传输系统向对应列车发送无线进路预告信息。

CTC系统提供调车作业计划管理功能，可以编制调车作业计划、生成调车进路序列，在人工触发或者机车申请条件下自动办理调车进路。CTC系统办理调车进路时检查与列车计划的冲突，避免调车作业对列车作业造成影响。

CTC系统提供网络化的调度命令传输功能，列车调度员可以将调度命令通过CTC网络下达到车站值班员，可通过无线传输系统下达到列车司机，并可接收命令签收回执。

在CTCS-2级和CTCS-3级列控区段，CTC系统提供列控临时限速设置和临时限速状态显示功能，列车调度员可以将临时限速命令通过CTC系统发送到临时限速服务器，再经列控中心、应答器或RBC发送到列车，实现对列车运行的速度控制，并可监视临时限速的设置状态。同时，CTC系统接收RBC系统发送的CTCS-3级列车运行状态信息，并可实时显示。

CTC系统检测到车次号丢失、车次号不一致、信号设备异常、人工操作错误等特定故障情况时，可以产生行车辅助报警，提醒行车人员进行处置。

第二节　实时监视

CTC系统实时监视功能是向调度指挥和行车作业人员呈现线路信号设备状态以及列车运行位置，具备全局、直观、实时等特点，是调度指挥人员掌握现场信号设备和列车运行状况的重要手段。CTC系统实时监视画面如图2-1所示。

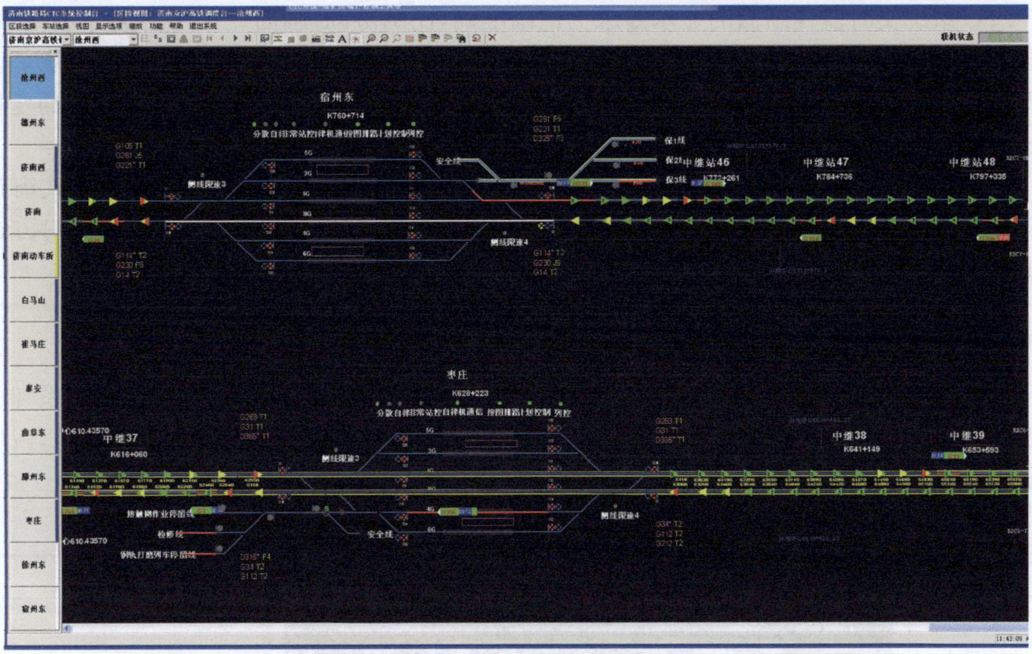

图 2-1　CTC 系统实时监视画面

CTC 系统实时监视画面可以显示的图形信息主要分为两部分:现场设备布局的静态信息和实时采集的动态信息。静态信息包括:线路连接关系、轨道区段和信号机设置、进路按钮设置、辅助指示灯和文字、桥隧位置、高低站台布局、接触网分相点位置、RBC 切换点位置等。动态信息包括:列车车次号、站内信号机开放和关闭、站内信号机的点灯和灭灯状态、道岔开向位置、进路锁闭和出清、轨道区段占用和空闲、区间闭塞分区占用和空闲、区间闭塞分区低频码序、轨道区段封锁和分路不良标记、牵引供电停送电标记、列车移动授权位置以及临时限速示意等。

CTC 系统实时监视画面的静态信息来源是相关专业提供的设计图纸和数据,其中线路连接关系、轨道区段和信号机设置、进路按钮设置、RBC 切换点位置等来源于信号设计平面图;桥隧位置、高低站台布局来源于站场设计平面图;接触网分相点位置来源于牵引供电设计平面图,如图 2-2 所示。相关信息汇总后生成 CTC 实时监控画面,并最终向调度指挥人员呈现。

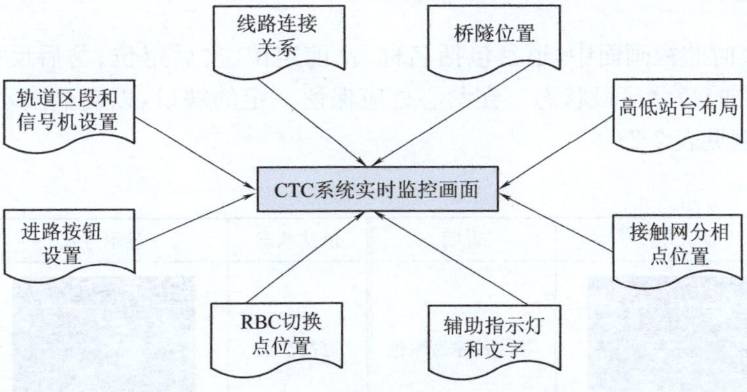

图 2-2　CTC 系统实时监视画面相关设备元素

CTC 系统实时监视画面的显示要求为清晰准确，比例协调，画面元素不能无序重叠，线条不能有明显锯齿，画面字体应一致，画面的斜线角度应一致，区间和正线股道间距应统一。实时显示屏幕背景色为黑色，色位应为 16 位以上。线条宽度及倾斜角度应不随分辨率的变化而变化。当信息中断时，整个车站所有设备都显示为灰色，站名变红色。

CTC 系统具备动态显示详细信息的功能，当鼠标移动到车站名称上时，以弹出式窗口方式显示车站中心里程；当鼠标移动到进出站信号机、区间通过信号机时，以弹出式窗口方式显示进出站信号机公里标；当鼠标移动到车次号时，显示列车机车号等速报信息。

一、股道、无岔区段、区间显示

在 CTC 实时监视画面中，股道、无岔区段、区间等显示方式应能反映线路连接关系和区段状态。在空闲的情况下显示为蓝色线条；在锁闭的情况下显示为加倍宽度的白色线条；占用的情况下显示为加倍宽度的红色线条。图例见表 2-1。

表 2-1　股道、无岔区段、区间状态显示图例

状态	显示方式	说明
空闲	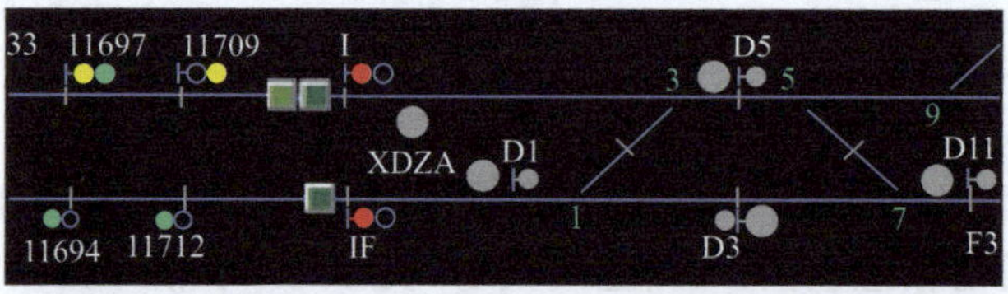	蓝色线条
锁闭	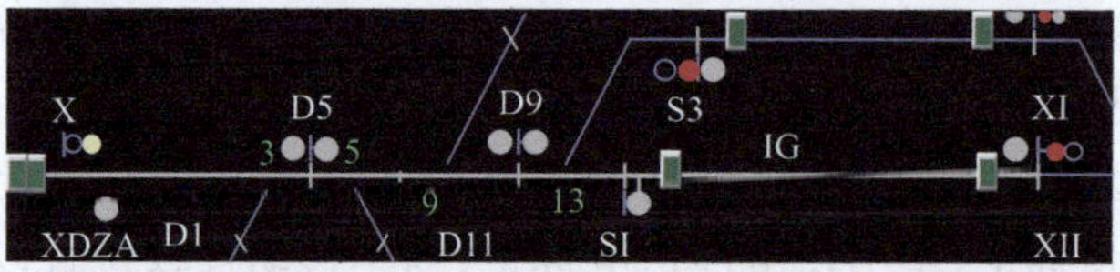	加倍宽度的白色线条
占用	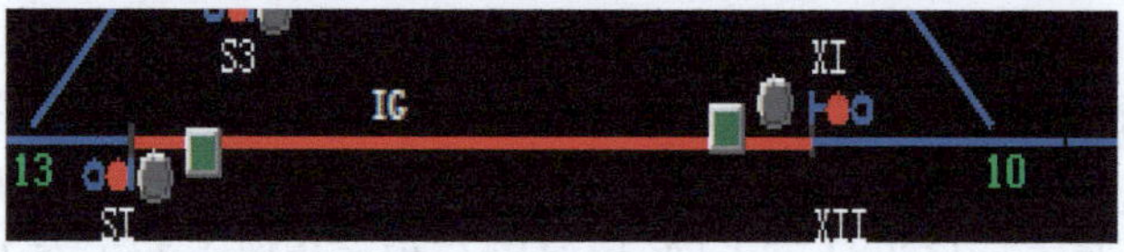	加倍宽度的红色线条

二、道　　岔

CTC 系统实时监视画面中，道岔包括名称、岔前定位、岔后定位、岔后反位、岔心等元素，应能反映道岔方向、道岔区段状态。在岔心处应保留一定的缺口，以明显表示道岔的开向（定位或反位）。图例见表 2-2。

表 2-2　道岔状态显示图例

道岔状态	显示方式	说明	道岔状态	显示方式	说明
道岔定位	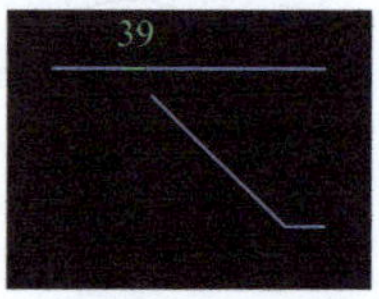	道岔名称为绿色	道岔挤岔	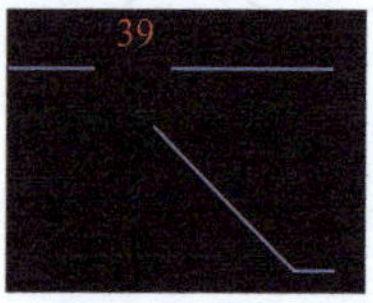	道岔名称为红色

续上表

道岔状态	显示方式	说明	道岔状态	显示方式	说明
道岔反位	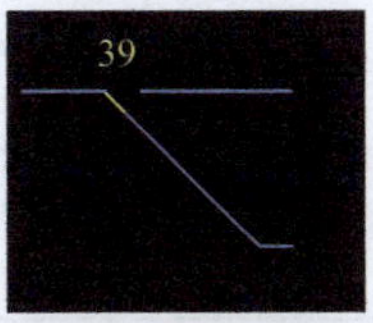	道岔名称为黄色	道岔单锁	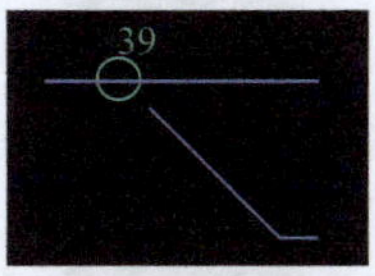	岔心绿色圆圈
道岔四开	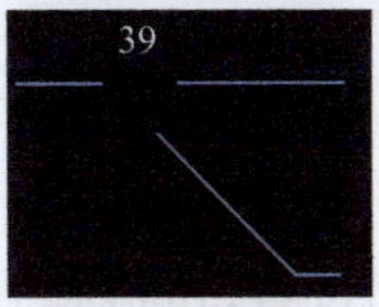	道岔名称为白色	道岔单封	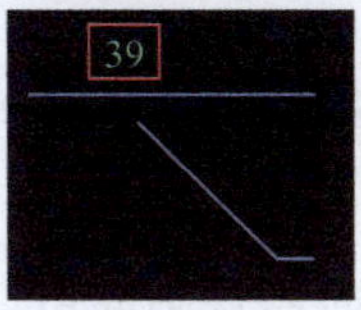	道岔名称红色外框
无状态	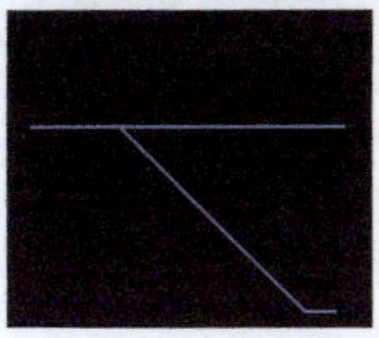				

三、信 号 机

CTC 实时监视画面中，信号机显示应能反映信号机灯位、高柱矮型、绝缘位置以及灯光状态，画面中信号机必须和实际绝缘节位置对齐。图例见表 2-3。

表 2-3 信号机显示图例

状态	显示方式	说 明
矮型单灯位		一般用于调车信号机
高柱单灯位	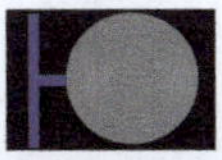	一般用于三显示区间信号机、正线出站信号机等
高柱双灯位	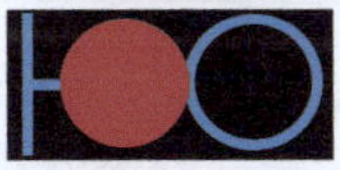	一般用于进站或进路信号机、四显示区间通过信号机等
室外灭灯状态		对于高速铁路，系统显示区分进出站信号机的室外点灯与灭灯状态。在点灯状态下，进出站信号机显示方式和既有线相同。在灭灯状态下，在信号机两灯位上叠加显示“×”

四、半自动闭塞状态

半自动闭塞显示反映半自动闭塞区间的接发车方向、闭塞状态，一般位于进站信号机上方，用特定颜色的箭头符号表示。图例见表 2-4。

表 2-4　半自动闭塞状态表示灯绘制图例

序号	显示方式	说　明
1		代表上行发车方向(SFBD)同时有三种颜色红 H、绿 L、黄 U，分别表示：含义同联锁控制台
2	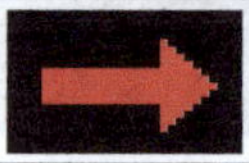	代表下行接车方向(XJBD)同时有三种颜色红 H、绿 L、黄 U，分别表示：含义同联锁控制台

五、特殊设备状态的显示

1. 分路不良

CTC 系统实时监视画面可以突出显示被标记为分路不良的设备，包括股道、无岔区段以及道岔等，其中道岔分路不良分为定位分路不良、反位分路不良、岔前分路不良。分路不良状态的设备以闪烁紫色实线框表示。

2. 接触网状态

CTC 系统可以突出显示被标记为接触网无电状态的线路时，包括区间、股道、无岔区段、道岔等，以绿色方框显示。

3. 封锁

CTC 系统可以突出显示被标记为封锁的信号设备，包括区间、股道、道岔、信号机、按钮等，以闪烁紫色来表示。

上述状态图例显示见表 2-5。

表 2-5　特殊设备状态显示图例

状　态	显示方式	说　明
岔前分路不良	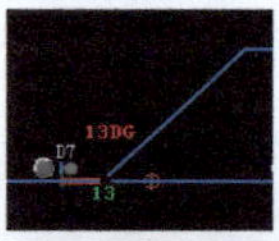	岔前线段以闪烁紫色实线框表示
定位分路不良	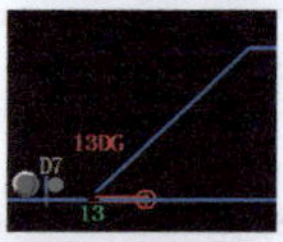	定位线段以闪烁紫色实线框表示
反位分路不良	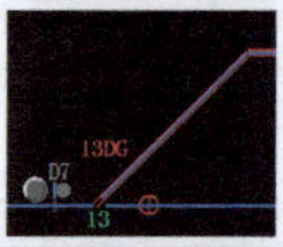	反位线段以闪烁紫色实线框表示
接触网停电	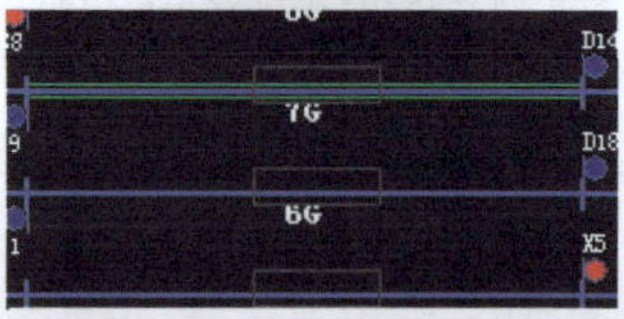	以绿色方框显示
封锁	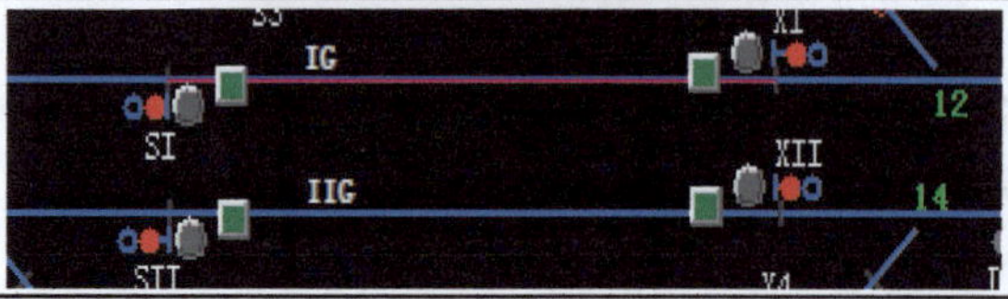	以闪烁紫色来表示

六、车 次 号

CTC系统实时监视画面可以直观区段内列车的运行状态、运行位置，具体包括列车车次号、是否旅客列车、运行方向、列控模式、牵引属性、早晚点信息、列车当前位置（股道、区间）、停稳状态、运行报警状态等。图例见表2-6。

旅客列车：旅客列车车次号主体显示为白底红字，货物列车车次号主体显示为白底蓝字。

运行方向：列车运行方向用白色箭头表示，拼接在车次号主体前方。

早晚点：早晚点信息用两位数字显示（早晚点分钟数），拼接在车次号主体后方，蓝底白字表示晚点，红底白字表示早点；一般货车早点不显示。早晚点超过99 min后不显示数字，仅显示早晚点窗口（但可由调度员通过鼠标查询）；正点时不显示早晚点信息。

列控模式：当列车由CTCS-3级列控系统控车时，车次号文字在原有显示基础上采用斜体字显示。

停稳状态：通过在车次号尾部增加一黄色方框表示列车已经停稳。

牵引属性：通过绿色车次号底色表示电力牵引列车，白色表示非电力牵引列车。

报警状态：当发生列车占用丢失或者紧跟踪报警时，车次号放大一倍，并进行闪烁显示。

表2-6　车次号显示图例

状　　态	显示方式	说　　明
货　　车		表示货物列车24013晚点99 min，列车前进方向是右侧
客　　车		旅客列车K8888次早点69 min，列车前进方向是左侧
CTCS-3级列车		处于CTCS-3级运行模式的高速铁路G1001次列车
停　　稳		旅客列车K888次早点69 min，列车前进方向是左侧，目前处于停稳状态
电力牵引		旅客列车K8888次早点69 min，列车前进方向是左侧，电力机车牵引
报警状态	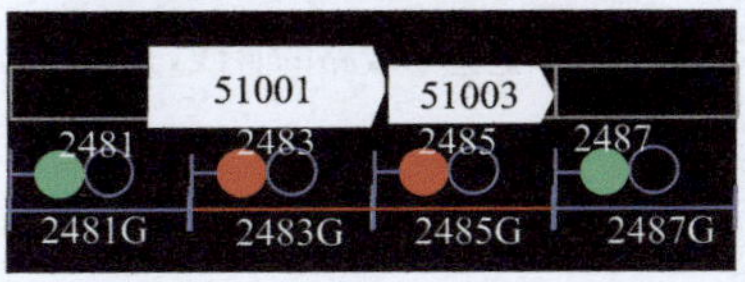	51001次紧跟踪51003次列车，产生紧跟踪报警

七、静态线路信息

静态线路信息具体包括：超限绝缘节、交叉渡线绝缘、牵出线、桥隧、高站台、低站台、分相里程、RBC切换点等。图例见表2-7。

表 2-7　静态线路信息绘制图例

类　　型	显示方式	说　　明
普通绝缘节		垂直于线路的短线
超限绝缘节		在普通绝缘节外增加圆圈
交叉渡线绝缘	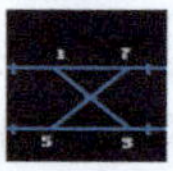	
牵出线		
桥隧	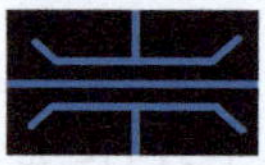	
高站台	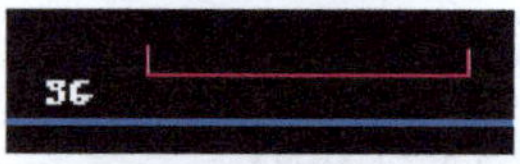	紫色开放式矩形
低站台	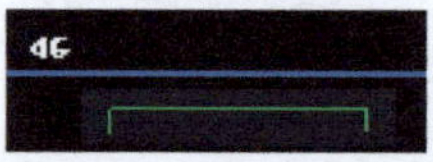	绿色开放式矩形
分相里程	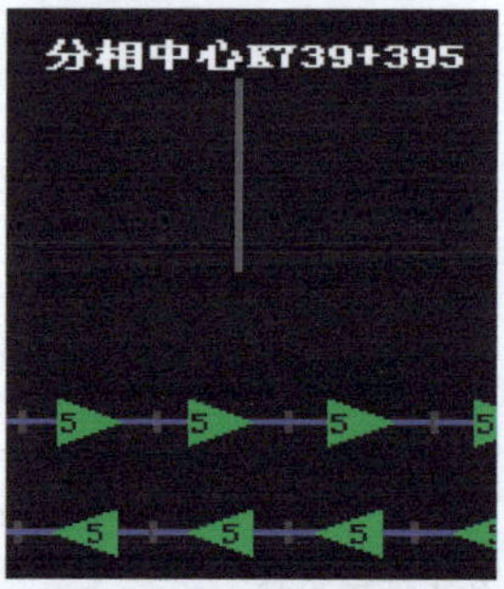	垂直于线路的直线，并标注分相里程文字
RBC 切换点	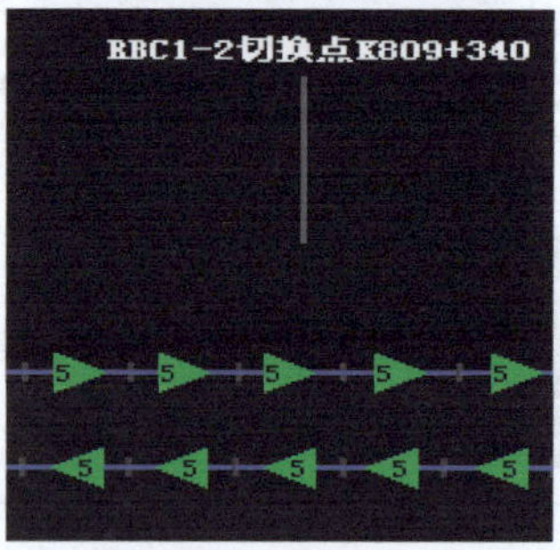	垂直于线路的直线，并标注切换点里程文字

八、CTCS-2/CTCS-3 级区段的状态显示

在 CTCS-2/CTCS-3 级区段，CTC 实时监视画面还可以显示列车移动授权、临时限速状态、区间低频发码、区间占用逻辑检查状态等扩展内容。图例见表 2-8。

表 2-8　CTCS-2/CTCS-3 级区段状态、绘制图例

类　　型	显示方式	描　　述
移动授权(MA)	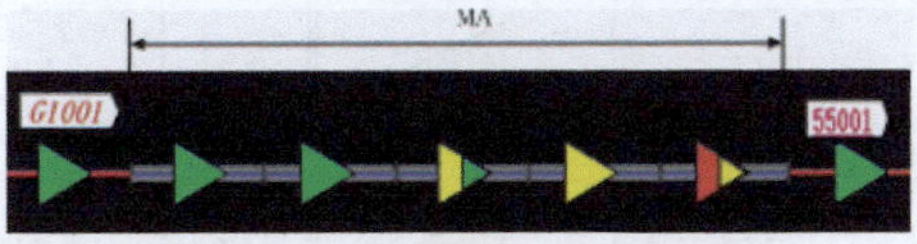	在轨道区段外侧以灰色外包线显示
正线临时限速		在线路外侧以黄色外包线显示
侧线临时限速		黄色圆形指示灯
低频发码	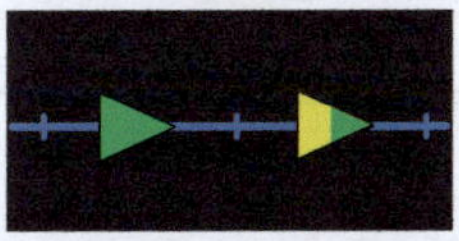	参见低频码值与显示对照表
列控区间占用丢失		与站内分路不良表示一致，采用轨道区段两侧闪烁紫色外框表示
占用逻辑检查指示灯	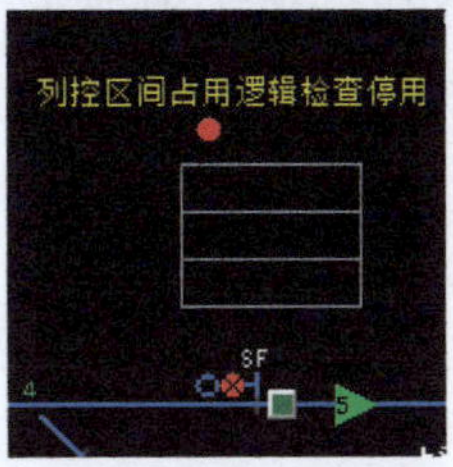	绿色：开启； 红色：停用； 黄色：异常，或者列控传送方向口表示为不确定时； 隐藏：CTC 未能获得列控方向口的表示信息

移动授权：移动授权是列控系统确定的列车前方可以运行的距离，采用灰色外包线方式显示。

临时限速：对于正线（区间和股道）黄色外包线表示正在执行的临时限速，位于咽喉区的黄色指示灯则表示相应区域的侧线限速，鼠标移动到临时限速位置有具体限速参数显示。如果限速状态为执行中或取消限速命令已经激活的时候，则采用黄色光带闪烁的方式或侧线限速表示灯黄色闪烁的方式，以提醒调度员注意。

低频码：在不设置区间通过信号机的情况下，系统不显示区间信号机，但应在闭塞分区分界点采用绝缘节或背景色明显隔离，并且通过采集区间低频发码值以带方向三角的方式表示闭塞分区的可通行状态。低频三角的方向与区间行车方向一致，当区间运行方向无法获取时，低频三角不显示。低频码值和显示状态见表 2-9。

表 2-9　低频码值和显示状态对照

序号	低频码	图例	序号	低频码	图例	序号	低频码	图例
1	L6		7	LU		13	UUS	
2	L5		8	LU2		14	HU	
3	L4		9	U		15	HB	
4	L3		10	U2		16	H	
5	L2		11	U2S		17	占用检查	
6	L		12	UU		18	载频切换	

第三节　车次号自动跟踪和自动采点

列车车次号是调度集中系统实现调度指挥、列车运行追踪、自动排列进路的重要基础信息，应保证及时、准确无误。CTC 系统依据现场采集轨道区段的占用和出清状态、信号机状态、轨道区段的连接关系，对列车进行动态实时跟踪，来实现列车位置的定位。同时辅以无线车次号信息、运行调整计划信息实现对跟踪车次进行校核。CTC 系统和 TDCS 一样，在站场图上是通过固定设置的车次窗显示列车车次号。

一、车次号来源

车次号来源如下：

(1)调度员或车站值班员人工操作；

(2)逻辑跟踪结果；

(3)TDCS/CTC 系统内部信息交换；

(4)无线车次号校核。

调度集中系统车次号优先级由高到低依次为：调度员人工输入、车站值班员人工输入、系统内部信息交换和计划自动生成、无线车次校核、系统假车次。系统应禁止低优先级的车次号修改、覆盖高优先级的车次号；在某些应用需求下，值班员可修改调度员输入的车次。假车次是指 CTC 系统检测到列车占用但无车次号或者车次号丢失时，赋予“E”字母＋随机数字的一个“错误车次”，并在相关调度台和车站的终端上产生报警。

二、车次窗设置

CTC 系统允许在区间、站内到发线和其他列车可停留的无岔区段设置车次窗。

半自动闭塞区间在进站信号机外方接近区段和区间线路上方分别设置车次窗，显示运行或停留在该区段的列车车次。在未装备区间列车占用检查设备的区段，区间车次窗的显示仅表示按逻辑判断跟踪列车的运行，并不表示列车在区间的占用和出清。

三、车次跟踪逻辑

(一)站内跟踪

1. 进站跟踪

当列车头部越过开放的进站信号机，占用进站信号机内方轨道区段时，列车车次由接近区段移动至站内股道车次窗或无岔区段车次窗。

如图 2-3 所示，当 T2 次列车越过 S 进站信号机，占用 4 号道岔区段时，T2 次列车车次号移动至ⅡG 车次窗。

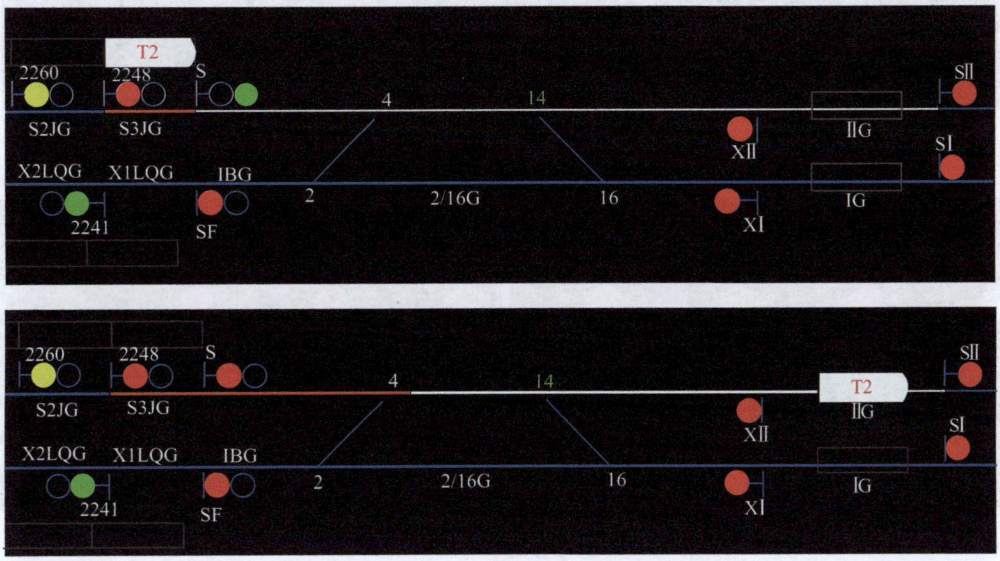

图 2-3　车次进站跟踪示意

2. 出站跟踪

当列车头部越过开放的出站信号机，占用出站信号机内方相邻区段时，列车车次号移动至离去区段车次窗。

如图 2-4 所示，当 T1 次越过开放的出站信号机 XⅠ，占用 16 号道岔区段时，T1 次列车车次号移动至 X1LQG 车次窗。

(二)区间跟踪

1. 自动闭塞区间跟踪

当列车占用运行前方相邻的空闲闭塞分区时，列车车次号移动至前方相邻闭塞分区车次窗。

如图 2-5 所示，51001 次列车在 2483G，当占用运行前方相邻的 2485G 时，51001 次列车移动至 2485G 车次窗。

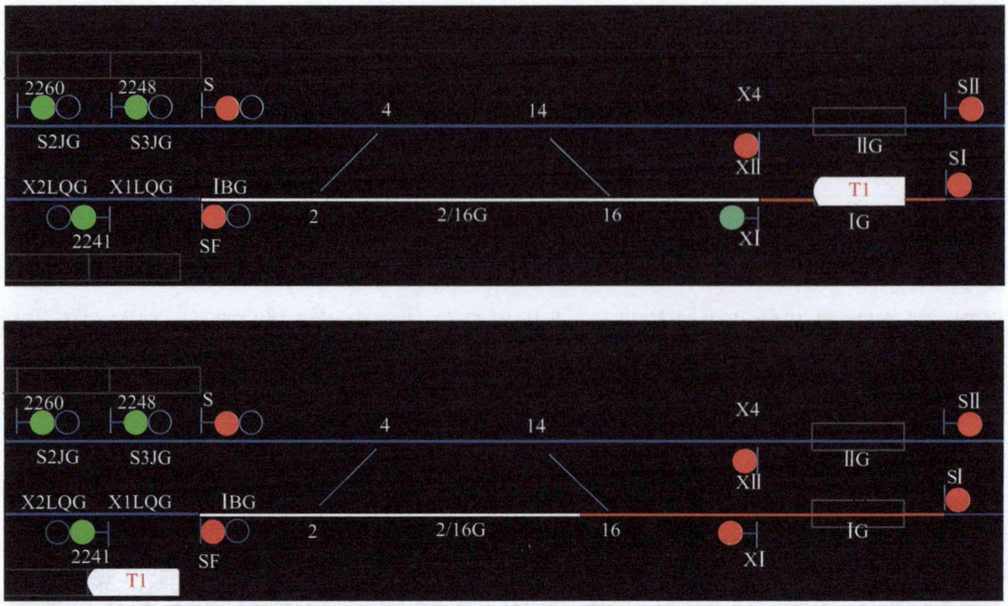

图 2-4　车次出站跟踪示意

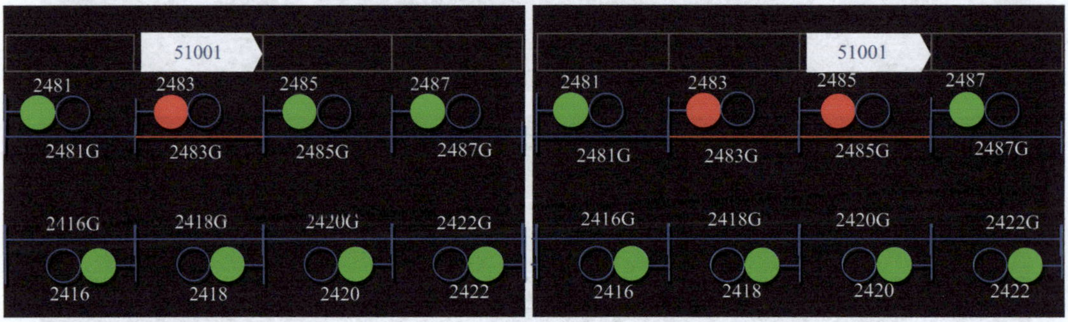

图 2-5　自动闭塞区间跟踪

2. 半自动闭塞区间跟踪

半自动闭塞区间在发车站反向接近区段、区间线路、接车站接近区段上方分别设置车次窗。当列车出清发车站的反向接近区段时，列车车次号移动至半自动闭塞区间线路车次窗；当列车占用接车站的接近区段时，列车车次号移动至接车站的接近区段车次窗。

如图 2-6 所示，当 51001 次列车出清出发站的 SJG 时，51001 次列车车次号跟踪至区间线路车次窗；当列车占用接车站的 XJG 时，51001 次列车车次号移动至接车站的 XJG 车次窗。

（三）系统间接口跟踪

一般情况下，CTC 系统仅负责对设备管界内的车次进行跟踪，并将车次信息交互至相邻系统。相邻系统收到交互的车次信息后，进行复示，同时当车次跟踪至管界处时，应可根据收到的信息进行车次号的接续跟踪。

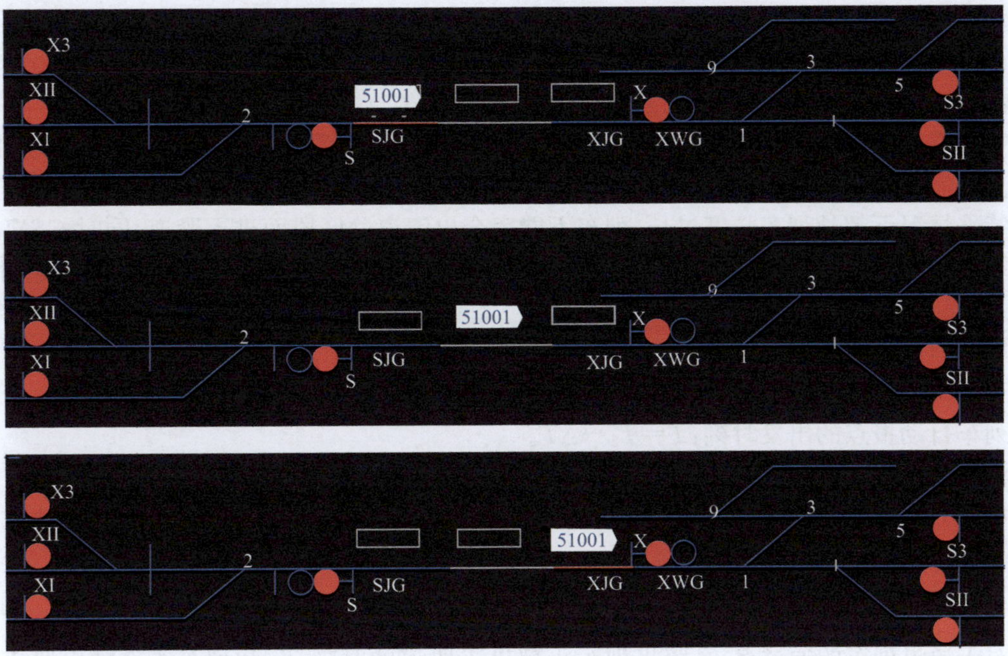

图 2-6　半自动闭塞区间跟踪

四、车次校核逻辑

当系统检测列车占用但没有车次号信息时，系统应自动产生假车次号。

系统接收到无线车次号信息，根据无线车次信息中的线别、公里标和信号机类型等信息查找线路上对应位置的假车次号，进行校核。如果车次号信息一致，则将无线车次信息中的小编组信息等填入逻辑跟踪车次号中。

当无线校核中的线别或公里标不可用时，仅通过无线车次号信息中的机车号和小编组信息无法完成车次校核工作，此时会有报警提示。

五、车次号自动删除时机

当列车运行前方区段无采集信息或局界(信号设备管界)最后一个分区时，红光带消失一段时间后(一般不超过 1 min)，车次号自动删除。

当前方有车次跟踪遗留车次时，后方列车应替换遗留车次。

六、到发点自动采集功能

(一)功能说明

CTC 系统到发点自动采集功能是指系统在车次跟踪的基础上，根据列车的位置，自动采集列车到达、出发和通过时刻，并据此自动生成实绩运行图的功能。

(二)到发点自动采集逻辑

1. 列车到达时刻

列车进站后，实时检查列车尾部是否完全进入股道，当列车尾部完全进入股道后，系统自

动记录此时刻为 T_1，并加上附加时分 ΔT。

列车自动报点的到达时刻：$T=T_1+$附加时分 ΔT。

注意：其中 ΔT 时间系统可配置，并可按客货车分类。

如果 GSM-R 无线系统可提供精确、可靠的停稳信息，则系统可采用停稳信息作为到达时刻的采集源。

特殊情况下超长列车长度过长，列车不能完全出清道岔区段而进入股道，同时 GSM-R 无线系统无法提供精确、可靠的停稳信息时，则由运输部门提供相应的采点规则实现到达时刻的自动采集。

2. 列车出发时刻

列车出站后，以列车头部驶出股道压过出站信号机的时刻为 T_2，附加时分为 ΔT。

列车自动报点的出发时刻：$T=T_2-\Delta T$。

注意：其中 ΔT 时间系统可配置，并可按客货车分类配置。

如果 GSM-R 无线系统可提供精确、可靠的启动信息，则系统可采用启动信息作为出发时刻的采集源。

(三)列车通过时刻

对于通过列车的通过点，系统将列车头部进入股道的时刻 T_1 和列车头部驶出股道压过出站信号机的时刻 T_2 的两者平均值，作为列车通过时刻。

通过时刻：$T=(T_1+T_2)/2$。

第四节　列车运行计划

CTC 系统列车运行计划功能包括基本图、日班计划、列车运行调整计划的管理，具体包括基本图和日班计划的导入、核对、存储，以及依据基本图和日班计划生成列车运行调整计划，并可实现列车运行调整计划的人工、自动调整。编制完成的列车运行调整计划经调度员确认后可下达至车站自律机和车站值班员终端，车站自律机依据接收到的列车运行调整计划实现自动排路功能，车站值班员终端则自动将列车运行调整计划填到行车日志中。

一、基 本 图

基本图是铁路组织运输生产的依据，是实现“按图行车”的技术组织措施，是确保铁路运输产品质量的基础。在 CTC 系统内部，基本图以图表方式呈现，基本图是根据铁路运输部门提供的文件导入或者通过 TDMS(铁路运输调度管理系统)数据交互获得，目前一般是以 TDMS 数据交互获取的方式为主。为了便于对基本图进行编辑和修改，TDCS/CTC 系统内部采用“预览基本图”的方式作为基本图的过渡存储方式，运输管理部门可以在预览基本图上对基本图进行核对，包括到发点、接发车股道、办客营运等信息。

当运输管理部门对导入的基本图以预览基本图的方式进行审核，确认无误后，将预览基本图导入为“常用基本图”，此常用基本图也就是通俗意义上的基本图，相应的关系如图 2-7 所示。

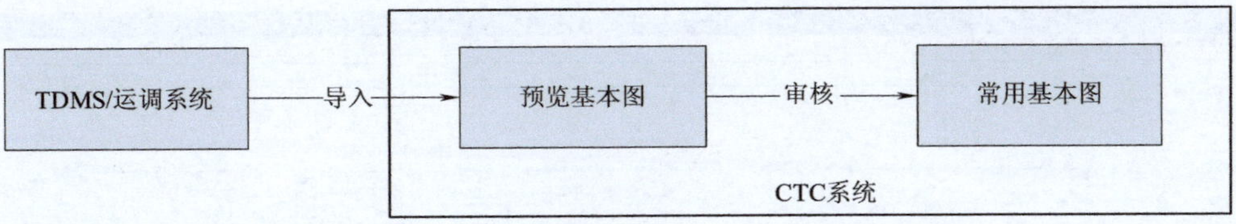

图 2-7　CTC 系统基本图的生成过程

运输管理人员利用 CTC 系统的运行图终端，从 TDMS 获取基本图后，CTC 系统首先生成“预览基本图”，预览基本图的界面如图 2-8 所示，其运行线线条比常用基本图线条细，并且运输管理人员可以在预览基本图界面上进行操作。

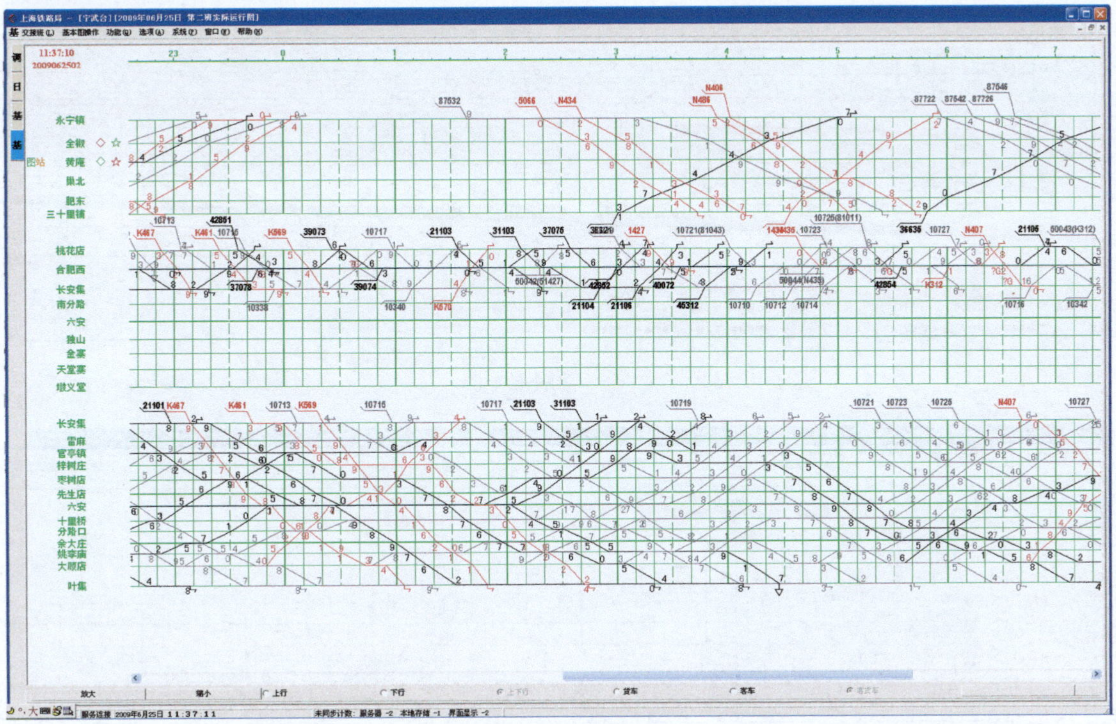

图 2-8　预览基本图

当运输管理部门对预览基本图信息审核完毕后，可将预览基本图转为常用基本图，如图 2-9所示。常用基本图作为日常行车指挥系统的基准，可用于早晚点统计、接发车股道和办客营运业务比对等，对实际生产起到重要的指导作用。

二、日班计划

日班计划是当天实际需要开行的所有列车计划，一般由计划台（TDMS 系统或运调系统）提前制作好并通过接口服务器交互至 CTC 系统。调度员交接班后，通过 CTC 行调台上操作向 TDMS/运调系统申请制定班别和调度区段的日班计划。CTC 行调台接收到日班计划后，将运行线铺画至如图 2-10 所示的日班计划运行图中，行调员可以调用日班计划直接生成当班的调整运行图。

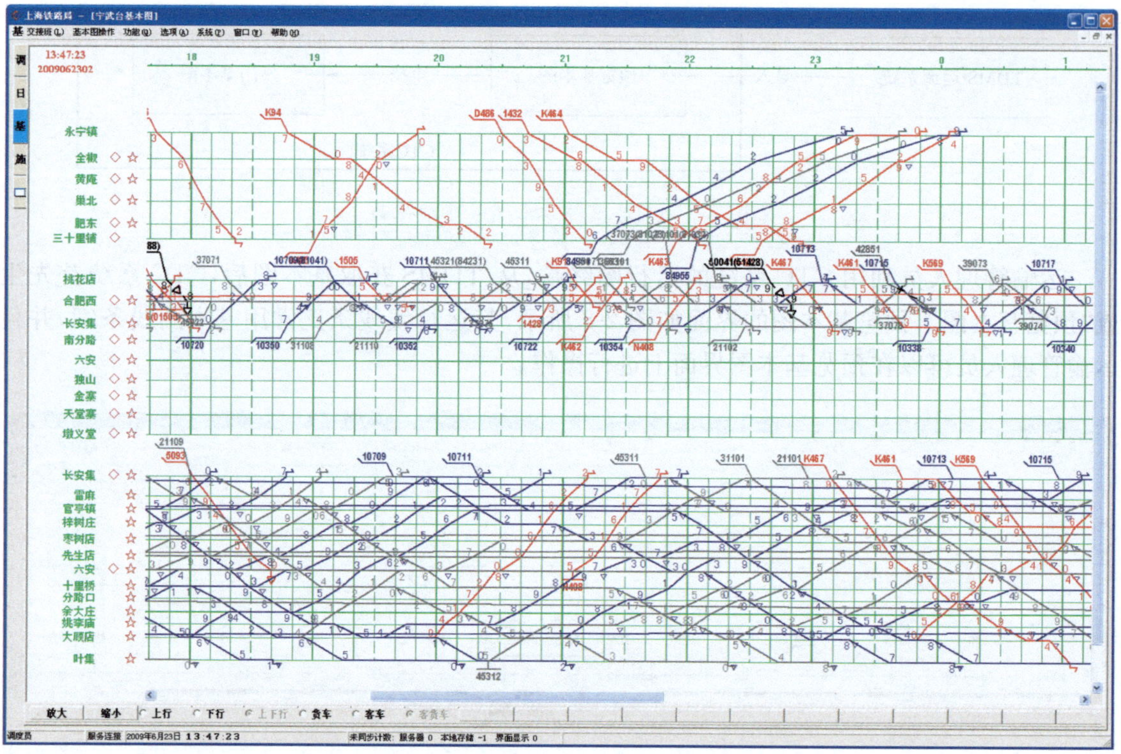

图 2-9　常用基本图

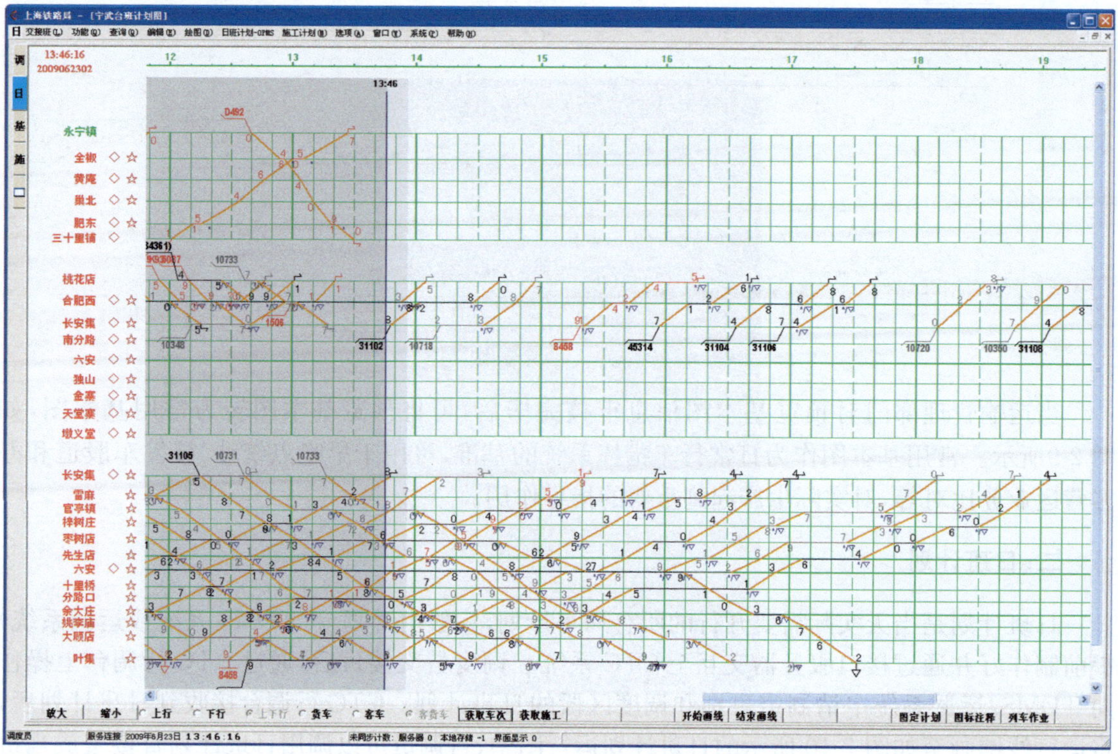

图 2-10　日班计划运行图

日班计划中的信息主要包括开行车次、运行径路、列车种类、到开点、是否存在办客营运业务、是否有甩挂业务、列车确报信息等，日班计划的信息交互提高了 CTC 系统的计划准确度，丰富了列车计划信息，为调度员更好的掌握列车运行情况提供了便利。

三、调整运行图

调整运行图是调度员根据日班计划或者基本图生成的，用以当前值班调度员具体指挥行车工作的运行图。如图 2-11 所示，调整运行图界面显示上一班 12 h、本班 12 h、再向后延长 6 h，共 30 h 范围内的运行图。运行图纵轴左侧标注为车站站名，横轴上部显示为时间刻度，目前大部分路局使用的是十分格运行图，即最小格为 10 min，最小报点时间精确到分钟。调整图中间的蓝色竖线表示当前时间，当前时间左面的运行图显示深灰色底色表示为实绩运行图，再向左的更深灰色区域为上一班的运行图。蓝色竖线当前时间右侧，为计划运行图，即未来即将开行的列车计划。

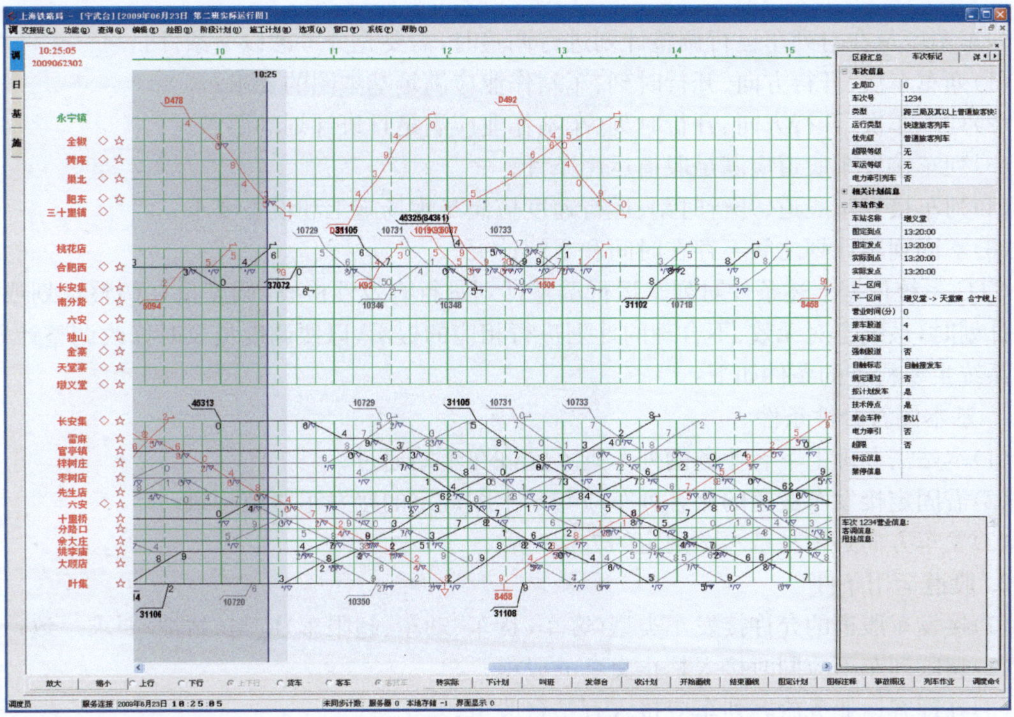

图 2-11 调整运行图

调度员铺画完调整图后，可以根据实际列车的运行情况，人工调整运行计划。调度员可以在当前调整运行图上选择相应的运行线，对开行时间、接发车股道、通过或到开等情况进行调整；同时还可以根据邻台的运行计划或从 TDMS 系统获取阶段调整计划自动调整本台相关列车的运行计划。当调度员调整完毕后，向车站下达阶段计划，运行图终端可显示车站设备接收计划的回执情况。车站接收到调度员下达的阶段计划后，自律机设备存储阶段计划，并将阶段计划转化为联锁控制指令，根据相应的运输规则和约束条件，在时机合适时，向联锁系统自动发送排列进路指令。列车到站或通过车站后，形成相应的实际到发点，自动上报至中心调度台，调度台调整运行图形成实绩运行图。调整运行图工作逻辑关系如图 2-12 所示。

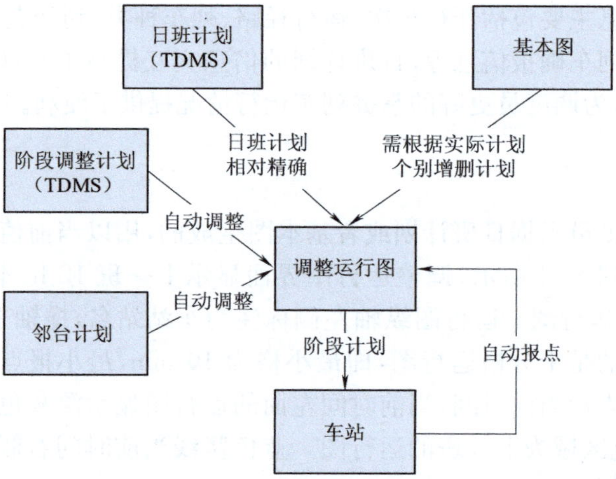

图 2-12　调整运行图工作逻辑关系

列车调度员在对列车运行调整计划进行调整时，需要充分考虑以下条件：

(1)列车车次、开行方向、开行时刻、车站作业应满足基本图的要求；

(2)列车车次、开行方向、开行时刻、车站作业应满足日班计划的要求；

(3)列车接发车股道应满足股道运用条件；

(4)列车接发车股道、开行时刻、运行速度应满足现场施工和设备要求；

(5)不同列车计划之间不存在时间和空间冲突。

CTC 系统依据上述条件对列车运行调整计划进行有效性检查，调度员在调整计划或下达阶段计划时，系统会对无效、不合理的计划进行相应的提示，以便调度员及时修改调整计划。

系统主要检查的条件如下：

1. 基本图符合性条件

(1)本站需办理上下客业务的列车则不允许在本站通过；

(2)需固定接发车股道的旅客列车应与基本图规定的接发车股道一致；

(3)发车方向必须与基本图规定的方向一致。

2. 股道运用条件

(1)接发车股道的允许接发车类型(客车、货车、动车、超限车)应与《站细》要求一致；

(2)超限列车不应同时接入禁止交会的股道；

(3)办理客运业务旅客列车应接入有站台股道；

(4)办理客运业务的动车组列车应接入有高站台股道；

(5)接发车股道应与计划中的出入口连通；

(6)办理电力牵引列车的股道应具备电力接触网；

(7)旅客列车通过时应正线通过。

3. 施工条件

(1)计划中的接发车股道不应存在封锁施工；

(2)计划经过的区间不应存在区间封锁施工；

(3)电力牵引列车接入的股道不应存在停电施工；

(4)电力牵引列车发往的区间不应存在停电施工。

CTC 系统中将基本图、日班计划图以及调整运行图存储在中心数据库服务器中，其存储时间至少满足两年的时间要求。

四、车站行车日志

车站接发列车工作是列车运行的重要环节，也是保证列车按运行图安全正点运行、保证铁路畅通的关键环节。接发车工作是车站，特别是中间站的重要任务之一。由于参加接发列车工作的人员多，作业环节复杂，接发列车工作中的任何疏忽或差错，都可能造成列车晚点或行车事故，不仅影响其他列车，甚至影响全局运输。接发列车工作是全局性的工作，局部必须服从整体。因此，接发列车人员必须认真执行“接发列车作业标准”所规定的程序、用语和操作要求，贯彻集中领导、统一指挥、逐级负责的原则，做到安全、迅速、不间断地接发列车，严格按运行图行车。

由于采用 CTC 系统后，大多数中间站处于集控站操作方式，即按调度集中基本操作方式，由列车调度员直接办理接发列车作业。在这种操作方式下，车站一般不设置车站值班员，在维护施工或紧急情况下，列车调度员可指派车务应急值守人员进行相关的接发车作业。

CTC 系统集控站可自动接收和签收列车调度员下发的阶段计划，并自动生成行车日志。集控站同时还具备和相邻 TDCS 车站办理自动发车预告的功能，在自动办理发车进路时提前指定时间向列车前方 TDCS 车站自动发送发车预告信息，并可接收、显示对方的响应信息。调度集中系统应能接收相邻 TDCS 车站发车预告信息，并可在调度集中终端上显示并向对方发送响应信息。取消发车预告或者其他特殊情况，应由人工办理。当集控站不具备自动发送发车预告信息时，则由 TDCS 车站值班员与集控站所属调度员进行人工办理闭塞工作。

行车日志是车站行车组织中的重要指导和记录，作为记录列车运行情况的原始资料。目前中间站一般采用运统 2 作为记录格式，区段站或编组站采用运统 3 作为记录格式。CTC 系统可支持这两种格式的行车日志，并且可保存行车日志历史数据 2 年以上，并可通过车务终端软件调取和浏览历史记录。

行车日志界面如图 2-13 所示，其界面中心显示为本站接发列车的行车记录，每一行记录代表一列车的信息，按照时间顺序排列，并分为三部分：实际行车部分、正在接发车部分和计划部分。实际行车部分显示在行车日志的上部，显示已经完成接发的列车记录，显示为深色记录；正在接发车部分在行车日志的中间，显示本站正在办理接发列车的车次和相关记录；计划部分显示在行车日志的下部，表示调度员阶段计划中本站即将办理接发的列车，显示为浅色记录。

行车日志一般在上午 6 点和下午 18 点进行自动“过表”，在车务终端软件中可以设置特定的过表时间。

行车日志的行车计划由调度员下达的阶段计划自动生成，调度员下达的阶段计划生成行车日志中的计划部分，当车站办理接发列车作业时，可通过行车日志左侧的相关闭塞操作与邻站进行闭塞办理，此时列车进入了正在办理的行车日志中间部分，相关的闭塞办理记录也自动填写至行车日志中。当列车达到本站，CTC 系统自动采点并自动填写至行车日志中，当列车需要出站时，值班员利用闭塞操作与邻站进行闭塞关系办理，列车从本站出站后，发点自动采集并填写至行车日志，此时此条列车记录进入实际区域，当列车到达邻站时系统自动填写邻站到达点，整个记录完整保存。

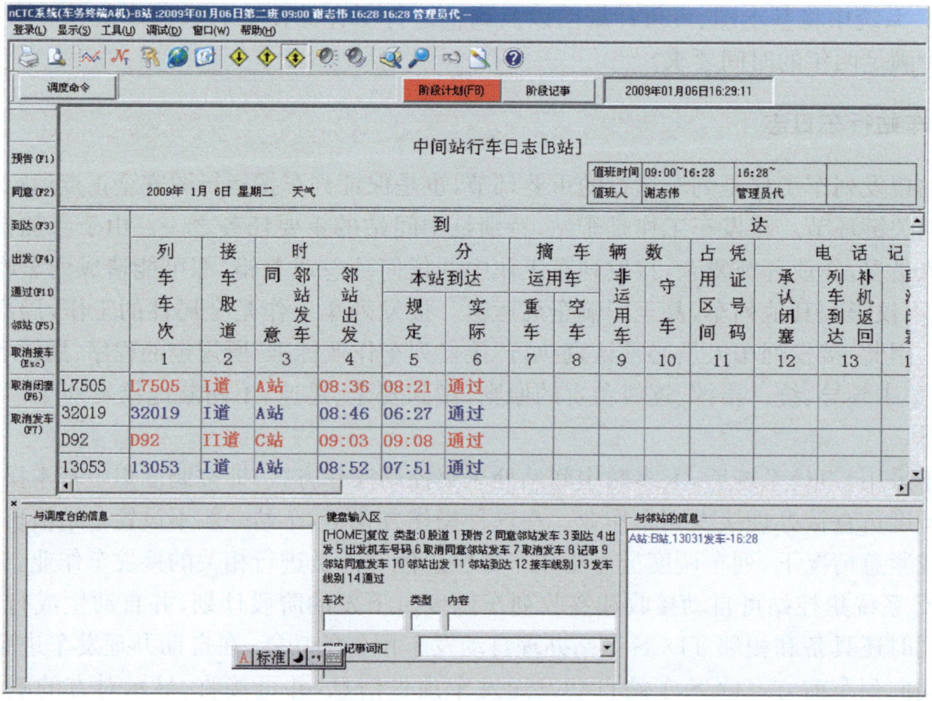

图 2-13　行车日志界面

若由于通信等原因导致自动报点失败，车站值班员还可在行车日志上进行人工报点操作。另外，行车日志下方的“与调度台的信息”和“与邻站的信息”显示框中，可实时显示本站与调度台、邻站的交互信息，如报点、闭塞操作等。“键盘输入区”则提供车站值班员对行车日志内容的快捷操作。

五、发车自动预告

(一)CTC 集控站向 TDCS 车站发车(图 2-14)

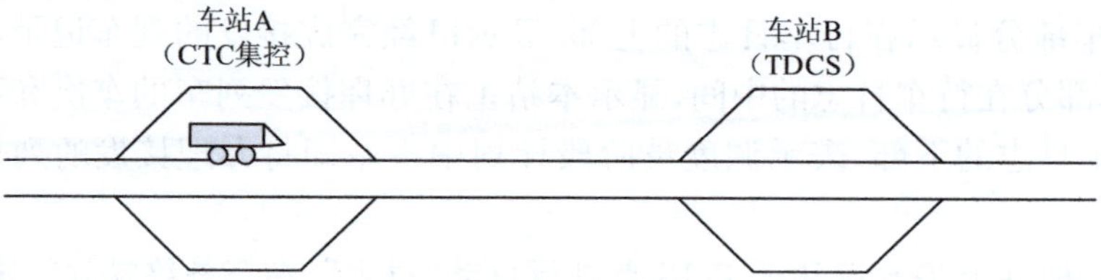

图 2-14　CTC 集控站向 TDCS 车站发车示意图

对于与 TDCS 相邻的 CTC 集控站，当本站需要向邻站 TDCS 车站发车时，CTC 系统在自动办理发车进路前，提前若干时分自动向 TDCS 车站发送“预告”信息，邻站 B 站收到预告信息后，由 B 站车站值班员人工确认并发送“同意邻站发车”信息作为收到的“预告”信息的确认回执，此时，CTC 集控站收到邻站的同意发车并进行发车进路的自动办理，同时集控站的车务终端将同意点填入“邻站同意发车”记录栏中，否则 CTC 集控站发车进路不办理，并同时向调度员报警提示，CTC 系统继续等待或由调度员进行人工干预。该逻辑示意如图 2-15所示。

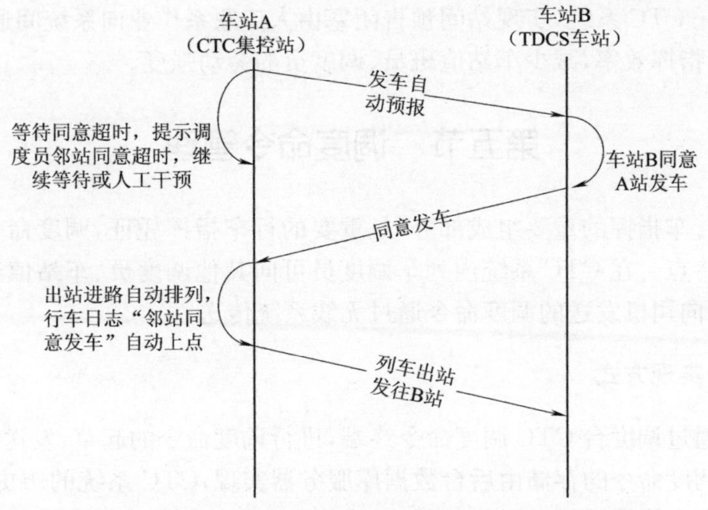

图 2-15　CTC 集控站向 TDCS 车站发车系统逻辑示意图

（二）TDCS 车站向 CTC 集控站发车（图 2-16）

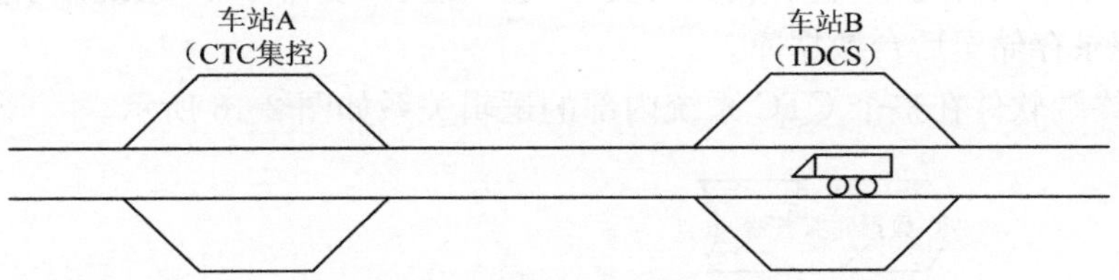

图 2-16　TDCS 车站向 CTC 集控站发车示意图

当 TDCS 车站需要往 CTC 集控站发车时，TDCS 车站 B 由值班员人工向 CTC 集控站 A 发送发车“预告”，CTC 系统收到后，向调度员提示收到邻站的发车预告申请，调度员点击同意，系统将同意邻站发车的应答发送至 TDCS 车站 B，若调度员一直未同意，则车站 B 超过若干时分则人工联系调度员；TDCS 车务终端接收到调度台的邻站预告同意信息后，自动将邻站同意点记录至行车日志中，同时车站办理相关发车进路流程。该逻辑示意如图 2-17 所示。

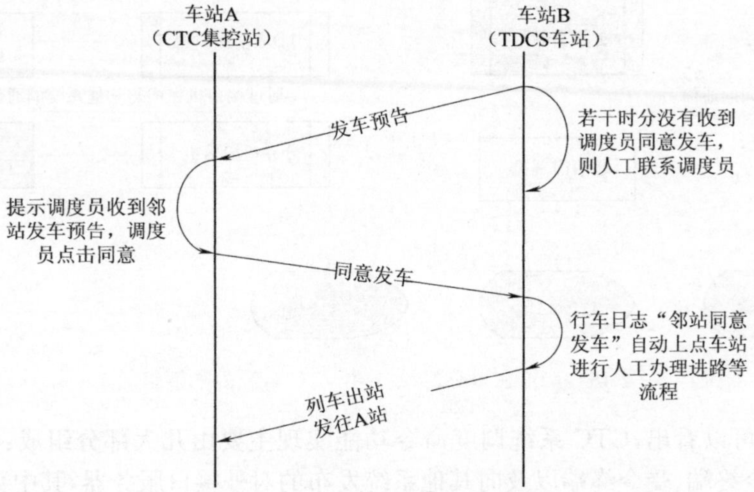

图 2-17　TDCS 车站向 CTC 集控站发车系统逻辑示意图

高速铁路依托CTC系统，实现站间预告闭塞由人工联系作业向系统间通信自动办理的转变，提高铁路行车指挥效率，减少车站值班员、调度员的劳动强度。

第五节　调度命令管理

调度命令是行车指挥的重要组成部分，是重要的行车指挥凭证，调度命令具有时效性、严肃性和权威性等特点。在CTC系统内列车调度员可向其他调度员、车站值班员、列车司机发送调度命令，其中向司机发送的调度命令通过无线系统传送。

一、调度命令实现方式

列车调度员通过调度台CTC调度命令终端，进行调度命令的起草、发送、签收、打印、查询等一系列操作。调度命令的存储由后台数据库服务器实现，CTC系统的历史调度命令至少可存储两年。调度命令终端通过图形化的界面，为列车调度员提供了便捷的操作方式，如调度命令模板、常用词汇等，以提高工作效率。调度员按照要求拟制好调度命令后，将调度命令下发至相邻调度台、车站或者列车司机，相关的受令人员签收调度命令后，系统显示签收人员姓名、时间等，并将记录存储至后台数据库。

调度命令终端软件在整个CTC系统内部的逻辑关系如图2-18所示。

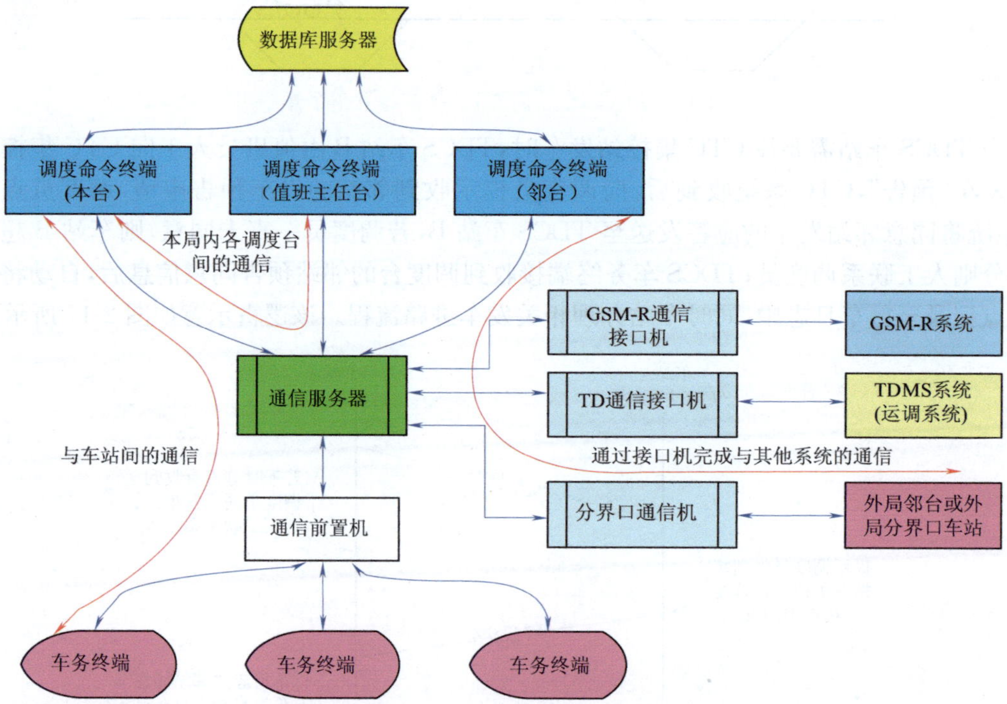

图2-18　调度命令终端软件在CTC系统内部逻辑关系

从图2-18可以看出，CTC系统调度命令功能实现主要由几大部分组成：数据库服务器、调度台调度命令终端、受令终端以及向其他系统发布的对外接口服务器，其中数据库服务器作为调度命令的核心存储设备，是整个调度命令过程记录的存储中心，并可供日后查询和分析。

二、调度命令模板

调度命令模板是根据《铁路运输调度规则》规定的、在不同行车场合需要使用的常用调度命令用语，一般分为标题和内容两部分，其中标题规定了使用调度命令的行车场合，内容中规定了此种场合下的标准命令格式用语，其中的时间、线路、车站、单位、人员、限速值等与具体情况相关的，则需要列车调度员在拟制和发布调度命令的时候填写和审核，如图 2-19 所示。因此，调度命令的大部分用语已在模板中预先设定，一方面提高了调度员的工作效率，另一方面提高了调度命令的严谨性和安全性。在 CTC 系统中，将调度命令模板作为系统的一部分，其模板可由调度所根据规章进行维护，模板存储在后台数据库服务器中，保证了模板的公用性和权威性；另一方面，CTC 系统还可以为每个行调台提供自行维护“私有模板”的功能，即有些调度命令为本台特有的命令，并且具有发送频率较高的特点。因此，为了更好地提高工作效率，CTC 系统也可以将此种命令作为某个调度台特有的一种模板的形式，存储在后台数据库中，当然，这种私有模板仅可由特定调度台查看。

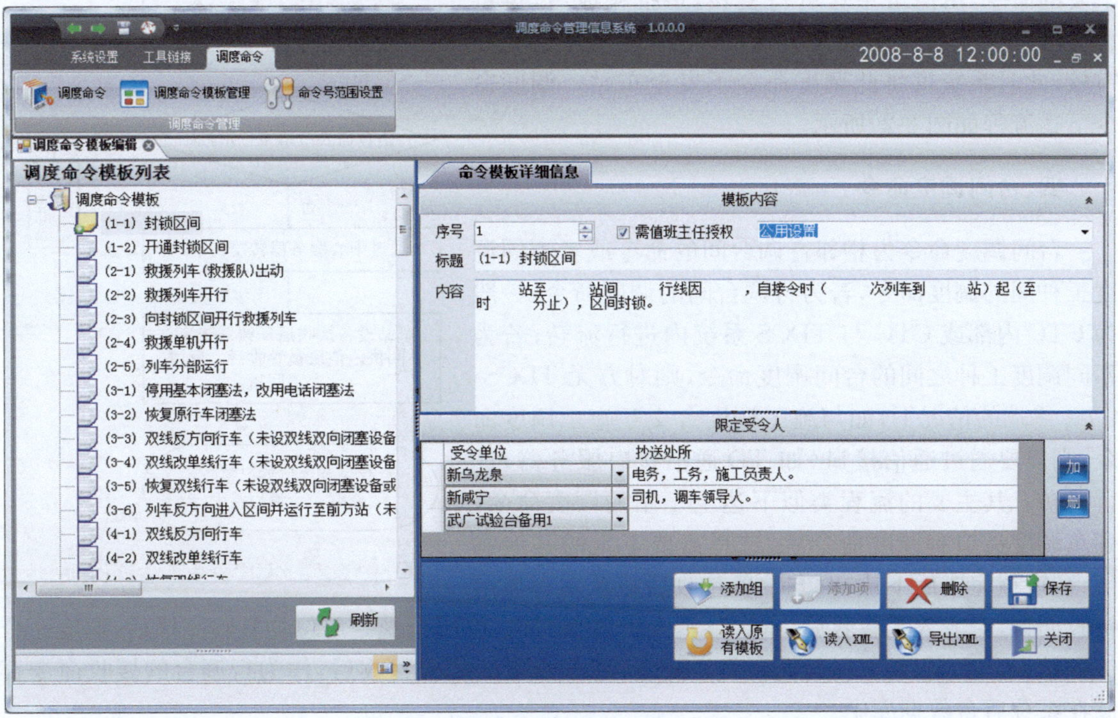

图 2-19 调度命令模板管理示意图

三、普通调度命令

普通调度命令是指由列车调度员拟制的，向车站下达的文本调度命令。这种调度命令的流程为：命令拟定、命令下达、命令签收、结束。

1. 命令拟定

列车调度员在调度台上根据行车场合的不同选择不同的调度命令模板，并根据实际的情况拟制完调度命令和选择相应的受令车站，存储至数据库。

2. 命令下达

在需要下达的时候，由另一名调度员（CTC 调度台一般至少由两名列车调度员）进行审核并下达到车站。

3. 命令签收

车站接收到调度命令后，系统首先自动向调度台回复系统已接收的回执，表示此命令设备已经收到，同时 CTC 的车站值班员终端上进行提示，车站值班员复核调度命令，确认后进行人工签收，此时系统将人工签收的回执传送到列车调度台。

4. 结　束

所有受令单位均人工签收完毕后，该调度命令流程完毕。

有些调度命令由于其特殊性和重要性，在列车调度员下达时，按照规定还需要由调度所值班主任进行审批方可下达，因此在调度员下达时首先系统应将调度命令发送至值班主任处，值班主任同时具有 CTC 系统的调度命令终端，其显示调度员拟准备下发的命令，由值班主任进行复核，审批完成后，再将相关信息反馈到列车调度员处，显示值班主任已完成审核，此时系统可将此调度命令下发至车站。调度命令下达流程如图 2-20所示。

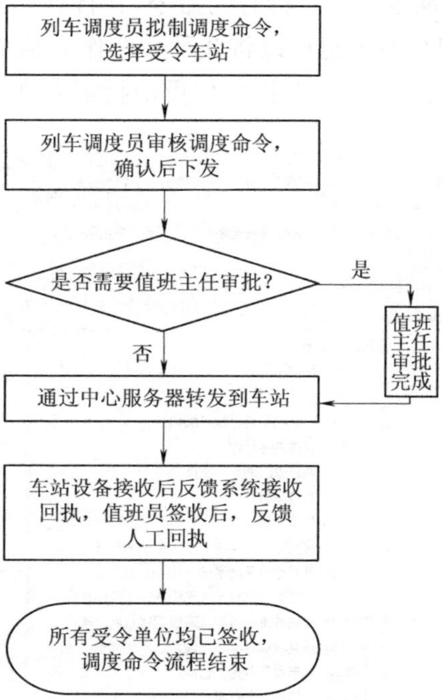

图 2-20　调度命令下达流程

四、台间调度命令

台间调度命令为相邻行调台间的命令或者不同调度工种间的调度命令，若为行调台间的调度命令，一般为 CTC 内部或 CTC 与 TDCS 系统内进行流转；若为不同调度工种之间的台间调度命令，则对方无 TDCS/CTC 终端的情况下，如与施工调度台交互施工调度命令，则需要通过通信接口（如 TD 通信接口服务器）进行流转。其主要的流程类似下达至车站的调度命令，列车调度员拟制调度命令后，选择需要下发的其他调度台，审核完毕后下达，对方设备接收后显示本台显示接收回执，对方人工签收后，本台显示人工签收回执，待所有受令单位均签收完毕后，调度命令流程结束。反之，对方向行调台发送命令，列车调度员完成签收后，作为行调台的接收命令存储在系统后台数据库中。

五、无线调度命令

CTC 系统的无线调度命令功能提供了列车调度员可直接向列车司机发布无线调度命令的技术手段，可提高工作效率，保证运输秩序，提高运输通过能力。

在高速铁路中，无线调度命令均通过 GSM-R 无线传输系统转发，其工作流程为：列车调度员在调度台终端上拟制调度命令的相关内容，在选择受令单位时，列车调度员选择相应的列车车次，系统自动显示该车次对应的机车号，由于机车号是 CTC 系统与 GSM-R 系统交互中确认列车的标识，因此若无机车号则无法正确发送无线调度命令。列车调度员审核完毕后下达,此时调度命令通过 CTC 中心应用服务器发送到 GSM-R 接口通信机,由接口通信机向 GSM-R 系统转发,GSM-R 无线系统通过无线传输方式将调度命令发送至车载接收装置,车载接收装置收到后先向 CTC 系统发送设备已接收的回执,CTC 系统进行显示,表明设备已经收到;当司机签收后,CTC 调度台显示司机已签收并记录签收时间。

对于 CTC 系统的车站车务终端,也具备向列车司机发送无线调度命令的功能,因此车站值班员也可以在需要时向司机发送无线调度命令,其流程与中心调度员类似,统一由中心的 GSM-R 接口通信机完成与 GSM-R 无线系统的交互。

六、路票、行车凭证的发送

当线路施工或特殊情况下,需要使用路票、绿色或红色许可证作为行车凭证时,调度员或车站值班员利用 CTC 系统可向列车司机发送相关行车凭证,实际上路票、绿色或红色许可证属于无线调度命令的一种特殊形式,其信息交互流程与无线调度命令一致,通过 CTC 中心的 GSM-R 通信接口机完成与 GSM-R 无线系统的交互。

第六节　调度集中控制模式

调度集中系统具备分散自律控制和非常站控两种模式。分散自律控制模式是通过调度集中设备,实现进路自动和人工办理的模式;非常站控模式是遇行车设备故障、施工、维修需要时,脱离调度集中系统控制转为车站联锁控制台人工办理的模式。

一、控制模式

在分散自律控制模式下,车站联锁系统应确保除非常站控按钮外的车站联锁控制台的控制按钮无效;在非常站控模式下,车站联锁系统应确保调度集中系统的控制指令无效。

调度集中系统的控制模式状态应有明确的表示。在车站联锁控制台的非常站控按钮处以及调度集中系统终端上设置状态表示灯,显示含义如图 2-21 和图 2-22 所示。

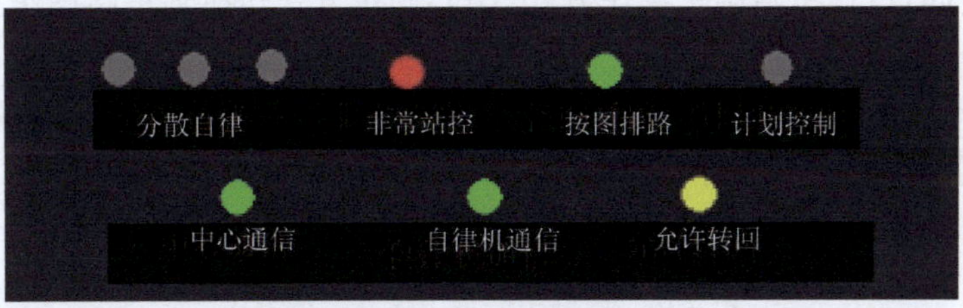

图 2-21　非常站控模式

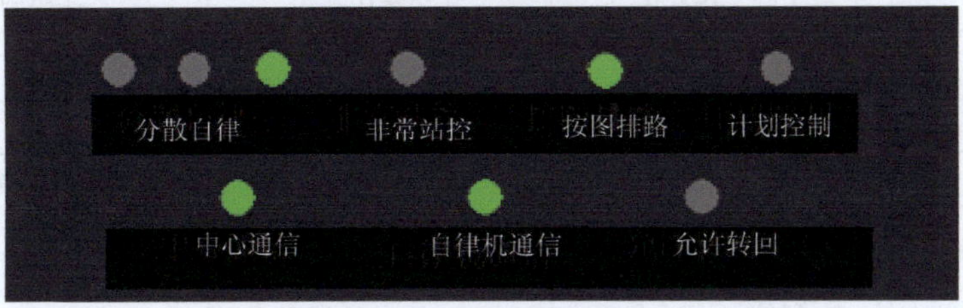

图 2-22　分散自律控制模式

红灯：非常站控模式；

绿灯：分散自律控制模式；

黄灯：允许转回分散自律控制模式。

车站联锁系统的非常站控按钮采用带计数器的非自复式铅封按钮，正常状态为分散自律控制模式，破封按下为非常站控模式。

控制模式的转换在车站联锁系统控制台进行操作，调度集中系统对控制模式转换操作应有明确记录并产生语音提示。分散自律控制模式转换至非常站控模式时，调度集中系统和联锁系统不检查任何条件，但应在调度所、车站终端上产生报警提示。

由非常站控模式转回分散自律控制模式时，调度集中系统应允许转回分散自律控制模式，并给出"允许转回分散自律控制模式"的表示，否则操作无效，调度集中系统允许转回的条件是当前调度集中系统设备正常，并且非常站控模式下车站联锁控制台没有正在执行的按钮操作。

调度集中系统、车站联锁系统应保证在控制模式转换时不影响已办理的列车进路和调车进路，并防止形成预排进路。

调度集中系统由非常站控模式转回分散自律控制模式后，集控站的初始操作方式一般为中心操作方式，非集控站的初始操作方式一般为车站操作方式，具体根据车站实际情况决定。

二、操作方式

调度集中系统的分散自律控制模式包括中心操作方式、车站调车操作方式和车站操作方式。

中心操作方式：调度终端具有信号设备的全部控制权，列车调度员对列车及调车进路均有操作权，车站对列车及调车进路均无操作权。

车站调车操作方式：列车调度员对列车进路有操作权，对调车进路无操作权；而车站对调车进路有操作权，对列车进路无操作权，对于道岔单锁和设备封锁操作，遵循"谁封谁解"的原则。

车站操作方式：车务终端具有信号设备的全部控制权，车站对列车及调车进路均有操作权，列车调度员对列车及调车进路均无操作权。

从车站操作方式转换到车站调车操作方式、中心操作方式时，由车站值班员进行操作方式切换申请，调度员同意；从车站调车操作方式、中心操作方式转换到车站操作方式，由调度员进行操作方式切换申请，车站值班员同意。操作方式转换使用《调度集中模式（方式）转换登记簿》办理登记。车站调车操作方式与中心操作方式间的切换，由调度员根据需要通知车站后直接切换。切换完成后，相应指示灯亮稳定绿灯，表示控制方式已切换完成。

如果是调度中心提出模式申请，则有表 2-10 表明的关系。

表 2-10　调度中心提出模式申请操作

目的方式 / 原方式	中心操作方式	车站操作方式	车站调车操作方式
中心操作方式		需要车站同意（车站控制表示灯绿色闪烁）	直接转换
车站操作方式	需要车站同意（中心控制表示灯绿色闪烁）		需要车站同意（车站调车表示灯绿色闪烁）
车站调车操作方式	直接转换	需要车站同意（车站控制表示灯绿色闪烁）	

如果是车务终端提出模式申请，则有表 2-11 表明的关系。

表 2-11　车务终端提出模式申请操作

目的方式／原方式	中心操作方式	车站操作方式	车站调车操作方式
中心操作方式		需要中心同意（车站控制表示灯黄色闪烁）	无权申请
车站操作方式	需要中心同意（中心控制表示灯黄色闪烁）		需要中心同意（车站调车表示灯黄色闪烁）
车站调车操作方式	无权申请	需要中心同意（车站控制表示灯黄色闪烁）	

三种操作方式下的具体权限见表 2-12。

表 2-12　三种操作方式权限

操 作 内 容	中心操作方式			车站操作方式			车站调车操作方式		
	调度终端	车站终端	电务终端	调度终端	车站终端	电务终端	调度终端	车站终端	电务终端
列车进路序列操作	√	×	×	×	√	×	√	×	×
调车进路序列操作	√	×	×	×	√	×	×	√	×
列车进路控制	√	×	×	×	√	×	√	×	×
调车进路控制	√	×	×	×	√	×	×	√	×
道岔操作	√	×	×	×	√	×	√	√	×
引导进路	√	×	×	×	√	×	√	×	×
引导总锁	√	×	×	×	√	×	√	×	×
坡道解锁	√	×	×	×	√	×	√	×	×
轨道电路封锁	√	×	×	×	√	×	√	√	×
信号机开/关灯	√	×	×	×	√	×	√	×	×
功能按钮	√	×	×	×	√	×	√	√	×
分路不良设置	△	△	√	△	△	√	△	△	√
分路不良确认空闲	√	△	×	×	√	×	×	√	×
接触网无电设置	√	√	×	√	√	×	√	√	×

说明：1. 表中调度终端包括调度所的列车调度员、助理调度员终端，车务终端包括含车站值班员、车站信号员终端，电务终端包括中心电务维护台和车站电务维修机。

2. √表示可进行此操作，×表示不可进行此操作，△表示由配置控制是否可操作。

3. 列车/调车进路控制含列车/调车进路排列、进路取消、信号重开、信号封锁、总人解。

4. 道岔操作含道岔定操、道岔反操、道岔单锁、道岔解锁。

第七节　调度集中的信号检查逻辑

调度集中系统在向联锁设备输出控制指令前，首先进行信号逻辑的检查，包括联锁信号逻辑检查和 CTC 扩展信号逻辑的检查。联锁信号逻辑检查应与车站联锁系统逻辑检查功能一致，而CTC扩展信号逻辑检查包括CTC上增加的封锁/分路不良/牵引供电等状态的检查。

一、联锁信号逻辑检查

CTC系统对于办理进路、取消进路和总人解等联锁操作，原则上按照联锁信号检查逻辑进行检查。对于不满足联锁信号逻辑的操作给出报警提示信息。

(一)办理进路

判断以下条件成立，则不允许办理进路。

(1)如果进路所在咽喉区处于引导总锁状态；

(2)如果进路所在咽喉正在进行"进路建立""取消进路""总人解""信号重开"操作；

(3)如果是长调车进路、通过进路，将会对进路分段处理，检查每条基本进路的逻辑条件；

(4)如果基本进路之间的无岔区段已占用；

(5)如果进路上的道岔区段或无岔区段已占用；

(6)如果进路中有区段处于锁闭状态；

(7)如果进路上有道岔挤岔；

(8)如果进路上道岔单锁，且没有处于进路所需的道岔位置；

(9)如果进路上的敌对信号已开放；

(10)如果超限区段已占用；

(11)如果不满足股道照查条件；

(12)如果进路设备被封锁；

(13)如果进路信号已开放；

(14)调车进路终端按钮前方轨道区段存在锁闭且不允许双向调车；

(15)如果进路前方的无轨股道或区间封锁。

(二)取消进路

判断以下条件成立，则不允许取消进路。

(1)如果信号机按钮所在咽喉区处于引导总锁状态；

(2)如果信号机按钮所在的咽喉区正在进行"进路建立""取消进路""总人解""信号重开"操作；

(3)如果信号机按钮封锁。

(三)信号重开

判断以下条件成立，则不允许信号重开。

(1)如果信号机按钮所在咽喉区处于引导总锁状态；

(2)如果信号机按钮所在的咽喉区正在进行"进路建立""取消进路""总人解""信号重开"操作；

(3)如果信号机按钮封锁；

(4)如果信号已开放，不需要办理；

(5)如果信号机内方区段没有锁闭；

(6)如果信号机内方区段已占用。

(四)道岔定/反操

判断以下条件成立,则不允许道岔单操。

(1)如果设备所在咽喉区处于引导总锁状态;

(2)如果进路所在的咽喉区正在进行"定操""反操""单锁""单解""岔封""岔解"操作;

(3)如果道岔单锁;

(4)如果道岔所在道岔区段已占用;

(5)如果道岔所在道岔区段已锁闭;

(6)如果道岔是双动道岔,另外一个道岔所在道岔区段已占用;

(7)如果道岔是双动道岔,另外一个道岔所在道岔区段已锁闭;

(8)如果道岔挤岔。

(五)道岔单锁/单解

判断以下条件成立,则不允许道岔单锁和单解。

(1)如果设备所在咽喉区处于引导总锁状态;

(2)如果进路所在的咽喉区正在进行"定操""反操""单锁""单解""岔封""岔解"操作;

(3)如果道岔封锁;

(4)如果道岔挤岔。

(六)封　锁

判断以下条件成立,则不允许封锁。

(1)如果信号机或无岔所在咽喉区处于引导总锁状态;

(2)如果设备所在的咽喉区正在进行"道岔封锁""道岔解封""按钮封锁""按钮解封"操作。

(七)引导进路

判断以下条件成立,则不允许引导进路办理。

(1)如果从当前信号机的前方道岔位置找不到一条到某一股道的可行进路;

(2)如果信号机按钮所在的咽喉区正在进行"进路建立""取消进路""总人解""信号重开"操作;

(3)如果信号机列车信号已经开放;

(4)如果信号机调车信号已经开放;

(5)如果信号机引导信号已经开放。

(八)引导总锁

引导总锁时不检查任何条件。因为引导总锁是对车站出现特殊情况时的一种紧急处理办法,车站处于引导总锁状态时是处于故障导向安全的状态。任何条件下都应该给用户提供进入引导总锁状态的方法。

(九)总 人 解

判断以下条件成立,则不允许总人解。

(1)如果信号机或无岔区段所在的咽喉区处于引导总锁状态;

(2)如果设备所的在咽喉区正在进行"进路建立""取消进路""总人解""信号重开"操作;

(3)如果信号机按钮已封锁;

(4)如果道岔区段已封锁。

(十)坡道解锁

判断以下条件成立,则不允许坡道解锁。

(1)如果设备所在的咽喉区处于引导总锁状态;

(2)如果操作按钮不是列车按钮;

(3)如果操作按钮不是股道上的信号机按钮;

(4)如果股道没有被占用。

二、扩展信号逻辑检查

(一)封锁逻辑处理规则

CTC 系统提供股道、无岔区段、区间区段的设备封锁功能,助理调度员或者车站值班员通过 CTC 控制界面设置相应设备为封锁状态。CTC 系统将根据进路表定义,禁止自动或者人工直接办理通过封锁设备的列车进路。

其中,设备设置为封锁后,不能办理经过该设备的进路;股道或无岔区段封锁后,不能办理到达该股道或无岔区段的进路,也不能办理从该股道或无岔区段的出发进路;区间设置封锁后,不可以办理进入该区间的进路,可以办理从该区间的接车进路。

(二)分路不良逻辑处理规则

CTC 系统的分路不良状态仅存在于 CTC 系统的信号控制层面,并且只适用于站内的道岔、无岔、股道区段的设置,这一分路不良状态与联锁上分路不良状态无关。

处于分路不良状态的区段,首先应该通过 CTC 系统终端进行标示,当分路不良区段第一次标示时,应该确认是否为空闲状态。道岔区段的分路不良状态可以按照岔前、定位、反位分别进行标示。

当标示为分路不良状态的区段被锁闭或占用后(道岔分定位、反位情况),该区段进入"确认空闲"状态,当区段解锁或者出清后,区段的分路不良标示开始闪烁,目的在于提醒操作人员进行"空闲确认"。

CTC 系统禁止自动办理通过"未确认空闲"区段的进路,禁止"未确认空闲"状态的道岔转向操作。人工直接通过按钮直接办理上述进路,则系统会提示报警信息,但仍可强制执行。

以下几种情况下 CTC 系统禁止自动办理进路。

(1)进路经过岔前分路不良的道岔,且未确认空闲。

(2)进路经过道岔定位,当前道岔在定位,定位分路不良未确认空闲。

(3)进路经过道岔反位,当前道岔在反位,反位分路不良未确认空闲。

(4)进路经过道岔定位,而当前道岔在反位,反位分路不良未确认空闲。

(5)进路经过道岔反位,而当前道岔在定位,定位分路不良未确认空闲。

(6)进路的防护道岔,防护道岔不在进路上,防护道岔有岔前分路不良,未确认空闲。

(7)进路的防护道岔,防护道岔不在进路上,道岔防护到定位,当前道岔在反位,反位分路不良且未确认空闲。

(8)进路的防护道岔,防护道岔不在进路上,道岔防护到反位,当前道岔在定位,定位分路不良且未确认空闲。

其他不在进路上的道岔有分路不良，包括同一个轨道区段的道岔、带动道岔、侵限绝缘的道岔，CTC 系统不做检查，可以办理自动排路，需要人工保证进路是否可以办理。

（三）接触网供电状态逻辑处理规则

电力接触网显示和设置是实现显示电力接触网的有网或无网状态，同时显示有网区的有电无电状态，为了简化处理，对于无网的设备，按照无电处理。显示状态分为有电和无电，系统默认为有电，有电不显示，无电时高亮显示。可以显示的设备包括区间、股道、无岔区段和道岔。

有电无电的设置方法有两种：电力接触网的设置和单个设备的电力接触网设置。

1. 电力接触网的设置

在 CTC 调度终端上将同一个电力臂编号相同的设备同时一次设置成功。该状态保存在 CTC 应用服务器中，自律机从服务器上获得当前的电力臂状态，将相应电力臂编号的设备状态置到设备上，并发送到显示界面。

2. 单个设备的电力接触网设置

CTC 系统提供对道岔、股道和无岔区段单个设置有无电状态的功能。

对于可以设置有无电状态的设备，存在电力接触网有无电和单个设备有无电两种状态。

CTC 系统禁止自动和按钮办理电力牵引列车通过存在停电设备的进路或者前方存在停电设备的进路，列车的电力牵引属性可以从车次号属性或列车计划获取。

第八节　调度集中控制

CTC 控制又称为分散自律控制，是 CTC 系统的核心功能之一。自律机根据列车的实际运行情况，将调度员下达的列车运行调整计划转化为对车站联锁设备的控制命令后择机执行，从而实现运输指挥的高效和智能控制。分散自律调度集中下，列车进路的控制方式一般是系统自动控制，但出于紧急情况下操作人员直接介入的需要和维修作业的需要，CTC 系统还提供了人工按钮控制方式。人工按钮控制方式优先于自动控制方式，以防自动控制有问题时，能够至少维持原有的人工按钮控制水平，这样提高了系统的灵活性。

一、列车进路自动控制——自动排路

（一）进路序列的生成

CTC 系统自动排路是围绕进路序列进行的，进路序列是 CTC 系统根据列车运行调整计划、作业类型和联锁进路表生成的列车进路指令序列。CTC 系统仅使用列车基本进路生成进路序列。

CTC 系统生成进路序列后对列车运行调整计划进行合法性和无冲突性检查，如果违背相关条件则不设置进路序列的“自动触发”标志，即有冲突的进路不会自动办理。具体包括以下检查条件：

（1）旅客列车：旅客列车应接入允许接客车的股道客车，办理客运时应接入有站台的股道，发车应发往允许办理旅客列车的方向。

（2）动车组列车：动车组列车应接入动车组专用股道，办理客运的动车组应接入有高站台的股道，发车应发往允许办理动车组列车的方向。

(3)超限列车:超限列车应接入超限列车专用股道。

(4)电力牵引列车经过进路或前方区间有网有电。

(5)客车需正线通过。

(6)列车进路不能侧向经过辙叉号小于 9 号的道岔,旅客列车进路不能侧向经过辙叉号小于 12 号的道岔。

(二)自动排路的实现逻辑

CTC 系统循环检查进路序列,依次判断时机条件、行车条件、信号条件,当全部满足时则按照进路序列中的控制指令自动驱动联锁系统排列进路。其中时机条件是指自动排路的时机(时间触发条件和地点触发条件);行车条件是指计划规定的接发车顺序以及其他行车规定;信号条件是指信号联锁条件。

1. 时机条件

调度集中系统自动排列接车(通过)进路应按照不同类型列车(动车组列车、特快旅客列车、一般旅客列车、货物列车等)选择合适的时机,应满足时间触发条件或者地点触发条件。CTC 系统默认的接车(通过)进路触发时机见表 2-13。

表 2-13　CTC 系统默认的接车(通过)进路触发时机

接车/通过进路办理时机	地点触发(提前闭塞分区数)		时间触发(提前时间:min)	
	接车	通过	接车	通过
CTCS-3 级线路动车组	15	15	9	9
CTCS-2 级线路动车组	9	9	8	8
特快	4	6	6	6
普通客车	4	5	5	5
货车	3	4	4	4

当站间闭塞分区个数不足时,车站计算为一个闭塞分区。

调度集中系统自动排列发车进路应在计划指定的发车时刻基础上,按不同类型列车提前指定时间办理。默认的发车进路排列时机见表 2-14。

表 2-14　默认的发车进路排列时机

发车进路办理时机	时间触发(提前计划时间:min)
旅客列车(含动车组)	3
货车	1

2. 行车条件

(1)CTC 系统按照计划规定的次序办理进路,即只有计划在前的列车进路排列成功,才能办理后续列车进路;另外,为适应普速铁路或者特殊需求车站,调度集中还存在接车顺序按照列车跟踪顺序办理,发车顺序仍采用计划顺序办理的灵活模式。在这种模式下接发车进路冲突时(时间和空间),接车优先,无法确定优先级时,提示调度员人工干预。

(2)办理客运业务的旅客列车发车进路参考的计划时间还不得早于基本图发车时间,即如果列车早点到达车站,也必须要到基本图的发车时间提前 3 min 办理。

(3)对于计划为到开列车的发车进路,办理的前提是列车必须在股道内停稳。

注意:高速铁路线路动车组停站时间一般都小于 3 min,因此对于大多数车站和列车,动车组停稳后,CTC 系统即向联锁发送进路触发指令。

3. 信号条件

按照 CTC 系统技术条件,为提高向联锁发送进路指令的有效性,在满足进路触发时机后,CTC 系统还需要检查信号条件是否满足方可向联锁发送进路指令。

相关的信号条件包括:

(1)依据进路表判断进路涉及的区段是否占用或锁闭,设备是否存在封锁,道岔是否存在单锁且不在进路开向位置,是否存在分路不良未确认空闲的区段。

其中联锁向 CTC 系统传送占用出清后,CTC 系统内部再延迟 6 s 才判断此区段真正可以用于下一条进路。

(2)发车进路还需要判断一离去空闲条件。

(3)对于高速铁路线路发车信号机点灯模式,必须判断站间空闲条件。

(4)CTC 系统扩展的信号逻辑条件,如对于电力牵引列车,应仅向电力牵引接触网有电的区段、区间排列进路;列车、调车进路不能经过未确认空闲的分路不良区段;列车、调车进路不能经过封锁的线路和设备等。

4. 进路自动触发逻辑

如图 2-23 所示,CTC 系统根据列车调整计划,经完整性、无冲突性检查后生成进路序列,自律机循环检查进路序列中的逐个列车,分别判断时机条件、行车条件、信号条件是否满足,如果均满足则向联锁发送进路控制指令。

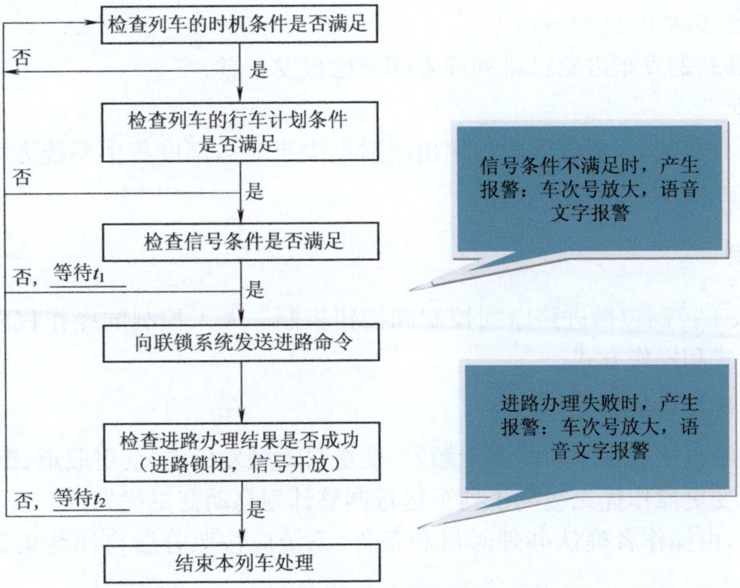

图 2-23　进路自动触发逻辑

t_1:若其他条件满足,信号条件不满足,则 CTC 系统重新判断触发等待的时间。

t_2:CTC 系统将进路触发指令发送给联锁后,在指定时间 t_2 内等待联锁进路锁闭和信号开放,如果超过指定时间联锁进路未锁闭或信号未开放,则 CTC 系统判断进路触发失败。

上述 t_1、t_2 时间参数可以根据线路、车站具体情况调整、配置。

（三）其他的自动排路规则

1. 计划通过的列车

调度集中系统对于计划通过列车，可以采用接发车进路分开办理或者一次性办理通过进路的方式。

（1）接发车进路均满足触发条件时：先办理发车进路，再办理接车进路，或一次性办理通过进路。

（2）接车满足条件，发车不满足时：先办理接车进路，当发车满足条件时，再办理发车进路。

（3）接车不满足条件时：接车进路和发车进路均不办理。

2. 延续进路

对有延续进路的车站，调度集中系统应按照列车运行调整计划和联锁进路表自动选择和办理延续进路。对于到开列车无避让计划（不需要避让其他列车）时，系统默认选择计划的发车口为延续进路终端；对于到开列车有避让计划时，延续到安全线；对于终到列车，可以延续到安全线；如果无安全线或安全线不满足用户需求，可按照运输需求延续到指定出口。

3. 站间自动闭塞

调度集中系统对于自动站间闭塞区段的自动排路，接车进路的自动触发时机可根据车站具体情况设置为以下三个条件之一：

（1）列车已进入接车区间；

（2）列车越过邻站出站信号机；

（3）列车在邻站的发车进路已排列或者邻站已报发车点。

4. 其　　他

前后两进路有交叉时，重叠区段占用出清后不少于 6 s，调度集中系统方可下达下一条进路的执行命令。

二、人工控制

CTC 系统人工控制包括进路序列控制和按钮控制。人工控制的操作权限严格受限于当前车站的控制模式和操作方式。

（一）人工进路序列控制

进路序列控制包括进路序列的人工触发、变更自动触发标志、变更股道、删除进路等操作，进路序列的人工变更操作优先级高于列车运行调整计划自动变更优先级。人工触发进路序列中的列车进路时，由操作者确认办理时机和条件，系统应按照分散自律约束条件进行检查和提示。

1. CTC 系统进路序列界面（图 2-24）

进路序列各数据域含义如下：

车次：该进路的列车车次。

股道：该进路的股道信息。

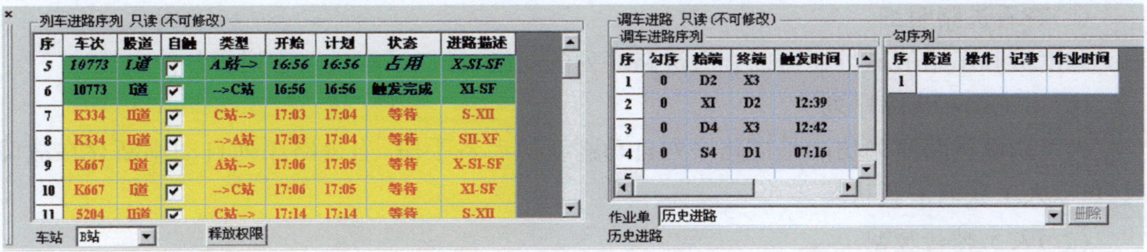

图 2-24 CTC 系统进路序列

自触:该进路是自动触发还是需人工触发(自触打钩标明要求 CTC 系统根据列车运行情况和车站信号设备情况,在合适时机发送指令给联锁设备,办理接发车进路)。

类型:该进路是接车进路、发车进路还是通过进路。

开始:是根据计划时间和实际列车运行情况估算的该进路预计开始时间。

计划:是列车调整计划确定的计划时间。

状态:说明该进路是等待触发还是已触发完成。进路的状态用不同的颜色表示,计划进路用黄色,正在办理和已经办理好的进路用绿色表示,已经出清的进路用灰色表示。

进路描述:通过按钮序列描述该进路。

注:进路序列的车次排列顺序并不总是和调整计划完全一致,因为进路序列中的进路排列是根据进路序列的"开始时间"降序排列的,而不是根据"计划时间"排序。"开始时间"是 CTC 系统根据列车运行情况自动推算的。

当车站处于"人工排路"状态下时,列车计划进路序列为空。

在列车进路序列处于可修改状态下,调度员/值班员可以修改列车进路接发车股道、选择是否"自触"、人工触发进路、删除不需要的列车进路和查看进路明细。

2. CTC 系统进路序列操作

(1)修改进路股道

CTC 系统进路序列界面为调度员和车站值班员提供了修改股道的功能。修改股道时 CTC 系统会根据新股道进行合法性和无冲突性检查,产生新的进路命令。修改进路股道操作只影响进路序列的进路相关参数,不影响进路序列的时间参数。车站操作方式下,车站值班员修改股道后,调度台的计划将不能再改变进路序列的进路参数。

(2)修改自动触发标志

调度员和车站值班员设置自动触发标志时,CTC 系统进行合法性和冲突性检查,检查通过的进路序列才能设置自触标志。取消自触标志是无条件操作,不需要进行合法性和冲突性检查。

(3)人工触发进路

进路序列界面提供人工触发进路序列的功能,调度员和车站值班员可以随时干预 CTC 系统的进路自动控制过程。

(4)删除进路

进路序列界面还提供了进路序列的删除功能。调度员和车站值班员可以删除过时、遗留或者不需要的进路序列,防止其干扰 CTC 系统的进路自动控制功能。

(5)查看进路明细

调度员和车站值班员还可以查看进路序列的明细,详细了解进路序列的各种参数。

(6)人工刷新进路序列

人工刷新进路序列功能是进路序列自动刷新的后备手段,当进路序列自动刷新存在故障时,可以人工获取最新状态。

(二)人工按钮控制

1. CTC系统人工按钮操作界面

在CTC站场控制界面有如图2-25所示的工具条。

图2-25　CTC站场控制界面工具条

此工具条是用于进行CTC按钮操作,无论是在区段画面还是单站画面,此工具条都可使用。一般情况下,具备CTC操作权限时,此工具条就显示在站场图下方。

CTC系统当前处在何种操作命令状态下,可以通过观察工具条上按钮的状态来分辨。灰色且凹下去的按钮代表当前正在进行操作命令。鼠标点击不同的按钮,将会改变当前的操作命令。缺省情况下,CTC处在“进路建立”命令下,这与6502电气集中继电联锁控制台的设计理念保持一致。一条操作命令完成或取消后,CTC自动回到缺省的“进路建立”命令状态下。

CTC具备两种命令操作方式:左键操作方式和右键操作方式。

(1)CTC命令的左键操作方式

左键操作方式通过鼠标左键来完成命令。先用左键在CTC工具条上选择操作命令,如“总取消”,然后在站场图上选择相应的设备,鼠标左键点击一下设备,如该设备被成功点中,设备将以明显不同的方式显示。最后点击CTC工具条上的“命令下达”按钮来下发操作命令。“命令清除”是对之前的操作命令进行清除,重新回到缺省的“进路建立”命令状态下。对于左键方式,“命令下达”和“命令清除”还可以通过在站场图上(任何位置)点击鼠标右键弹出一个菜单,选择“清除”选项来实现。如图2-26所示。其中,“命令”指的是命令下达,“清除”指的是命令清除。

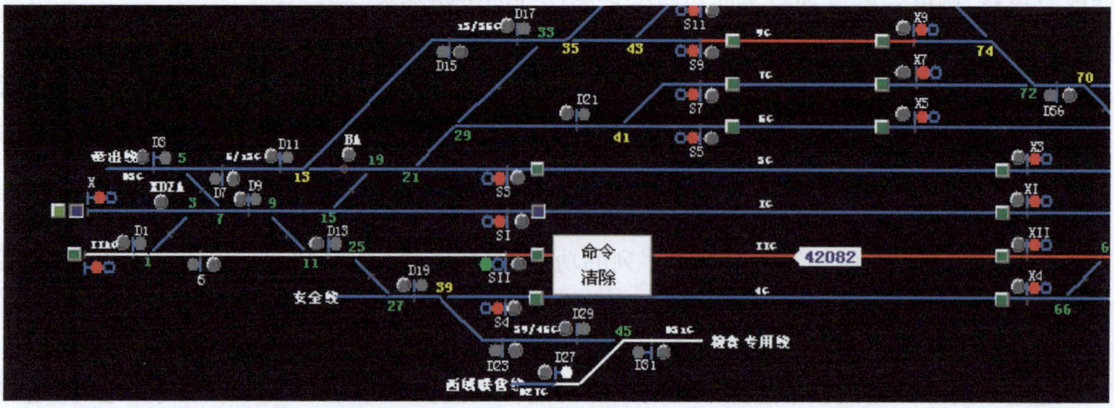

图2-26　命令下达与清除的界面操作示意图

(2)CTC 命令的右键操作方式

右键操作方式是对左键操作方式的改进,避免了鼠标左键"选择命令→选择设备→命令下达"操作方式的大范围鼠标移动。右键方式下,可以直接在站场图上找到要操作的设备,点击鼠标右键,弹出一个命令菜单,它罗列了可以对该设备进行操作的所有命令。在菜单上选择需要的命令,左键点击,将会完成该设备的命令下发。需要注意的是:只有当鼠标移到设备上,设备颜色变为高亮(青色)时,才能有右键操作菜单权限,当鼠标移到道岔上时,道岔变为青色,此时点击右键就会有操作菜单,如图 2-27 所示。

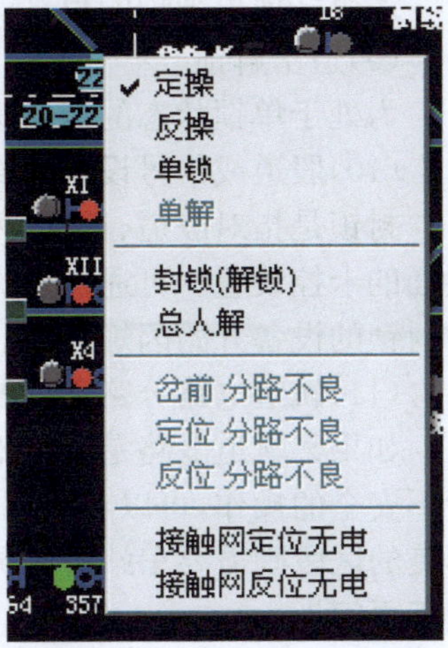

图 2-27 界面右键操作方式示意图

2. 人工操作按钮执行的命令

(1)进路建立

通过进路的始终端按钮实现手工排列进路。道岔定反位操作到位,在排进路过程中,道岔文字可能会闪烁,进路白光带显示在站场图上,相应的信号机开放。

人工按钮办理列车进路时,由操作者确认办理时机和条件,并且办理前应输入正确的列车车次号。系统应可按照列车车次号办理进路并且自动对进路序列进行更新。

(2)进路取消

通过进路的始端按钮实现手工取消进路。进路白光带在站场图上消失,信号关闭。

(3)信号重开

当信号开放后由于轨道电路瞬时分路或其他原因而关闭,若满足开放信号的条件(包括进路完整锁闭、空闲、没有敌对信号开放等等),按压相应进路的始端按钮,信号可以重新开放。

(4)引导进路

当进站信号机(或进路信号机)因故不能正常开放时,可开放引导信号。如果进站信号内方第一区段故障,办理引导进路时,在站场图的引导按钮上方应该有 15 s 延时表示,如果调度员要保持进站信号的持续开放,在 15 s 内必须再次办理引导进路操作,重新开始另一个 15 s 延时。

(5)引导总锁

在得不到道岔表示时(即进路上道岔失表示)或从不是接车进路的编组线上接车时,只能采取引导总锁的方式进行引导接车。此时应由车站值班员保证行车安全。

引导总锁按钮所辖咽喉内的所有道岔被单锁,道岔文字显示为红色。再次按引导总锁时,道岔文字还原到引导总锁前的状态。由于引导总锁为铅封按钮,因此在引导总锁按钮旁边存在一个计数器,记录咽喉曾进行过引导总锁操作的次数。

(6)总 人 解

总人解按钮用于解锁接近锁闭的进路、引导进路和区段;操作道岔、区段、列车按钮、调车按钮。

如要解锁接近锁闭的进路或引导进路,则再按相应信号机的始端按钮(调车信号机也可以是灯位)。

(7)道岔单操(总定/总反)

道岔未锁闭(锁闭包括进路锁闭、引导总锁闭和单锁)时,可进行道岔的单独操纵。

当道岔处于定位时，道岔名称呈绿色；当道岔处于反位时，道岔名称呈黄色。

(8)道岔单锁

无条件地单独锁闭道岔。道岔外圈包红色圆框。

(9)道岔解锁

为处于单锁状态的道岔进行解锁。道岔外包红色圆框取消。

(10)股道或信号设备的封锁与解锁

封锁是指对股道、道岔、列车按钮、信号机等设备进行的一种禁止办理业务或操作的软件层面的卡控设置。可通过操作道岔、区段、信号机按钮等进行封锁设置，封锁命令操作成功后，被封锁的设备开始闪烁，取消封锁操作同设置封锁操作一致。

(11)轨道电路分路不良及确认空闲

如果某轨道电路是分路不良，为了让所有的相关人员在站场图上了解这一信息，以防止进行不安全的操作，可以对该区段设置分路不良状态。该操作还将影响自动排路，当有出现分路不良的区段则需要车站值班员及时地进行确认空闲，否则自动排路将会失败。确认空闲后，区段不再闪烁。

(12)接触网无电设置

设置股道及道岔区段接触网供电状态，防止电力机车牵引的列车进入无电区段。

(13)特殊联锁功能按钮的使用(破封按钮)

区间闭塞操作

总辅助：变更区间运行方向出现问题时使用，为非自复式按钮，按下后如果要弹起此按钮，需要重复操作一次即可；

接车辅助：变更区间运行方向出现问题时使用。

发车辅助：变更区间运行方向出现问题时使用。

允许改方：变更区间运行方向时使用，为非自复式按钮，按下后如果要弹起此按钮，需要重复操作一次即可。

清除按钮：由于某些非正常因素导致联锁上有单个进路按钮被按下的时候，可通过操作此按钮，抬起按下的进路按钮。

语音暂停：为联锁提供的清除语音报警的功能。

上电解锁按钮：为联锁提供的上电解锁的功能。

闭塞、事故、复原按钮：为半自动闭塞接发车按钮。

(三)人工控制的自律约束

CTC系统对人工进路序列和人工按钮操作均进行自律约束检查，系统检查车次号、列车类型、是否超限、牵引类型、线路接触网供电状态、区段分路不良状态、线路设备封锁状态、股道属性、道岔辙叉号等因素，系统需要确认满足分散自律约束条件，包括但不限于以下约束条件：

(1)旅客列车：旅客列车应接入允许按客车的股道，办理客运时应接入有站台的股道，发车应发往允许办理旅客列车的方向。

(2)动车组列车：动车组列车应接入动车组专用股道，办理客运的动车组应接入有高站台的股道，发车应发往允许办理动车组列车的方向。

(3)超限列车：超限列车应接入超限列车专用股道，两超限车不能在禁止同时接入超限车的股道交会，超限车发车应满足区间交会条件。

(4)电力牵引列车：电力牵引列车应仅向电力牵引接触网有电的区段、区间排列进路。

(5)其他约束条件:列车、调车进路不能经过未确认空闲的分路不良区段;列车、调车进路不能经过封锁的线路和设备。

第九节　调车作业管理和调车进路控制

CTC 系统核心功能是列车控制,但由于实际行车作业过程中列车、调车是紧密结合、互相制约的关系,CTC 系统采用了分散自律的理念解决列车和调车时间空间上的冲突问题,达到两者协调高效的目的。为此 CTC 系统提供简洁实用的调车作业进路控制功能,系统可以编制调车作业计划并下达至自律机、车务终端以及通过无线传输系统下达至司机,并提供进路自动办理以及人工办理等多种操作方式。

一、调车作业计划

调车计划是保证实现列车运行调整计划的调车具体行动计划,以调车作业通知单的形式体现。由助理调度员(集控站)或车站值班员(非集控站)根据日班计划、列车运行调整计划、列车编组信息、站存车信息、调车机及线路运用等情况,提前编制调车作业单。

(一)编制内容和方式

调车负责人在 CTC 调车作业终端上编制调车作业计划,并可编辑、存储、下达。主界面如图 2-28 所示。

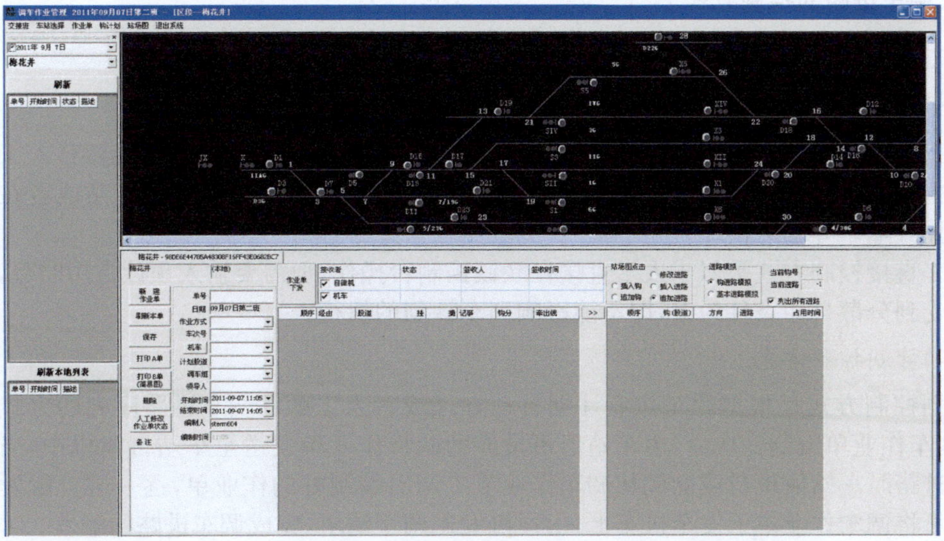

图 2-28　CTC 调车作业计划操作界面

调车作业单的主要数据内容包括:

单号:表示本作业单的编号,在同一班内不能重复。

日期:为登录时的日期及班次。

作业方式:选择本作业单的作业方式,有编组与解体两种。

车次号:进行调车作业的车次号,与列车车次号要区别开来。

机车:填写机车号,为 8 位数字,前 3 位表示机车类型,后 5 位表示机车编号,必须要输入 8 位。

计划股道:计划进行调车作业的股道。

调车组:有甲、乙、丙、丁四组可供选择。

领导人:调车组的领导人。

开始时间:本调车作业计划开始的时间。

结束时间:本调车作业计划结束的时间。

调车钩序列:调车钩包括作业股道、挂车数、摘车数以及记事栏(本钩作业说明)等基本信息,另外为了便于计算机处理,CTC系统增加了钩进路补充数据:作业类型、作业时分、牵出线等。其中作业类型是预先设置的各种调车作业分类,用于自动推算作业时分;牵出线则是用于辅助自动生成钩进路序列。

(二)调车进路的辅助生成

CTC系统提供调车进路的自动生成功能,即按照调车作业计划中的钩序列,自动生成调车进路序列,生成后的调车进路序列可以人工调整,和调车作业计划一并存储,并下达至自律机中等待执行。

调车进路的辅助生成功能是CTC系统按照调车钩序列中的作业股道、牵出线,检索车站调车进路表,自动匹配相应调车进路并添加到调车进路序列中。CTC系统提供图形化直观操作手段,便于操作人员了解调车进路的生成情况,并可进行人工增加、删除、修改等操作。

注意:对于一项调车作业计划来说,只有正确生成了调车进路序列并且下达到自律机中,才能具备调车进路的计划操作功能。

二、调车进路的控制方式

CTC系统调车进路控制支持计划控制和人工直接控制两种控制方式。

(一)人工直接控制方式

人工直接控制方式是指在调度集中终端上采用按钮操作方式办理调车进路;人工直接操作方式主要适用于调车作业复杂的非集控站,以及不具备无线调车请求的车站或者在集控站需要甩挂故障车等临时情况。

人工直接控制方式类似于人工直接在联锁控制台操作,但需要输入预计占用时分,并且操作需要受到分散自律条件约束,即不能影响列车计划的执行。

(二)计划控制方式

计划控制方式是根据调车作业计划自动办理或者人工触发调车进路序列的方式办理进路;在调车作业单编制完成后,由车站值班员或助调将作业单发送至车站自律机中,当需要办理调车进路时车站值班员或助调从调车作业单中调出编制好的作业单,逐一进行触发进路即可。也可将调车作业单下发至机车上,由司机发送调车请求,完成调车进路的触发。

为了适应更为复杂的情况,进一步提高工作效率,CTC系统支持多种计划操作的实现技术手段。

1. 人工办理单条调车进路

在调车进路序列界面中,人工触发一条调车进路。自律机检查联锁条件以及和列车冲突条件,满足办理条件时则办理进路,否则向操作界面反馈不能办理提示信息。

2. 人工办理一组进路

在调车进路序列界面中,人工触发一组调车进路。自律机按由远到近的顺序依次办理调车进路,办理每条进路需检查联锁条件和列车冲突条件,满足条件则办理进路,否则终止此组进路的办理，并向操作界面反馈不能继续办理提示信息。

3. 自动办理调车进路

调车进路的自动办理以组为单位，每组进路自动办理需满足条件：收到本组进路的办理请求，并且调机已进入本组进路相关的股道或安全线。

第一个条件的输入来源可能有：

(1)人工在调车进路序列界面上设置。

(2)外部系统传入，例如调车监控系统(目前无线传输中的调车请求消息中信息不全，只有机车号，系统收到后无法判断是针对哪张作业单的哪钩哪组作业，故不可用)。

第二个条件的输入来源可能有：

(1)外部系统传入，例如调车监控系统。

(2)系统内部的调机跟踪(需要调机跟踪非常完善可靠)。

两个条件都满足后，系统按照人工办理一组进路的逻辑自动办理本组进路。全部办理完成或由于不满足联锁和列车冲突条件无法继续办理时，均清除本组进路的办理请求标志，即系统不会自动重复办理进路，必须再次收到调车请求才能自动办理。

三、调车作业流程

CTC 调车作业流程示意如图 2-29 所示。

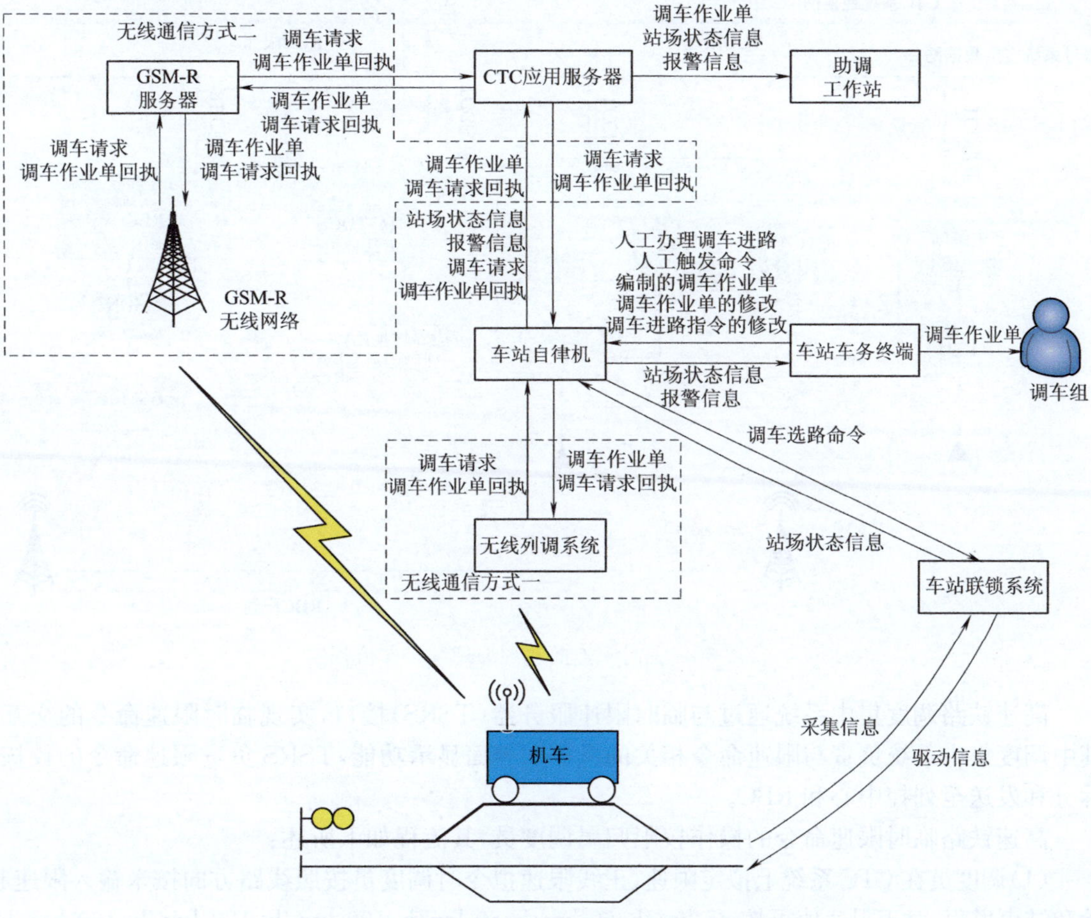

图 2-29　CTC 调车作业流程示意图(有人站)

第十节　临时限速

一、临时限速的实现原理和操作流程

在高速铁路中，由于施工或风雨雪等特殊情况下需要临时限速时，则需要列车调度员发布列控临时限速命令，由 CTC 系统和列控系统共同完成临时限速工作，通过设备的方式控制列车以安全的速度通过限速区域。

高速铁路的整个限速体系如图 2-30 所示，描述了临时限速的实现原理和操作流程。

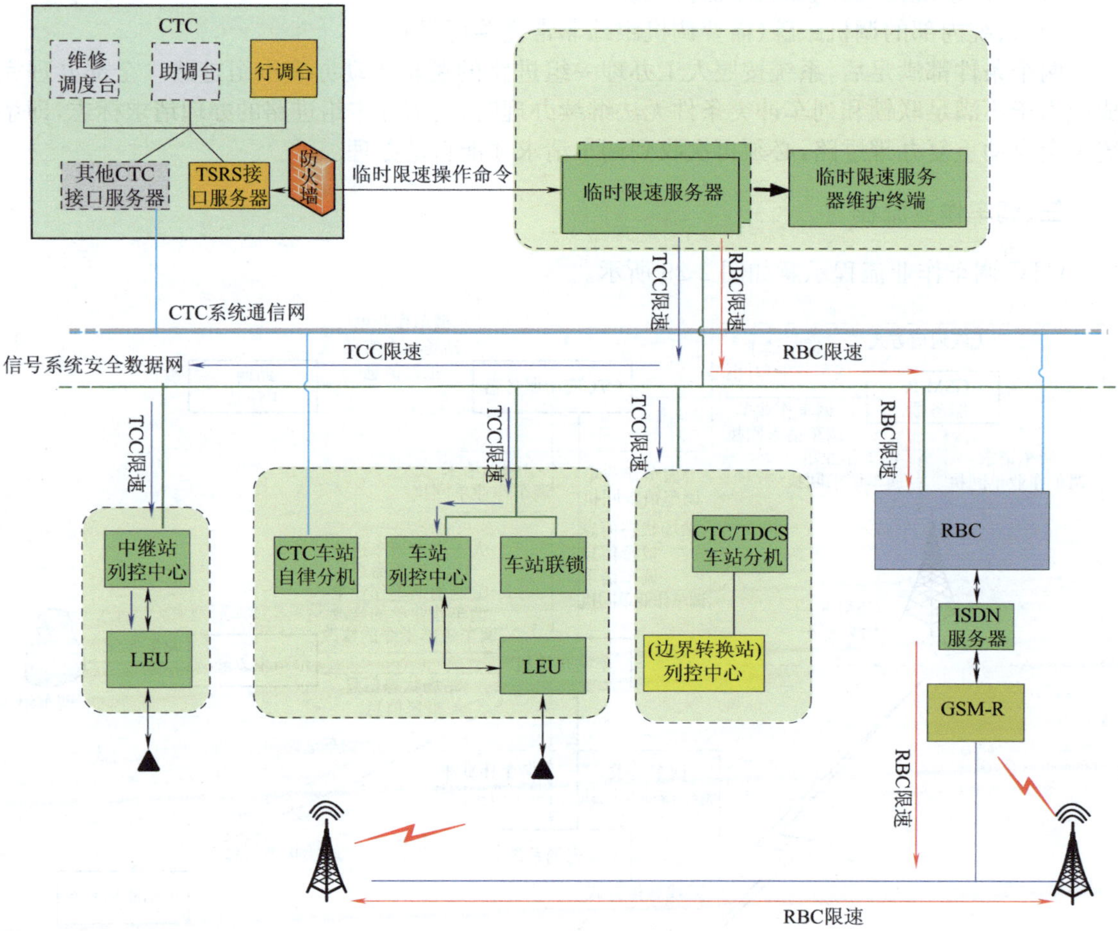

图 2-30　临时限速的实现原理和操作流程

高速铁路调度集中系统通过与临时限速服务器(TSRS)接口，实现临时限速命令的交互。其中调度集中系统负责与限速命令相关的操作和界面显示功能，TSRS 负责限速命令的校核、拆分和发送至列控中心和 RBC。

高速铁路临时限速命令的操作权限归属调度员，其流程如下所述：

(1)调度员在 CTC 系统上拟定限速，正线限速拟令时调度员按照线路方向按米输入限速起始和结束里程，对于限速值可按 45 km/h、60 km/h、80 km/h、100 km/h、120 km/h、160 km/h、

200 km/h、250 km/h 八挡设置，侧线限速时可选择 45 km/h 和 80 km/h 两挡，拟定限速时采用双人校核输入，双人输入成功后发送至 TSRS；

(2)TSRS 校核成功后保存命令，并反馈结果至 CTC 系统；

(3)调度员择机在 CTC 系统上选择相关限速命令，并对限速命令进行“激活校验”操作，CTC 系统发送激活校验操作至 TSRS；

(4)TSRS 执行激活校验命令，并反馈结果至 CTC 系统；

(5)激活校验成功后，调度员在 CTC 系统上对限速命令发送“执行”命令，CTC 系统发送执行操作至 TSRS；

(6)TSRS 执行命令，执行成功后相关 RBC 和列控中心限速生效，TSRS 反馈结果至 CTC 系统。

当限速命令被完全执行时，对于正线限速，相关限速示意区域显示黄色稳定光带；对于侧线限速，相应侧线限速表示灯显示为稳定黄色，鼠标移至黄色光带或者侧线限速表示灯上面则有具体限速信息。如果限速状态为部分执行或取消限速命令已经激活的时候，则采用黄色光带闪烁的方式(侧线为侧线限速表示灯黄色闪烁)，以提醒调度员注意。

(一)列控限速调度命令的拟定

助理调度员在 CTC 调度命令终端拟定列控限速调度命令，输入限速的基本参数，开始和结束里程按线路正方向顺次拟定，列车调度员需两次输入校核确认。系统根据参数自动产生调度命令正文，同时自动添加 TSRS 作为受令设备，列车调度员可在受令单位处选择限速调度命令的接收车站。对于 CTC 集控站，列车调度员可不选择。

列车调度员点击“命令下达”按钮后，CTC 系统将限速命令发送至 TSRS 进行校验，TSRS 反馈校验成功并存储限速命令，CTC 系统自动将限速调度命令下发至调度员选择的受令车站，车站值班员应及时签收。若 TSRS 反馈校验失败，调度员根据反馈信息可重新拟定限速命令。

列控限速调度命令拟定操作流程如图 2-31 所示。

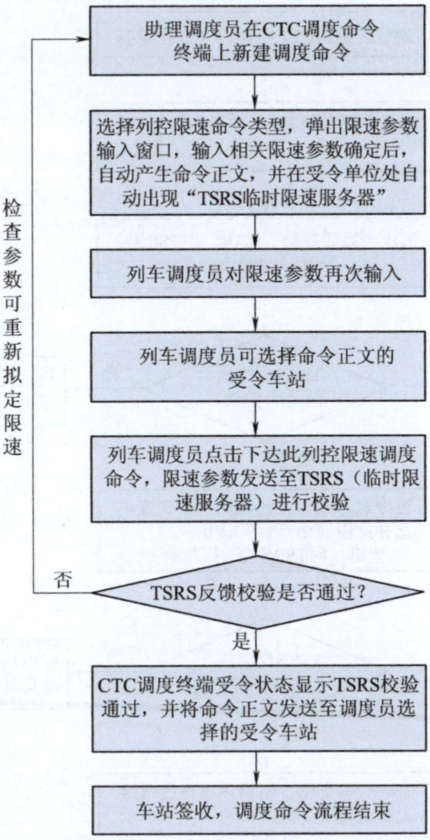

图 2-31　列控限速调度命令拟定操作流程

(二)列控限速调度命令执行

在限速参数输入时，调度员输入了限速开始时间和结束时间，则当限速开始时间临近时，TSRS 发送提示信息，CTC 系统将提示调度员有限速命令需要执行，调度员根据情况择机进行限速命令执行操作。

调度员调出 CTC 系统的限速命令管理界面，浏览 TSRS 中保存的已拟定的限速命令，选择需要执行的限速命令，点击界面中的“激活校验”按钮，此时激活命令发送至 TSRS，TSRS 反馈激活结果。

TSRS 反馈激活校验成功后，调度员选中需要执行的限速命令点击界面中的“执行”按钮，此时执行命令发送至 TSRS，TSRS 反馈执行结果。

列控限速调度命令执行流程如图 2-32 所示。

(三)取消限速

取消限速命令与设置限速命令流程相同，拟定取消限速命令时在限速参数中选择“取消限速”。

(四)TSRS 限速状态初始化

当 TSRS 发生故障恢复时需要初始化操作，TSRS 会发送报警信息，CTC 系统提示调度员进行 TSRS 限速状态初始化操作。

调度员应对本调度台内所有正在执行的限速命令号逐条确认后再按压“初始化”按钮。

限速状态初始化操作流程如图 2-33 所示。

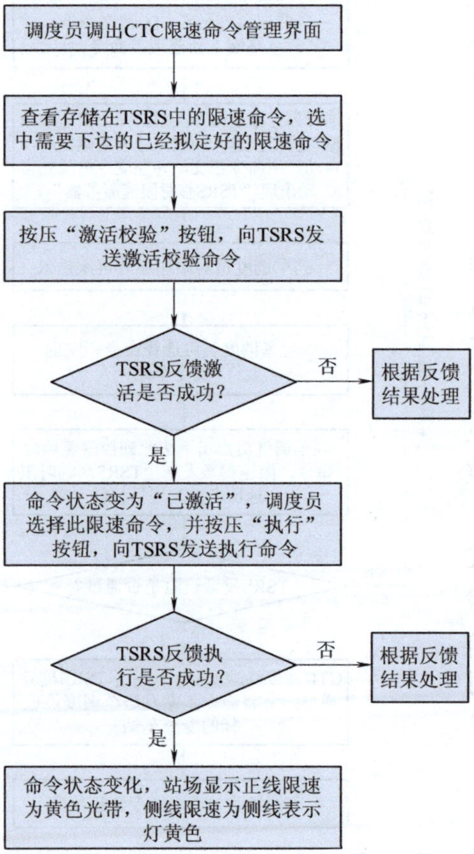

图 2-32　列控限速调度命令执行操作流程

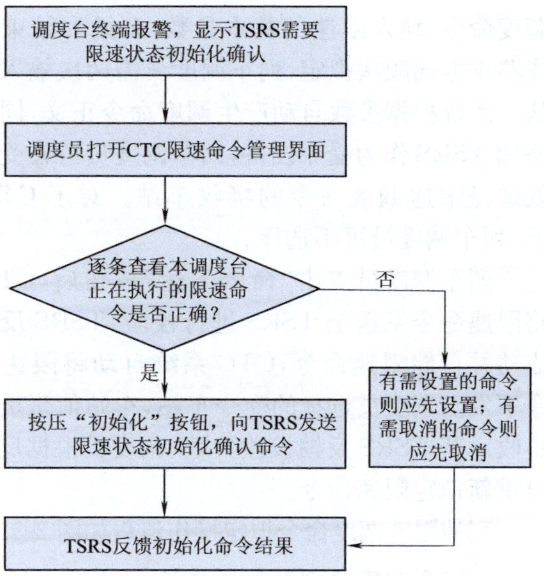

图 2-33　限速状态初始化操作流程

二、特殊情况下的临时限速方案

(一)局间分界口限速处理

高速铁路临时限速服务器 TSRS 的设置与调度台管辖范围一致，即一般为一个调度台对应一套限速服务器，如图 2-34 所示。

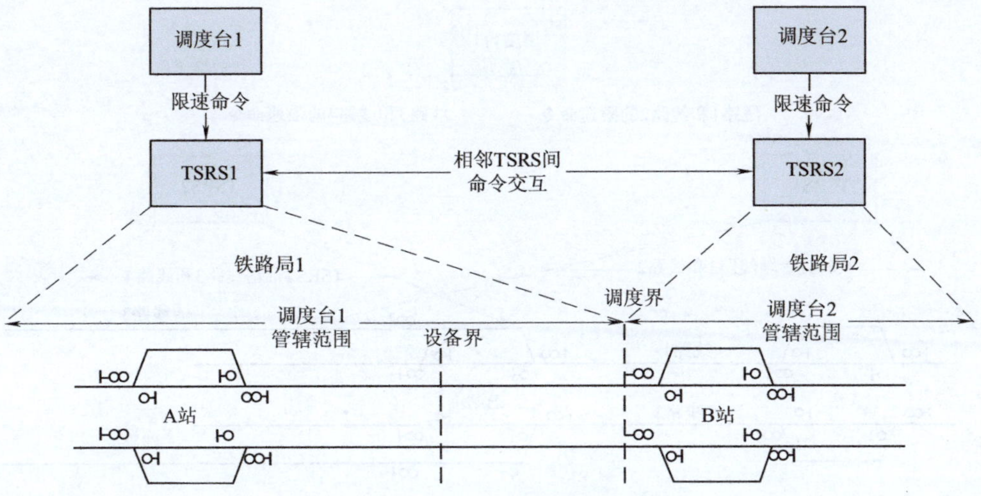

图 2-34　局间分界口限速处理

调度台管辖范围一般以线路的进站信号机划分，即某个站间区间统一划为一个调度台管辖，而车站列控中心以及区间信号设备的管辖范围一般处在站间区间的中间位置，因此存在调度管界与设备管界不一致的情况，如图 2-34 调度台 1 与调度台 2 之间的调度界为 B 站下行进站信号机处，而设备管界却处于 A 站和 B 站区间当中。由于调度员下发的临时限速命令是以调度台管辖范围为依据，调度台 1 可以最远下达至 B 站下行进站信号机处，而 A 站和 B 站列控中心管辖范围在 A 站和 B 站区间当中存在一定的重叠区域，因此当调度台 1 下达的限速命令涉及 A 站列控中心和 B 站列控中心均需要设置时，则需要 TSRS1 和 TSRS2 之间交互相关的限速命令。另外，当台间涉及局间分界口时，由于 CTC 系统需要处理限速命令的黄色光带表示，因此如果限速区域涉及 B 站下行进站信号机外侧的闭塞分区，则需要铁路局 2 的 TSRS2 将由 TSRS1 交互的限速命令转送给 CTC 系统，以便 CTC 系统计算 B 站下行进站信号机外侧相关限速区域的黄色光带表示信息。

(二)复杂枢纽地区限速处理

某些枢纽地区，由于枢纽站存在多条正线的情况，同时线路的开通建设存在一定的周期，即可能某个工程中线路 1 和线路 2 已经开通，并由 TSRS1 管辖；随后又开通了线路 3 和线路 4，并由 TSRS2 管辖，而对于行车调度来说，上述线路可能均属于同一个枢纽调度台管辖。

在这种情况下，如果 TSRS1 管辖的线路 1 和线路 2 与 TSRS2 管辖的线路 3 和线路 4 不存在正线连通情况(见图 2-35)，即对于运输指挥来说不存在一条限速命令从线路 1 的某个起点到线路 3 的某个终点，即实际上线路 1 和线路 3 完全属于两条线路。限速服务器管辖的线路从线路本身来说具有独立性，因此这种情况下，对于 CTC 系统来说可以处理一个调度台对应不同限速服务器的情况，当列车调度员需要下达线路 1 或线路 2 的限速命令时，CTC 系统自动将命令发送至 TSRS1；当列车调度员需要下达线路 3 或线路 4 的限速命令时，CTC 系统自动会将命令发送至 TSRS2。这种情况在实际工程应用中也比较常见，当然若限速服务器允许的话，由一套限速服务器管辖调度台下所有的限速命令则是最佳的限速方案。

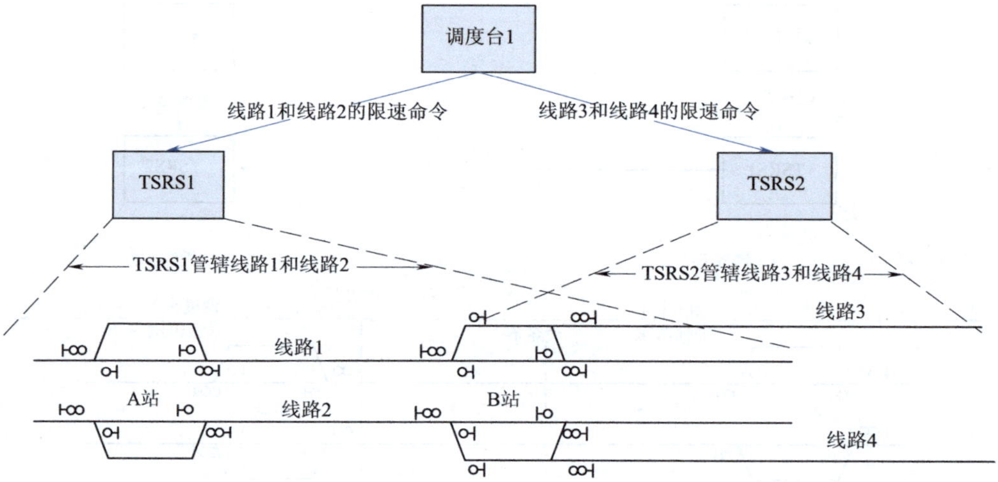

图 2-35 复杂枢纽地区限速处理(多套限速服务器)

当 TSRS 管辖的线路是正线连通的情况下,即存在一条限速命令跨不同限速服务器的需求时,CTC 系统缺乏有效数据支持,无法处理这种场景,应在 TSRS 侧进行处理,通常采用 TSRS 服务器整合或者多套 TSRS 间交互来完成。

(三)不同限速制式转线枢纽限速处理

在列控系统逐步发展过程中,列控限速方案经历了既有线列控限速、客专列控限速以及临时限速服务器限速等多种限速方案,而实际运营的线路上,目前还存在着有临时限速服务器的高速铁路线路与既有线 CTCS-2 级线路进行转线运营的需求,如京沪高速铁路与胶济线在济南枢纽地区,京沪高速铁路设置独立行调台指挥行车,胶济线则由另外的行调台指挥行车。京沪高速铁路为 CTCS-3 级线路,设置临时限速服务器,限速命令由调度台统一下达至临时限速服务器,并由临时限速服务器分发至列控中心和 RBC;而胶济线属于既有线 CTCS-2 级列控系统,无临时限速服务器设置,限速命令则由既有枢纽台直接下发到 CTC 车站,由 CTC 车站转发到列控中心完成限速命令的设置。在这种情况下,需要对既有线的衔接车站设置为转换站来适应不同调度台的限速方案,其线路和设备情况如图 2-36 所示。

C 站作为转换站,其 TCC 一方面要与高速铁路线路的 TSRS 连接,以便接收从高速铁路调度台下达的经 TSRS 转发的临时限速命令;另一方面 C 站 TCC 还与 C 站 CTC 系统的自律机连接,以便接收从既有调度台下达的临时限速命令。其交互流程如下:

(1)限速命令从高速铁路调度台下达,此时限速命令下发至高速铁路 TSRS,由 TSRS 转发至转换站 C 站的 TCC,C 站 TCC 进行限速命令的设置,并将结果反馈至高速铁路 TSRS,高速铁路 TSRS 将所有执行设备的反馈结果综合后发给 CTC 系统。这样可满足高速铁路线路上运行的动车组转线至既有线的限速需求。

(2)限速命令从既有线调度台下达,此时限速命令经 CTC 系统中心服务器转发到 C 站车站自律机,经车站自律机下达到 C 站 TCC,C 站 TCC 经过判断,如果此时命令涉及高速铁路线路(如联络线),则还需要将限速命令发送给高速铁路 TSRS,由 TSRS 进行判断后并分发给高速铁路线路上其他需要执行的列控中心或 RBC 设备,以满足既有线动车组转线至高速铁路线路的需求。

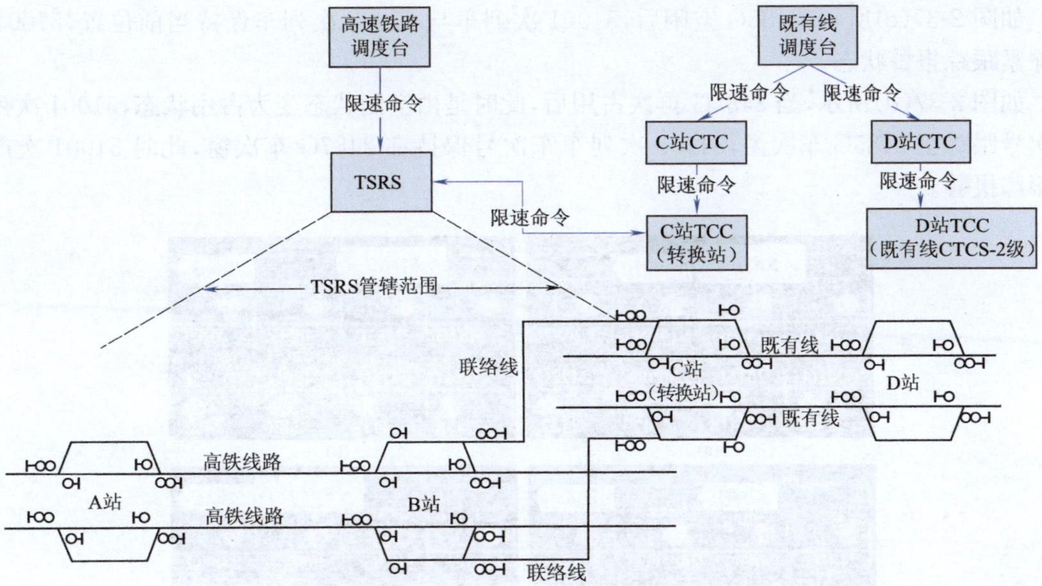

图 2-36　不同限速制式转线枢纽限速处理(CTCS-2 级/CTCS-3 级)

第十一节　行车作业防护报警

为保障行车安全，辅助调度员和车站值班员指挥行车，CTC 系统还具备多种行车辅助报警功能：假车次报警、列车紧跟踪报警、列车占用丢失报警和非常站控下的进路错办报警。

一、假车次报警

正常情况下 CTC 系统通过车次号自动跟踪功能，保证列车位置与车次号的一致对应关系。CTC 系统的车次跟踪功能依赖于现场的表示采集，因此当站场表示出现问题或者通信故障导致站间通信丢失数据时，系统会出现车次跟踪失败，此时检测到列车占用但无车次号或者车次号丢失时，产生假车次号，并在相关调度台和车站的终端上产生报警。

二、列车紧跟踪报警

当系统检测到区间运行列车前方相邻区段占用且在指定时间(6 s)内未出清时，则应在相关调度台和车站的终端上产生列车紧跟踪报警。在系统边界或其他不具备可靠占用检查条件的区间，可不产生报警。

按照列车自动闭塞区间跟踪逻辑，只有列车运行前方的相邻闭塞分区由空闲变为占用时，列车车次号才能向前移动，保证列车处于紧跟踪状态下车次跟踪的正确性。

如图 2-37(a)所示，51003 次列车在 2485G，51001 次列车在 2483G，51001 次列车与 51003 次列车处于紧跟踪状态，此时 51001 次进行紧跟踪报警，车次号放大一倍，同时进行文字报警。

如图 2-37(b)所示，51003 次列车占用 2487G 后，51003 次列车车次号跟踪至 2487G 车次窗，此时 2485G 并没有变为空闲，51001 次列车仍然在 2483G，因此 51001 次仍保持紧跟踪状态。

如图 2-37(c)所示，2485G 空闲后，51001 次列车与 51003 次列车保持当前位置，51001 次解除紧跟踪报警状态。

如图 2-37(d)所示，当 2485G 再次占用后，此时是由空闲状态变为占用状态，51001 次列车车次号跟踪至 2485G 车次窗，51003 次列车车次号保持在 2487G 车次窗，此时 51001 次产生紧跟踪报警。

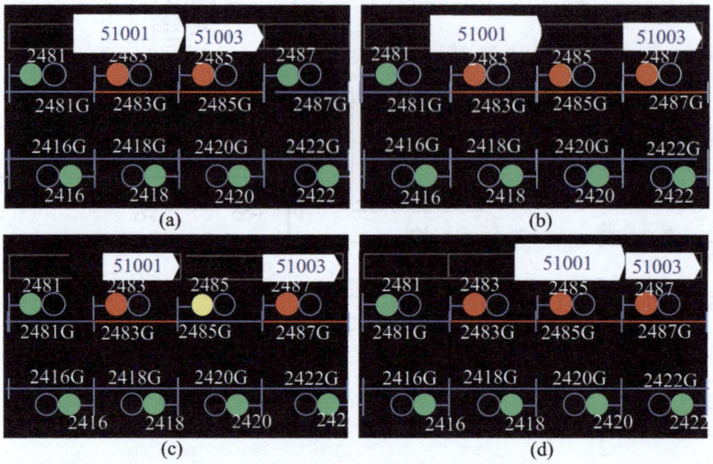

图 2-37　紧跟踪情况从产生到解除

三、列车占用丢失报警

当列车在区间时，所在闭塞分区列车占用红光带消失后、连续 15 s 前方闭塞分区无占用红光带表示，则判断为列车占用丢失。TDCS/CTC 系统立即在两端车站车务终端和所属调度台站场显示屏上向车站值班员和列车调度员报警。如果区间涉及两个调度台(包括局间分界口调度台)，则应同时在两个调度台上和两端车站报警；对于局间分界口区间，应通过局间交换方式传递报警信息。

当列车在站内股道时，所在股道列车占用红光带消失后、连续 15 s 相邻轨道区段无占用红光带表示，则判断为列车占用丢失。TDCS/CTC 系统立即在该车站车务终端和所属调度台站场显示屏上向车站值班员和列车调度员报警。如果属于台间共管站，则应同时在所涉及的调度台站场显示屏上报警。

列车占用丢失报警应同时采用两种表示方式：

(1)弹出报警提示，内容为“×××次列车占用丢失”，列车(助理)调度员或车站值班员点击确认后，提示窗口关闭。

(2)报警车次窗放大闪烁，显示原列车车次，并进行语音报警，内容为“××次列车占用丢失”。

另外，当列控系统或者区间轨道电路自身具备列车占用丢失检查功能时，CTC 系统的占用丢失报警功能则屏蔽停用。

列车占用丢失报警的运用有如下限制条件：

TDCS/CTC 系统是建立在信号、通信等多种设备接口基础上的全程全网系统，影响因素较多，下列情况不具备报警条件或无法正确报警。

1. 不具备报警条件

(1)自动站间闭塞区间、半自动闭塞区间、虚拟自动闭塞区间、站内非集中区。

(2)非列车占用轨道红光带。

(3)联锁、列控、闭塞、TDCS/CTC 和通信通道等相关设备停用。

2. 无法正确报警

(1)联锁、列控、闭塞、TDCS/CTC 和通信等设备发生故障导致 TDCS/CTC 无法正确显示列车占用状态。

(2)通道故障。

(3)使用人员未及时输入或修正列车车次号。

(4)区间折返、救援等作业时。

3. 列车占用丢失报警的判断条件

(1)区　　间

①列车在闭塞分区占用后红光带消失，连续 15 s 前方闭塞分区无占用红光带，则产生列车占用丢失报警。

如图 2-38 所示，列车在 C 分区时，C 分区占用红光带消失，连续 15 s D 分区无占用红光带则产生列车占用丢失报警。

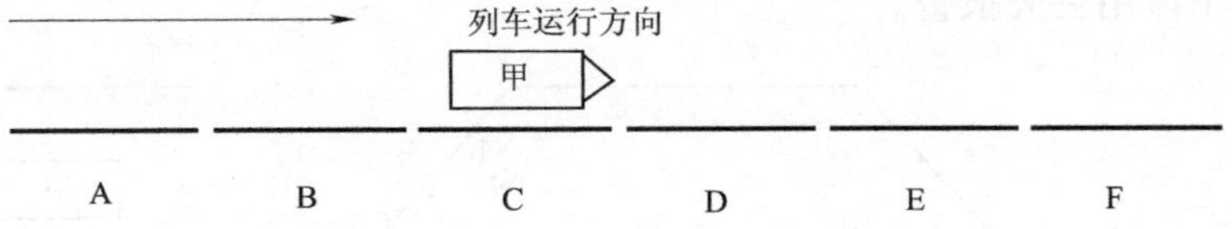

图 2-38　区间列车占用丢失报警条件(1)

②列车在闭塞分区占用后红光带消失，连续 15 s 前方闭塞分区无占用红光带，即使后方闭塞分区有红光带也产生列车占用丢失报警。

如图 2-39 所示，列车在 C 分区时，C 分区占用红光带消失，连续 15 s D 分区无占用红光带，即使此时 B 分区有占用红光带，也产生列车占用丢失报警。

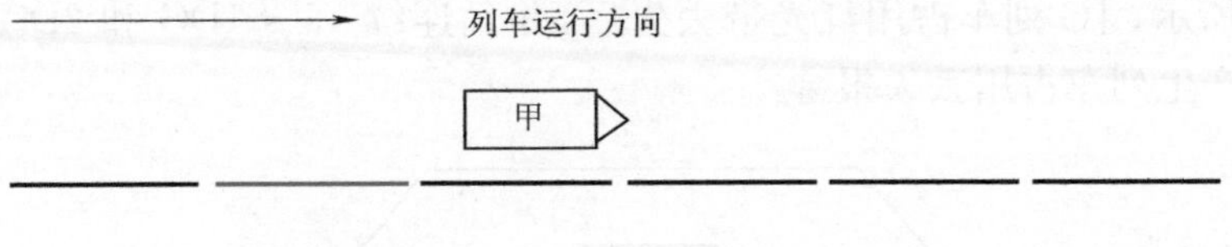

图 2-39　区间列车占用丢失报警条件(2)

③对于列车紧跟踪情况，后车占用红光带消失后连续 15 s，前方闭塞分区虽然占用但为不同列车车次，也产生列车占用丢失报警。

如图 2-40 所示，甲列车和乙列车紧跟踪，甲列车占用 C 分区，乙列车占用 D 分区，C 分区占用红光带消失后 15 s，D 分区虽然占用但仍显示为乙列车车次时，产生甲列车占用丢失报警。

④对于列车紧跟踪情况，前车占用多个闭塞分区，后车占用红光带消失后连续 15 s，前方闭塞分区虽然占用但不是后车车次时，产生列车占用丢失报警。

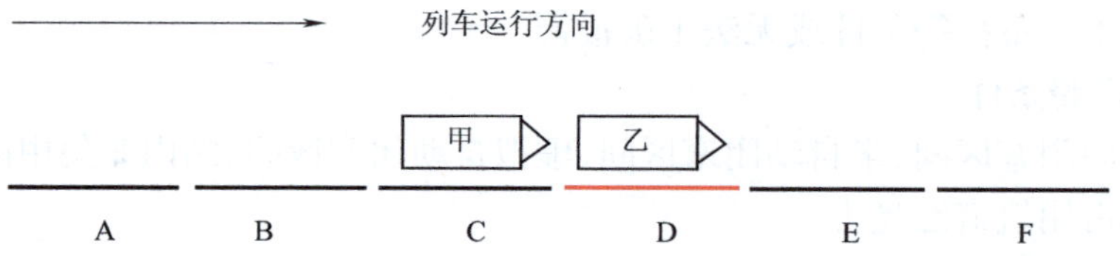

图 2-40　区间列车占用丢失报警条件(3)

如图 2-41 所示,甲列车和乙列车紧跟踪,甲列车占用 C 分区,乙列车占用 D 和 E 分区,C 分区占用红光带消失后 15 s,D 分区虽然占用但未显示为甲列车车次时,产生甲列车占用丢失报警。

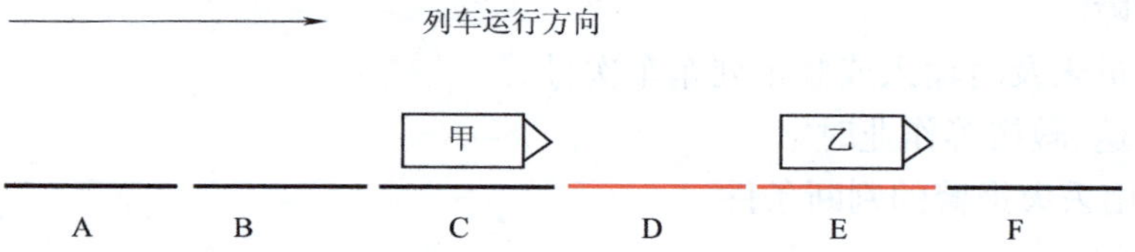

图 2-41　区间列车占用丢失报警条件(4)

⑤列车出站时,站内最后一个轨道区段列车占用红光带消失后,连续 15 s 第一离去无占用红光带,则产生报警。

如图 2-42 所示,列车从ⅠG 出站后,ⅡBG 占用红光带消失后,连续 15 s X1LQ 无占用红光带,则产生列车占用丢失报警。

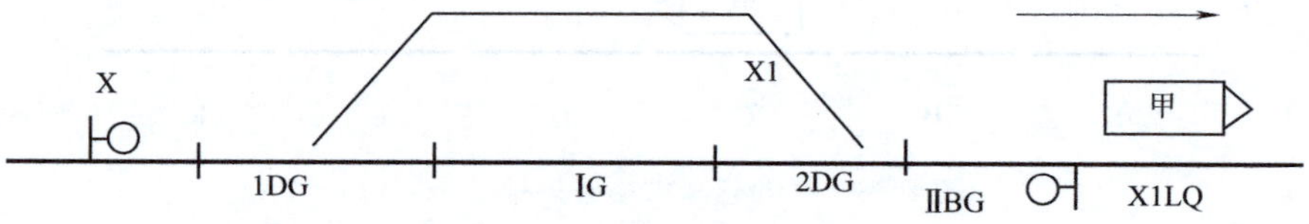

图 2-42　区间列车占用丢失报警条件(5)

(2)车站

①列车在站内股道占用后红光带消失,且相邻轨道区段连续 15 s 无占用红光带,则产生列车占用丢失报警。

如图 2-43 所示,ⅠG 列车占用红光带丢失后,并且连续 15 s 1DG 和 2DG 均无占用红光带,则在ⅠG 处产生列车占用丢失报警。

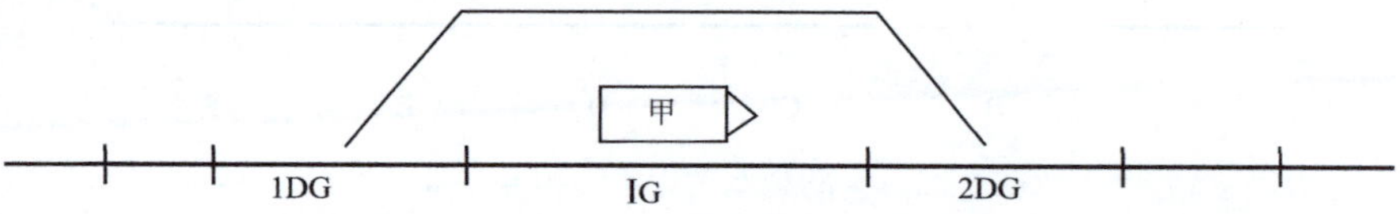

图 2-43　车站列车占用丢失报警条件(1)

②列车在站内股道占用后红光带消失,相邻道岔区段连续 15 s 虽然有占用红光带,但道岔未开通该股道,也产生列车占用丢失报警。

如图 2-44 所示,ⅠG 列车占用红光带丢失后,并且连续 15 s 2DG 无占用红光带,1DG 虽然有占用红光带,但道岔未开通Ⅰ道,则在ⅠG 处产生列车占用丢失报警。

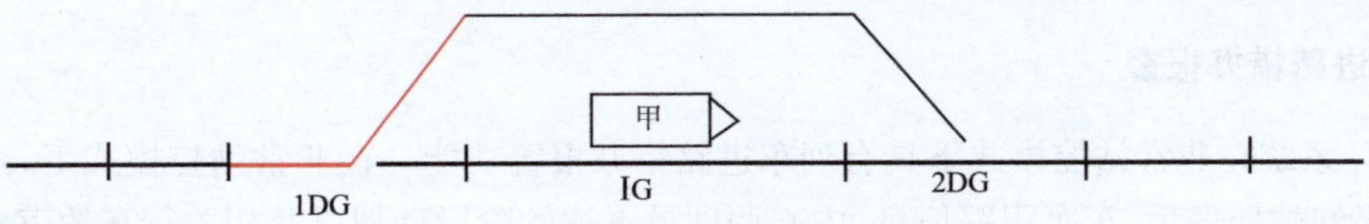

图 2-44　车站列车占用丢失报警条件(2)

③列车进站时,股道相邻轨道区段占用红光带消失后,连续 15 s 该股道无占用红光带,则产生列车占用丢失报警。

如图 2-45 所示,列车下行进站时,压过 1DG,如果 1DG 列车占用红光带消失后,连续 15 s ⅠG 无占用红光带,则产生列车占用丢失报警。

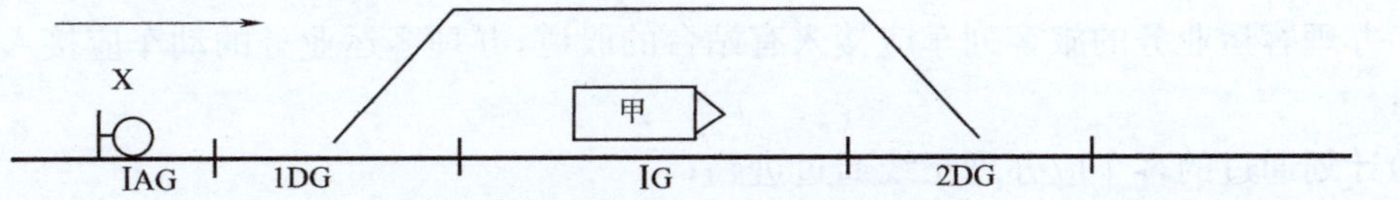

图 2-45　车站列车占用丢失报警条件(3)

④列车在进站信号机外方接近区段占用红光带消失后,连续 15 s 接车进路无占用红光带,则产生列车占用丢失报警。

如图 2-46 所示,列车下行进站时,X3JG 列车占用红光带消失后,连续 15 s ⅠAG 和 1DG 均无占用红光带,则产生列车占用丢失报警。

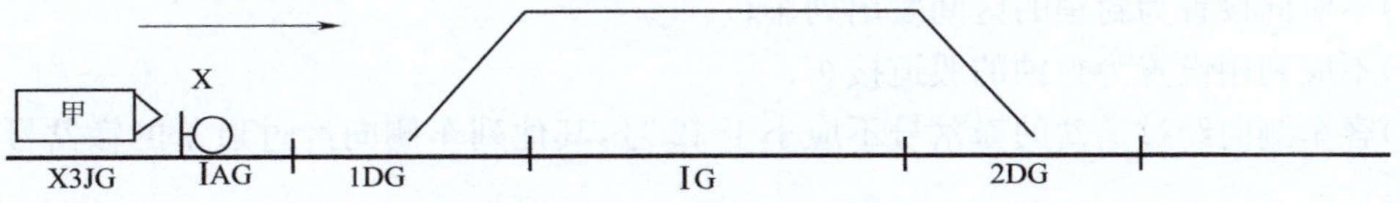

图 2-46　车站列车占用丢失报警条件(4)

4. 列车占用丢失报警提示窗和报警车次窗的取消

列车占用丢失报警后,需要列车调度员(车站值班员)进行确认后,人工取消报警提示窗和报警车次窗。只有以下情况系统可自动取消报警车次窗:

列车占用丢失报警后,如果本轨道区段或前方轨道区段出现列车占用红光带,列车车次正常跟踪,报警车次窗则自动取消。

如图 2-47 所示,甲列车在 C 分区产生列车占用丢失报警,车次号放大并闪烁显示,如果 C 或 D 分区占用,则表明列车继续前行,甲列车车次应跟踪显示到相应的占用分区,并恢复正常显示方式。

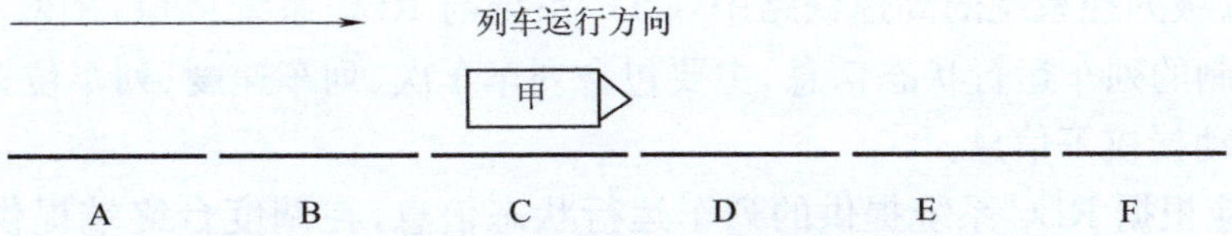

图 2-47　列车占用丢失报警取消

四、进路错办报警

CTC系统在非常站控模式下具有列车进路错办报警功能。在非常站控模式下，系统根据车站采集的站场表示、车次跟踪信息、中心调度员下达的阶段计划以及相关行车约束条件对车站人工办理的列车接发车进路进行检查，对于违反约束条件的进路，系统可及时给予报警。

对列车进路错办报警，系统可从股道条件、进路条件、交会条件三方面对人工办理的进路进行检查。

1. 从股道条件方面

(1)接车股道的允许接发车类型(客车、货车、动车、超限车)应与列车类型匹配；

(2)接车股道应与计划或者行车日志一致；

(3)办理客运业务的旅客列车应接入有站台的股道，办理客运业务的动车应接入有高站台的股道；

(4)计划通过的客车应办理正线通过进路；

(5)接车股道应与发车口连通。

2. 从进路条件方面

(1)办理接发车进路的车次应存在于当前列车计划中；

(2)进路连接的接发车口应与计划一致，进路连接的接发车口应与列车类型一致；

(3)电力机车不应接入无电区段；

(4)列车不应接入未确认空闲的分路不良区段，并且列车进路上分路不良的道岔应单锁；

(5)不应向设置为封锁的区间发出列车；

(6)不应利用设置为封锁的股道接车；

(7)客车侧向经过道岔的辙岔号不应小于12号，其他列车侧向经过道岔的辙岔号不应小于9号；

(8)需要办理客运或者货运业务的列车不应办理通过进路；

(9)办理发车进路时需撤除防溜设施。

3. 从交会条件方面

(1)站内交会：超限列车不应接入《站细》规定禁止交会的股道；

(2)区间交会：超限车与动车、超限车与超限车不应在区间交会。

第十二节　其他辅助功能

一、列车运行状态实时监视

在CTCS-3级列控系统的高速铁路中，CTC系统与RBC系统接口，RBC系统向CTC系统提供RBC控制的列车运行状态信息，主要包含列车车次、列车速度、列车位置、运营级别、车载工作模式、移动授权等信息。

CTC系统应根据RBC系统提供的列车运行状态信息，在调度台终端提供图形化显示界面，用以显示RBC控制列车的运行状态信息，以便于调度员实时掌握列车运行的情况。

CTC系统的列车运行显示界面分为RBC按钮区、列车列表区、列车详细信息区、速度表盘区、速度曲线记录区，如图 2-48 所示。

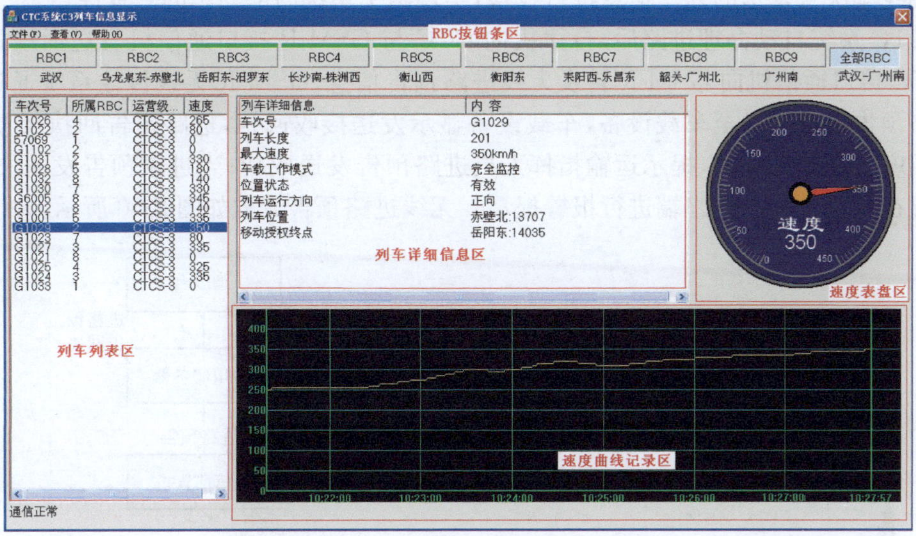

图 2-48　CTCS-3 级列车运行状态

（1）RBC 按钮条区中的一个 RBC 按钮代表一套 RBC 设备，按压 RBC 按钮可在列车列表区单独显示此 RBC 中的列车，最后一个按钮代表全部 RBC 设备，界面启动后默认此按钮按下。RBC 按钮上方的绿条代表此 RBC 设备中有控制的列车，灰色代表此 RBC 设备中无控制的列车，RBC 按钮下方文字示意管辖的车站范围，如图 2-49 所示。

图 2-49　RBC 按钮示意

（2）列车列表区为当前选中 RBC 按钮中的正在运行的列车，每列车在此区域显示车次号、所属 RBC、运营级别（CTCS）、速度。

（3）列车详细信息区显示为当前列车列表区中选中列车的详细信息，主要信息有列车车次、长度、最大速度、车载工作模式、运行方向、列车位置和移动授权终点等信息，此区域的信息可根据 RBC 提供的信息相应改变。

（4）速度表盘区实时显示当前列车列表区中选中列车的速度。

（5）速度曲线记录区用黄色曲线记录当前列车列表区中选中列车的速度变化情况。纵轴为速度值，横轴为时间值。

二、无线接车进路预告

（一）无线接车进路自动预告原理

高速铁路中，CTC 系统与 GSM-R 系统接口，GSM-R 系统向 CTC 系统传送无线车次号信息，其信息元素包括车次号、机车号、位置里程和速度等，CTC 系统通过无线车次号中的车次号以及里程位置等信息，与 CTC 系统内部的车次跟踪信息进行匹配，将 CTC 系统内部跟踪的列车与无线车次号发送的列车信息进行校核，实现两个系统内部列车的一致性。

当 CTC 系统自动办理进路后，自律机向 CTC 与 GSM-R 接口通信机发送无线进路预告信息，CTC 接口通信机向 GSM-R 转发无线进路预告信息，GSM-R 无线传输系统通过无线信号将进路预告信息发送至车载设备，车载设备显示发送接收回执，进路预告回执反馈至 CTC 系统的调度台和车务终端，提示运输指挥人员进路预告发送成功；当进路预告发送失败时，同时也需要在调度台和车务终端进行报警提示。无线进路预告流程如图 2-50 所示。

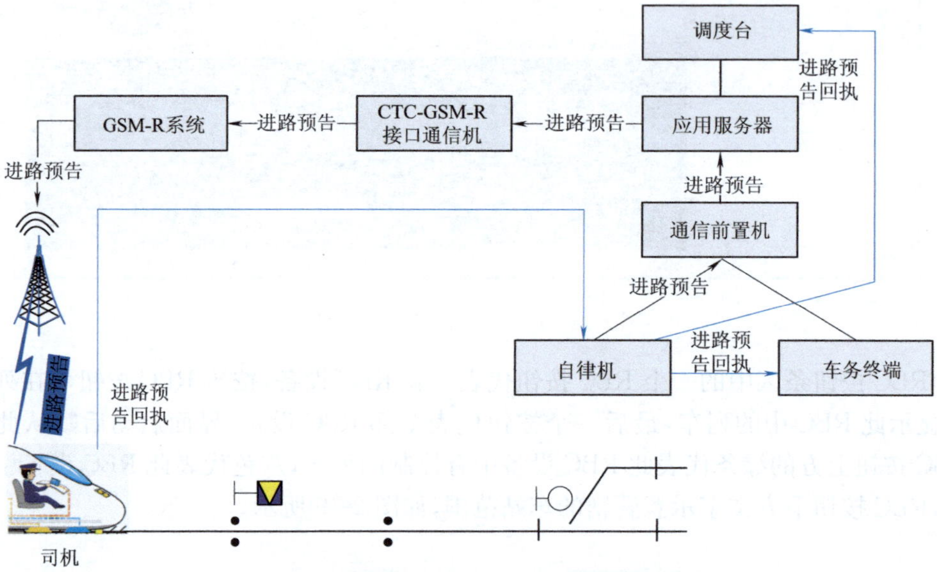

图 2-50　无线进路预告流程

(二)无线接车进路自动预告信息发送应同时满足的条件

(1)列车进路条件：系统检查进路序列中的进路状态，只有进路办理成功后，系统才可发送该列车的进路预告。

(2)车次跟踪条件：只有列车运行于接车方向的区间，并且前方无其他车次和区间占用时，系统才可发送该列车进路预告。

(3)无线车次条件：只有收到正确的无线车次校核信息，系统才可发送该列车进路预告。

(三)无线接车进路自动预告的信息内容

(1)列车计划为到开或终到时，预告内容为“××次，××(站/线路所)××道停车”。

(2)列车计划为通过，且已排列完整通过进路时，预告内容为“××次，××(站/线路所)××道通过”。

(3)列车计划为通过，且只排列了接车进路时，预告内容为“××次，××(站/线路所)××道进站信号已开放，注意出站信号”。

(4)接车进路被取消时，预告内容为“××次，××(站/线路所)进路取消”。

(四)无线接车进路自动预告发送后应符合的要求

(1)系统发送进路预告后，在 15 s 内收到机车的自动回执视为发送成功，否则系统应重发进路预告,直到发送成功或列车压过进站信号机不满足发送条件为止。

(2)系统发送进路预告成功后,如果进路状态发生变化,系统则立即根据变化后的进路状态再次发送进路预告。

(3)当系统发送接车进路预告信息未成功时应立即在车务终端和调度台报警。

(五)高速铁路无线进路预告特殊性

1. 无法传送精确里程的CTCS-3级列车进路预告处理

对于CTCS-3级高速列车,由于无线车次号信息中发送的里程信息为未知(里程值0xFFFFFF),对于CTC系统的无线车次校核存在一定的难度,因此CTC系统在无线进路预告方面采用了模糊匹配的原则,即使用车次号匹配的原则,CTC将无线进路预告通过车次号匹配GSM-R无线车次号中的机车号,进而发送进路预告至GSM-R无线系统。运营部门应保证本局内车次号唯一性,CTC系统无法通过里程校核列车,因此可能出现发送至其他重车次列车的情况。

2. 局间无线进路预告

由于GSM-R系统在本局内是以局间调度台管辖范围向本局传送无线车次号信息,因此当列车从铁路局1的车站A运行至铁路局2的车站B时,只有当列车在车站B进站时,铁路局2的CTC系统才能收到从铁路局2的GSM-R系统传送的该列车无线车次号信息;而无线进路预告则要求列车在车站A和车站B区间内,只要车站B办理好接车进路后就需要发送进路预告。因此,这种情况下需要铁路局1的CTC系统通过局间分界口交互的方式,将从铁路局1的GSM-R系统接收到的该列车的无线车次号信息,提前传送到铁路局2的系统中,以便铁路局2可正确发送无线进路预告,一般提前的范围为一个站间区间范围,即至少列车从车站A站出站后,铁路局1的CTC系统就需要将列车的无线车次号信息通过分界口交互到铁路局2。局间无线进路预告示意如图2-51所示。

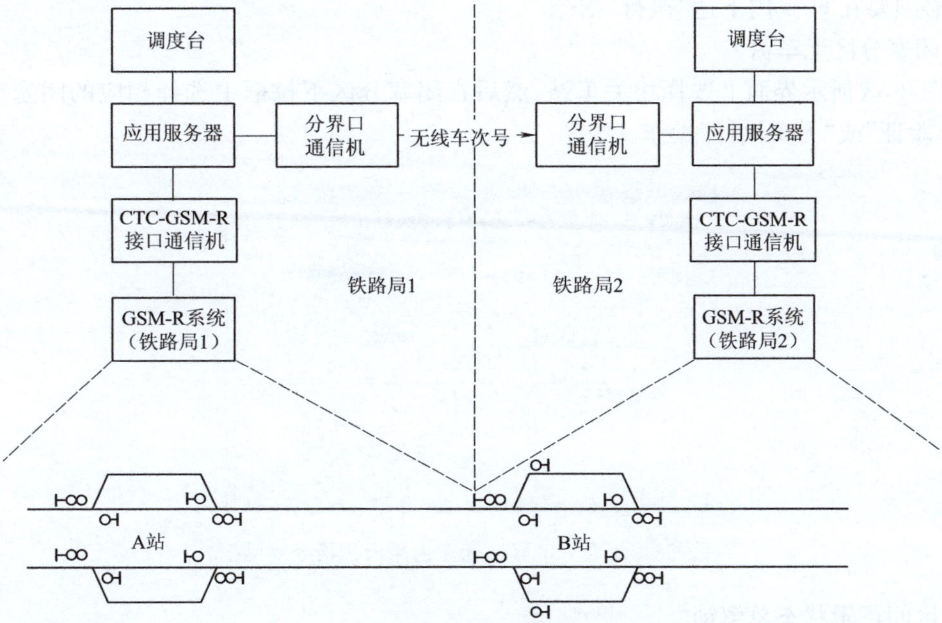

图2-51 局间无线进路预告示意图

三、列控区间逻辑占用检查

高速铁路线路实施列控区间逻辑检查功能后，CTC 系统在调度台和车务终端的站场图上增加了“列控区间占用丢失”表示以及区间逻辑检查命令的操作。在非常站控、分散自律模式转换和分散自律内部三种操作方式转换时，如果区间逻辑占用检查功能处于关闭状态时，CTC 系统进行报警提示。

站场表示：区间闭塞分区增加“故障占用”和“列控区间占用丢失”的表示，并可产生报警。同时方向口增加区间逻辑检查功能开启和关闭状态指示灯。

区间操作命令：系统具备区间逻辑检查命令对话框，有四种相关命令，分别是“闭塞分区确认无车占用”“区间逻辑状态总解锁”“区间逻辑检查开启”“区间逻辑检查关闭”。

区间逻辑占用检查操作指令对话框如图 2-52 所示。

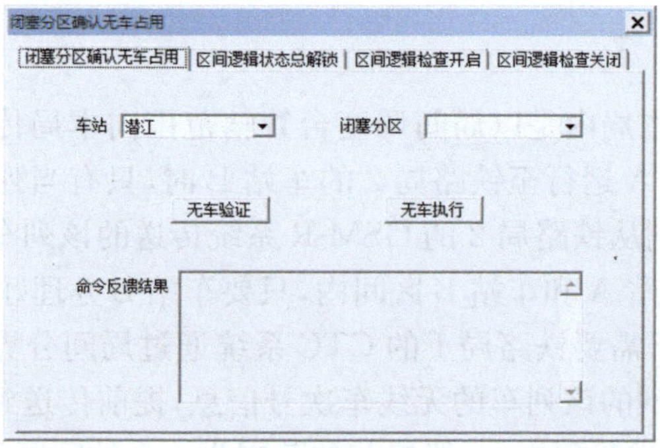

图 2-52　区间逻辑占用检查操作指令对话框

此对话框中的每种命令均需要依次操作两次指令后方可完成：验证和执行。同时“验证”成功后必须要在 60 s 内下达“执行”指令。

1. 闭塞分区无车占

在图 2-53 所示界面上选择相关车站，然后在闭塞分区下拉框中选择相应的闭塞分区，进行“无车验证”或“无车执行”操作。

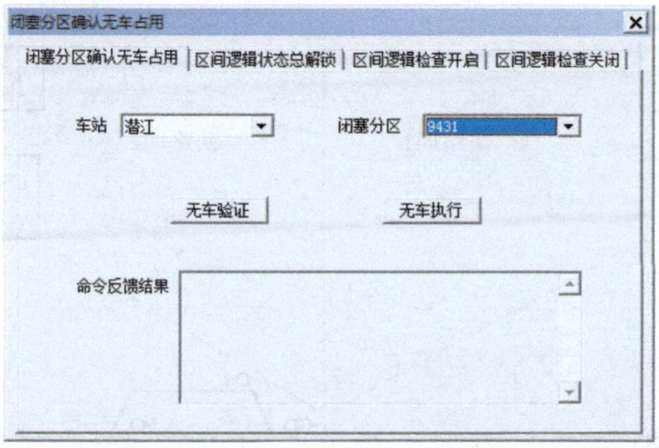

图 2-53　闭塞分区确认无车占用操作指令对话框

2. 区间逻辑状态总解锁

在图 2-54 所示界面上选择相关车站，然后在区间方向口下拉框中选择相应的区间方向口，进行“总解锁验证”或“总解锁执行”操作。

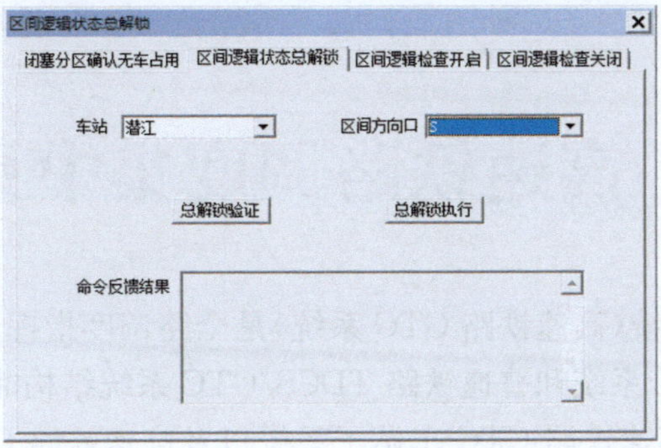

图 2-54　区间逻辑状态总解锁操作指令对话框

3. 区间逻辑检查开启

在图 2-55 所示界面上选择相关车站，然后在区间方向口下拉框中选择相应的区间方向口，进行“开启验证”或“开启执行”操作，操作后请确认站场相关出入口的开启和关闭指示灯表示，并与实际现场确认。

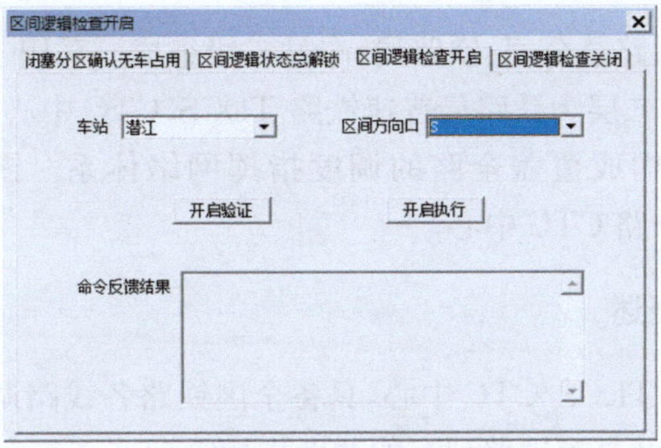

图 2-55　区间逻辑检查开启操作指令对话框

4. 区间逻辑检查关闭

在图 2-56 所示界面上选择相关车站，然后在区间方向口下拉框中选择相应的区间方向口，进行“关闭验证”或“关闭执行”操作，操作后请确认站场相关出入口的开启和关闭指示灯表示，并与实际现场确认。

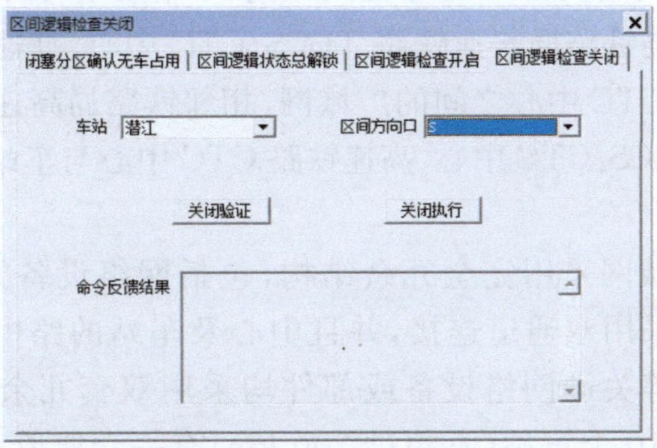

图 2-56　区间逻辑检查关闭操作指令对话框

第三章　高速铁路调度集中系统结构

高速铁路调度集中系统(高速铁路CTC系统)是全路调度指挥(TDCS/CTC)系统的重要组成部分。高速铁路CTC系统和普速铁路TDCS/CTC系统结构非常类似,主要由铁路局高速铁路CTC中心系统、高速铁路CTC车站子系统以及高速铁路CTC网络系统三大部分构成。高速铁路CTC系统和普速铁路TDCS/CTC系统是紧密联系并且在设备构成、网络结构等方面遵循一致的技术原则。同时,高速铁路CTC系统和普速铁路TDCS/CTC在铁路局共用维护子系统、查询子系统、仿真测试子系统等配套设备。

第一节　TDCS/CTC系统结构

TDCS/CTC系统由铁路总公司、铁路局、车站三级组成。采用三层结构:第一层为铁路总公司TDCS/CTC中心;第二层为铁路局普速铁路TDCS/CTC中心和高速铁路CTC中心;第三层为车站子系统,三层构成覆盖全路的调度指挥网络体系。铁路局分别设置普速铁路TDCS/CTC中心和高速铁路CTC中心。

一、TDCS/CTC体系概述

铁路总公司建立全路TDCS/CTC中心,具备全国铁路各线路调度指挥管理功能;可实现对全路各条线路普速列车及高速铁路列车的调度指挥管理。

18个铁路局(公司)分别建立普速铁路TDCS/CTC中心和高速铁路CTC中心。普速铁路TDCS/CTC中心具备铁路局管内各线路调度指挥管理功能,高速铁路CTC中心具备铁路局管内各高速铁路线路调度指挥管理功能。

TDCS/CTC系统网络包括铁路总公司TDCS/CTC中心局域网、铁路局普速铁路TDCS/CTC中心局域网、铁路局高速铁路CTC中心局域网、车站局域网及广域网。广域网包括铁路总公司TDCS/CTC中心与铁路局普速铁路TDCS/CTC中心、高速铁路CTC中心之间的广域网,相邻铁路局TDCS/CTC中心之间的广域网,相邻铁路局高速铁路CTC中心之间的广域网,铁路局普速铁路TDCS/CTC中心、高速铁路CTC中心与车站之间的广域网,车站与车站之间的广域网等。

TDCS/CTC系统广域网采用完全冗余结构,包括网络设备冗余、传输通道冗余和路由冗余。所有的通道应采用双通道连接,并且中心及车站的路由器、交换机、终端设备的以太网适配器及网络线等关键网络设备或部件均采用双套冗余配置。CTC车站广域网采用环形通道时,每5～10个车站(不超过200 km)有一套通道直接连接CTC中心。

TDCS/CTC系统结构如图3-1所示。

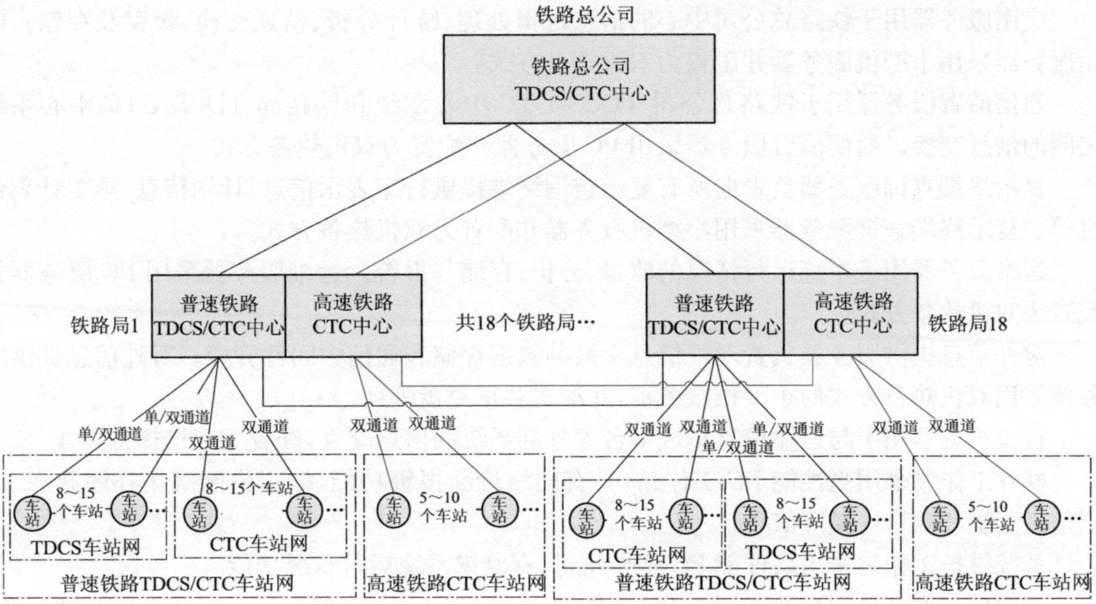

图 3-1　TDCS/CTC 系统结构示意图

二、系统设备配置原则

铁路总公司 TDCS/CTC 中心、铁路局普速铁路 TDCS/CTC 中心、铁路局高速铁路 CTC 中心的系统设备配置应能满足局界调整和客专调度所管辖范围调整、调度台管辖范围调整等运输生产力布局调整的需要。

同一中心的系统设备配置应统一制式、统一管理。在满足当前应用需要的基础上，系统配置应在存储容量、处理能力等方面留有一定的余量，以防止因突发性数据流量和服务请求而引起的系统响应速度明显降低。系统建设应有预留，满足系统开通后五年的发展需要。

CTC 中心电源系统应独立设置，双套冗余。

防雷设备应满足综合防雷要求。

系统设备机柜应采用统一标准的 19 英寸机柜，机柜尺寸建议为 800 mm（长）×600 mm（宽）×2 350 mm（高），机柜容积率不应高于 60%。

三、铁路总公司 TDCS/CTC 中心系统

铁路总公司 TDCS/CTC 中心系统主要设备包括数据库服务器、应用服务器、通信前置服务器、复示终端查询服务器、运维服务器、对外信息提供服务器、接口服务器、网络通信设备、网络安全设备、通信质量监督设备、时钟校核设备、电源设备、防雷设备、网管工作站、系统维护工作站、调度员工作站、机房综合监控设备等，以及根据需要设置的大屏幕投影系统和为其他调度台设置的显示终端。

数据库服务器用于存储全路范围的各种 TDCS/CTC 重要数据信息。数据库服务器应采用小型机服务器并配置为双机并行工作方式，正常情况时两台主机同时提供数据库服务，以此来均衡负载，当其中一台出现故障时，由另一台继续提供服务，以保证系统的连续运行。

应用服务器用于铁路总公司中心的信息逻辑处理、统计分析、信息交换、缓存及存储。应用服务器采用小型机服务器并配置为双机热备方式。

通信前置服务器用于铁路总公司 TDCS/CTC 中心系统和铁路局 TDCS/CTC 中心系统之间的信息交换。通信前置服务器采用 PC 服务器并配置为双机热备方式。

复示终端查询服务器负责向所有复示查询终端提供行车表示信息、计划信息、施工计划信息等。复示终端查询服务器采用小型机服务器并配置为双机热备方式。

运维服务器用于系统运行情况的监督、分析、存储与报警。运维服务器采用 PC 服务器并配置为双机热备方式。

对外信息提供服务器负责对外信息交换的数据存储和通信中间件管理。对外信息提供服务器采用双机热备方式的小型机服务器，并配置共享磁盘阵列。

接口服务器用于与运输信息集成平台等外部系统的信息交互，配置为双机热备方式。

网管工作站采用高性能 PC 工作站，具有网络诊断报警功能，能提供网络拓扑图状态、通道信息流量和网络连接等信息。

系统维护工作站采用高性能 PC 工作站，具有监视系统运行状况功能。

调度员工作站采用高性能图形 PC 工作站，主要实现对全路列车运行实施总体调度指挥、监督、分析和指导。

时钟校核设备双套冗余设置，具备 GPS/北斗双模授时，内置高精度原子钟。

四、铁路局 TDCS/CTC 中心系统

铁路局 TDCS/CTC 中心系统分为普速铁路 TDCS/CTC 中心和高速铁路 CTC 中心；两个中心相对独立组网。

普速铁路 TDCS/CTC 中心和高速铁路 CTC 中心设备分别包括数据库服务器、应用服务器、通信前置服务器、接口服务器、对外信息提供服务器、对外时钟服务器等服务器设备；包括调度员工作站、值班主任工作站、计划员工作站、调度维护工作站等用户终端设备；另外还包括卫星授时、网络通信、网络安全、通信质量监督、电源、防雷、机房综合监控等配套设备，以及根据需要设置的大屏幕投影系统和绘图仪设备。

数据库服务器用于铁路局范围内各种 TDCS/CTC 运行数据的可靠集中存储。一个调度所设置一套主用数据库服务器，处理能力和存储能力预留全局容量；数据库服务器均采用企业级高性能设备，双机并行工作，并且配置双套冗余磁盘阵列和数据备份设备。

应用服务器用于铁路局调度指挥业务逻辑处理和信息分发。应用服务器按照业务、区域范围分开设置，满足故障隔离原则。调度所中心分别设置实时数据处理服务器、运行图和调度命令处理服务器、综合信息处理服务器三类应用服务器。设备数量应按照铁路局的调度台和车站数量确定。

通信前置服务器实现铁路局调度所与车站基层网之间的数据交换。通信服务器应按不同线别或区域分别设置。每套通信服务器均应双机热备。

接口服务器实现 TDCS 与外部系统的信息共享和数据交换。接口服务器按照不同的接口对象分别设置；一个调度所应设置一套普速铁路 TDCS/CTC 中心与高速铁路 CTC 中心接口的服务器、按线别设置一套与 TSRS、RBC 接口的服务器、设置一套与信息平台接口的服务器、设置一套与 GSM-R 接口的服务器、设置一套与投影系统接口的服务器、设置一套总公司接口服务器、按相邻铁路局分别设置对应的分界口接口服务器、按需要和有关规定设置与其他系统的接口服务器。接口服务器均应双机热备。

对外信息提供服务器负责对外信息交换的数据存储和通信中间件管理。对外信息提供服务器设置一套,双机热备,并配置共享磁盘阵列。

对外时钟服务器向信号集中监测等外部系统提供时钟同步服务。对外时钟服务器设置一套,双机热备,单独配备网络及安全边界设备。

列车调度台工作站为调度员提供运行图、调度命令、站场监视等各种调度指挥操作界面。每个调度台配置一套双屏列车调度员工作站、配置一套多屏站场显示工作站,并按照需要配置音箱和打印设备。

值班主任工作站为值班主任提供调度实时信息查询和调度命令审核、发布功能。每个值班(副)主任台设置一套工作站[原为每个值班(副)主任工作站设置一套]。

计划调度员工作站为计划调度员提供调度实时信息查询功能。每个计划调度台设置一套(原为每个调度台设置一套)。

调度维护工作站辅助运输管理人员完成 TDCS/CTC 所需运输数据的输入、修改和日常维护。调度维护工作站设置一套,并按照需要配置音箱和打印设备。

授时设备为整个系统提供准确时间。授时设备应双套设置,具备 GPS/北斗双模授时,内置高精度原子钟。

五、TDCS/CTC 车站系统

TDCS/CTC 车站系统包括 TDCS 综合处理机或 CTC 自律机车站服务器、值班员终端、信号员终端、车务管理和维护终端、电务维护终端、网络设备、电源设备、防雷设备、接口设备等。车站 TDCS/CTC 系统采用双网结构。

TDCS 综合处理机是车站子系统的核心处理设备,主要功能为信号设备状态采集、外部系统接口、站场表示处理、列车计划处理、车次跟踪和校核处理、进路状态识别和错办报警提示,CTC 自律机还承担向联锁发送进路控制指令,并与高速铁路 TCC 接口功能。TDCS 综合处理机或 CTC 自律机每个车站设置一套,双机热备,采用工业专用硬件平台,并配置开关量采集设备。

车站服务器集中存储管辖范围内车站的行车数据,行车数据包括行车日志、调度命令、施工登记、行车事件报警日志以及相关规章、资料等,并提供统计、分析和查询功能。

一个直属站或车务段的多个车站共用一套车站服务器,双机热备,安装于信号机房。车站服务器应配置大容量的网络存储器,网络存储器容量满足所管辖车站一年以上数据存储需要。

值班员终端为车站值班员提供操作平台,包括行车日志、阶段计划和调度命令签收、站间透明显示以及作业流程控制以及错办语音提示等功能。每个车站(场)设置一套,双机双屏,配备音箱和打印设备,主机可采用机架式安装于信号机房,显示器及键盘鼠标安装于行车室。

信号员终端为车站信号员提供操作平台,包括阶段计划显示、站间透明显示、作业流程控制以及错办语音提示等功能。信号员终端按照岗位进行设置,双机双屏,配备音箱,主机可采用机架式安装于信号机房,显示器及键盘鼠标安装于行车室。

车务管理终端为车务管理人员提供操作平台，包括施工登销记、行车作业监控、流程监督、车站运输管理数据输入、资料信息维护等功能。每个车站设置一套。

电务维护终端为车站的电务维护人员提供操作平台，包括设备状态监控、日志记录和查询、相关数据输入维护等。每个车站设置一套。

第二节　高速铁路 CTC 中心系统结构

铁路局高速铁路 CTC 中心是独立于普速铁路 TDCS/CTC 中心建设的、专门服务高速铁路的调度集中业务处理、数据存储中心；同时也为高速铁路调度员、中心维护人员提供操作终端。

一、高速铁路 CTC 中心系统组成

高速铁路 CTC 中心主要设备包括数据库服务器、应用服务器、通信前置服务器、接口服务器、对外信息提供服务器、对外时钟服务器等服务器设备；包括调度员工作站、助理调度员工作站、综合维修工作站、站场显示工作站、综合查询工作站、值班主任工作站、计划员工作站、调度维护工作站等用户终端设备；另外还包括网络通信、信息安全、通信质量监督、电源、防雷、时钟校核、机房环境综合监控等配套设备，以及根据需要设置的大屏幕投影系统和绘图、打印设备。铁路局高速铁路 CTC 中心系统设备组成如图 3-2 所示。

二、高速铁路 CTC 中心系统主要设备功能和配置要求

数据库服务器：集中存储高速铁路列车运行计划、运行实绩、调度命令、施工计划以及其他调度集中业务数据。数据库服务器均采用企业级高性能设备，双机并行工作，配置双套磁盘阵列和仲裁设备。

应用服务器：负责调度集中核心业务逻辑处理和信息分发。应用服务器按照处理业务、处理范围(线别、区域)分开设置，满足故障隔离原则。应分别设置实时数据处理服务器(负责实时数据处理、实时通信汇聚分发、实时信息存储等处理)、运行图和调度命令处理服务器(负责基本图、日班计划、阶段计划、调度命令、施工计划等处理)、综合信息处理服务器(负责列车速报、牵引供电状态、调度员权限等处理)三类应用服务器。设备数量应按照调度台和车站数量合理确定，一套应用服务器原则上处理范围不超过三个调度台。每套应用服务器均应双机热备。

通信前置服务器：实现中心系统与车站基层网之间的数据交换，完成相应的数据格式转换和数据校验。通信前置服务器应按不同线别或区域分别设置，并且每套通信前置服务器处理车站原则上不超过 64 个；每套通信前置服务器均应双机热备。

接口服务器：实现调度集中系统与外部系统的信息共享和数据交换，按照规定的协议实现相应数据通信。接口服务器按照不同的接口对象分别设置。其中：RBC 接口服务器按线路分别设置；TSRS 接口服务器按调度台分别设置；GSM-R 接口服务器按高速铁路和普速线分别设置；与相邻铁路局高速铁路中心(相邻铁路局普速中心)接口服务器按所连接的中心分别设置；铁路总公司接口服务器按高速铁路中心和普速中心分别设置一套；与运输信息集成平台接口服务器设置一套；与本局 TDCS 接口服务器按需要设置一套或者多套；每套接口服务器均应双机热备。

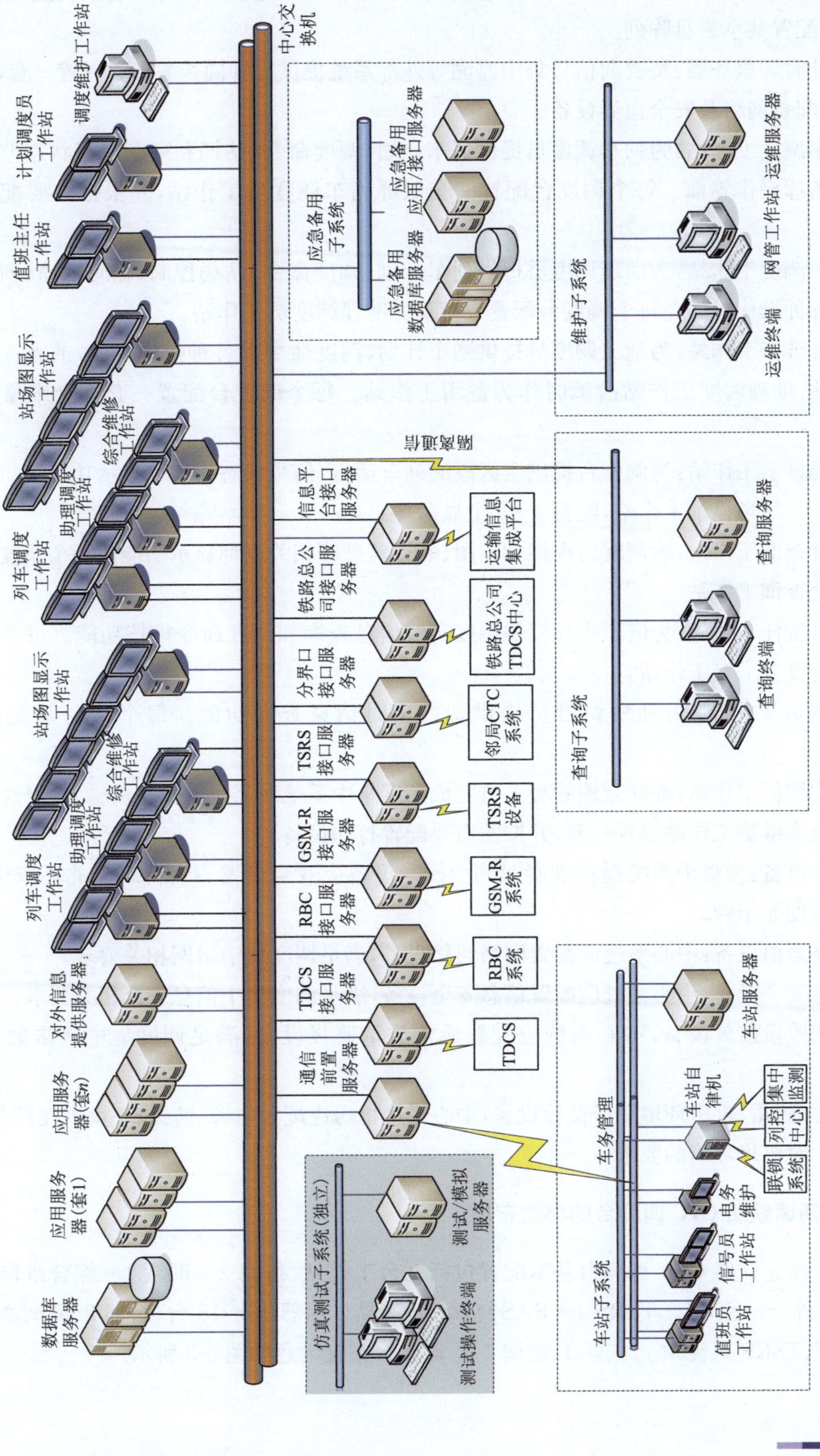

图3-2　铁路局高速铁路CTC中心系统设备组成

对外信息提供服务器：负责对外信息交换的数据存储和通信中间件管理。设置一套，双机热备，并配置共享磁盘阵列。

对外时钟服务器：负责向信号集中监测等外部系统提供时钟同步服务。设置一套，双机热备，单独配备网络及安全边界设备。

列车调度工作站：为列车调度员提供列车计划、调度命令、站场和列车运行状态监视等各种调度指挥操作界面。每个调度台配置一套双屏列车调度员工作站，并根据需要配置打印设备。

助理调度工作站：为助理调度员提供列车计划、调度命令、站场控制、临时限速、列车状态监视等各种操作界面。每个调度台配置一套双屏助理调度员工作站。

综合维修工作站：为施工调度员提供列车计划、调度命令等各种操作界面，或者在列车调度工作站、助理调度工作站故障时作为备用工作站。每个调度台配置一套综合维修双屏工作站。

站场显示工作站：为调度台提供全区段的列车运行、信号状态的实时显示功能。每个调度台配置一套站场显示工作站，配置 4～6 个显示屏。

综合查询工作站：为调度台提供基本图、邻台信息等相关查询显示功能。每个调度台配置一套综合查询工作站。

值班主任工作站：为值班主任提供调度实时信息查询和调度命令审核功能。每个（副）值班主任台设置一套工作站。

计划员工作站：为计划调度员提供调度实时信息查询功能。每个计划调度台设置一套。

调度维护工作站：辅助运输管理人员完成调度集中系统所需运输数据的输入、修改和日常维护。调度维护工作站设置一套，并按照需要配置打印设备。

授时设备：为整个系统提供准确时间。授时设备应双套设置，具备 GPS/北斗双模授时，内置高精度原子钟。

网络通信设备：中心系统应配置网络通信设备，满足调度集中组网相关要求。

信息安全设备：中心系统应配置信息安全设备，满足调度集中信息安全相关要求。

通信质量监督设备：中心系统应配置通信质量监督设备，满足调度集中运维数据采集要求。

电源、防雷、机房环境综合监控设备：中心系统机房应配置电源、防雷、环境监控设备，满足调度集中对机房环境的要求。

三、高速铁路 CTC 调度台的典型布局

一个高速铁路 CTC 调度台基本配置包括九台工作站（行调 2＋助调 1＋综合维修 1＋视频 1＋红外 1＋运调 1＋TSRS 1＋FAS 终端 1），液晶显示器 16～18 台（行调 8、助调 2～4、综合维修 2、TSRS 1、视频 1、红外 1、运调 1）。调度台布置示意如图 3-3 所示。

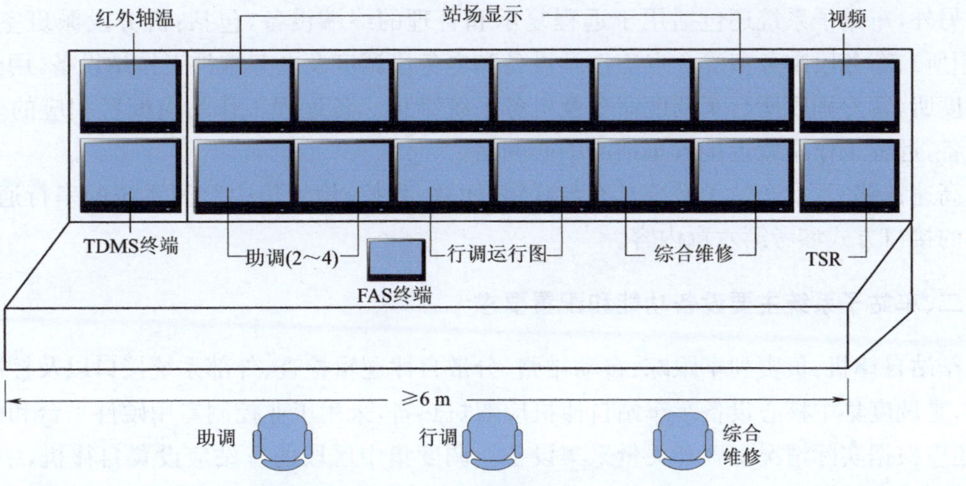

图 3-3　高速铁路 CTC 调度台布置示意图

第三节　高速铁路 CTC 车站子系统主要设备

高速铁路 CTC 车站子系统安装于高速铁路沿线车站，负责 CTC 系统的数据采集和控制指令输出，同时也为车站作业岗位提供操作终端。

一、车站子系统设备组成

高速铁路 CTC 车站子系统主要设备包括车站自律机、车站服务器、车务终端(值班员终端和信号员终端)、电务维护终端、车务管理终端、网络设备、信息安全设备、通信质量监督设备、电源设备、防雷设备等。车站子系统结构如图 3-4 所示。

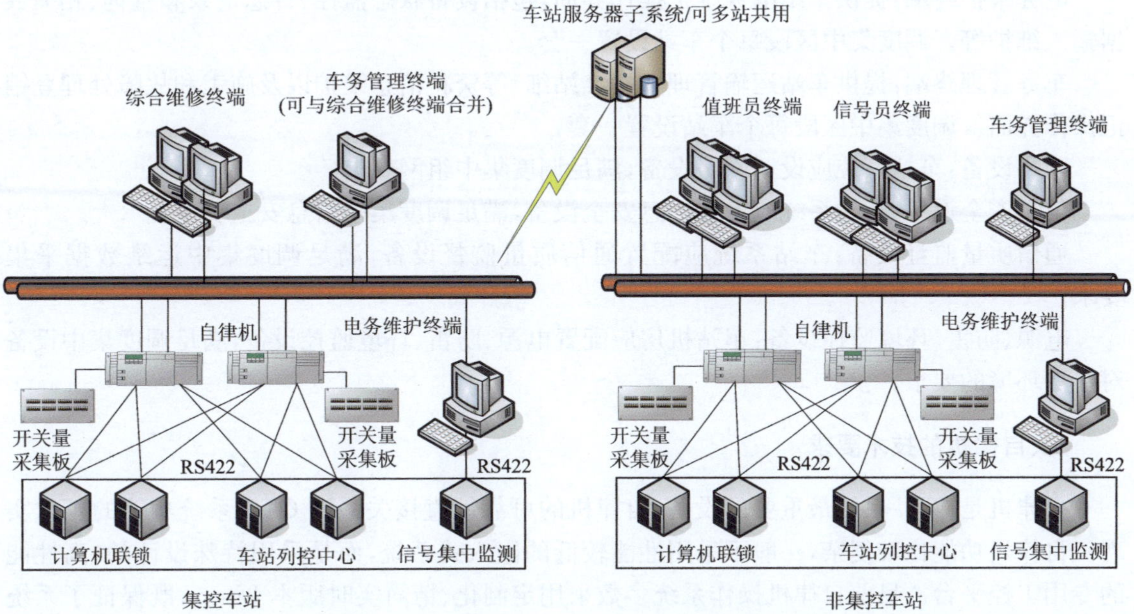

图 3-4　高速铁路 CTC 车站子系统结构图

另外，车站子系统还包括用于远程复示和管理的终端设备，包括：机务段派班室、动车段（运用所）、车务段乘务室受令点工作站设备和电务段调度及电务维护工作站设备，用于接收路局调度所、客专调度所行车调度命令及电务系统维护。各远程工作站应配置相应的外设和网络设备，远程工作站就近接入车站或中心网络。

高速铁路 CTC 车站子系统具有与联锁、闭塞、列控、信号集中监测系统的串行通信接口，具体的接口方式参考第六章内容。

二、车站子系统主要设备功能和配置要求

车站自律机：负责列车跟踪、自动排路、分散自律逻辑检查、外部系统接口以及控制指令输出等，是调度集中核心设备。车站自律机应双机热备，采用工业控制专用硬件平台和模块化结构，还应根据实际情况配置开关量采集设备。调度集中区段的车站应设置自律机，中继站、配套衔接车站按需要设置自律机。

车站服务器：负责车站级行车指挥、车站级数据处理和集中存储管辖范围内车站的行车数据。行车数据包括列车运行计划、调车作业计划、行车日志、调度命令、施工登销记、行车事件报警日志以及相关规章、资料等。车站服务器应双机热备，配置大容量的网络存储器，安装于信号机房。调度集中区段一个直属站或车务段的多个车站共用一套车站服务器，车站数目不应超过 15 个。

车务终端：提供行车作业操作界面，包括车站行车作业计划（列车、调车）管理、行车日志生成、阶段计划和调度命令签收、站间透明显示、车站控制模式转换、进路序列控制、按钮控制等功能。采用工业级计算机，双机热备并配置双屏显示，显示器尺寸应参考联锁显示器。调度集中区段的非集控车站设置值班员车务终端，设信号员岗位的大型车站设置信号员车务终端。

电务维护终端：提供车站电务维护操作界面，包括设备状态监控、日志记录和查询、相关数据输入维护等。调度集中区段每个车站设置一套。

车务管理终端：提供车站运输管理数据、《站细》等资料信息维护以及施工和故障处理登销记操作界面。调度集中区段每个车站设置一套。

网络设备：车站系统应设置网络设备，满足调度集中组网要求。

信息安全设备：车站系统应设置信息安全设备，满足调度集中信息安全要求。

通信质量监督设备：车站系统应配置通信质量监督设备，满足调度集中运维数据采集要求。

电源、防雷、环境监控设备：车站机房应配置电源、防雷、环境监控设备，满足调度集中设备对机房环境的要求。

三、自律机的技术要求

自律机是 CTC 系统最重要的设备，自律机的可靠性直接关系到 CTC 系统功能的正常实现。自律机功能比较复杂，一般不采用性能较低的嵌入式系统，而是采用特殊设计的、高性能的专用工控平台。目前自律机操作系统多数采用定制化、精简实时版本 Linux，既保证了系统功能性，也保证了稳定性。自律机如图 3-5 所示。

（a）正面

（b）背面

图 3-5　车站自律机

自律机采用双处理系统，即主备机双系具备相对独立的 CPU、存储、输入/输出、电源等。双系之间由专门的切换设备进行仲裁，正常情况下仅一系处于主机状态（对外提供服务）。备机发生死机、掉电等故障或者重新启动时，不应影响主机正常工作。自律机备机应与主机保持关键数据同步，其中关键数据包括：

（1）车站控制模式与操作方式；

（2）关键逻辑状态：轨道电路区段分路不良、信号设备封锁、接触网停电等状态；

（3）列车进路序列；

（4）调车作业单与调车进路序列。

自律机应具备看门狗机制，当发生严重软件和硬件故障导致自律机无法正常工作时，应自动重新启动。自律机应具备可靠非易失存储机制，运行过程中应实时保存轨道电路区段分路不良、信号设备封锁、接触网停电等关键逻辑状态，并可在重新启动时恢复。

相邻车站的自律机应实时进行数据交换，将本站采集信息、车次号、区间封锁状态等数据同步至与相邻车站的自律机。

第四节 调度集中配套子系统

调度集中系统一般还配置查询子系统、运维子系统、仿真测试子系统、备用设备和中心应急备用系统等配套系统。其中查询子系统为其他生产岗位提供信息查询服务；仿真测试子系统提供软件、数据测试验证以及培训平台；运维子系统提供设备管理和维护功能；中心应急备用系统提供在主用系统故障情况下的备用功能。查询子系统、运维子系统、仿真测试子系统、中心应急备用系统等配套系统可以和同一铁路局的普速 TDCS/CTC 共用。

一、查询子系统

CTC 系统作为行车指挥的基础系统，很多运输管理和生产岗位需要从 CTC 系统获取列车计划和状态实时信息用于开展日常工作，希望增设查询终端以满足工作需要。这些查询终端往往需要同时查询两个中心（普速 TDCS/CTC 中心和高速铁路 CTC 中心）的信息，并且还应提供必要的统计以及多样性显示功能。为了满足更广泛的查询需求，同时又不影响 TDCS/CTC 系统的可靠性、安全性，建设相对独立的查询子系统是有效的解决方案。

查询子系统主要设备包括查询数据库服务器、查询应用服务器、隔离通信机、查询终端以及相关网络设备。查询子系统主要设备如图 3-6 所示。

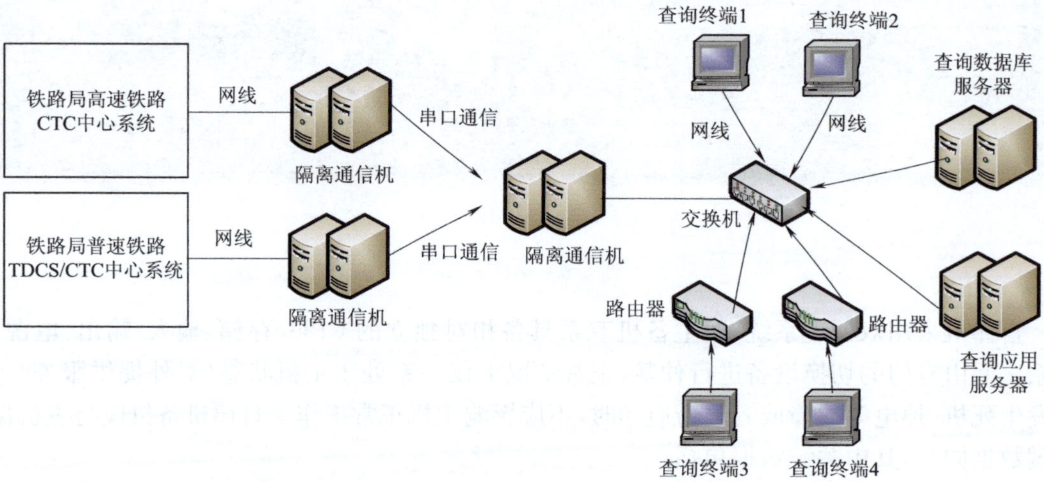

图 3-6 查询子系统主要设备

1. 查询数据库服务器

查询数据库服务器存储查询子系统需要用到的历史数据，主要为站场图回放信息、历史运行图、调度命令等数据，其配置存储磁盘阵列，存储容量可满足半年历史数据存储。

2. 查询应用服务器

查询应用服务器对 TDCS/CTC 实时数据进行二次处理，形成符合查询终端需求的各种实时信息，并驱动查询终端的显示。一个铁路局应至少设置一套查询系统应用服务器，双机热备。当查询终端总数量超过 64 个时，应相应增设。

3. 隔离通信机

隔离通信机以专用单向传输协议完成查询系统和铁路局 TDCS/CTC 中心主用系统之间

的数据转发和数据同步，应满足网络协议隔离、单向传输、数据传输速率要求。铁路局 TDCS/CTC 中心设置一对隔离通信机。

4. 查询终端

查询终端是为车务段(直属站)、机务段、电务段等单位值班室及调度指挥中心相关岗位提供 TDCS 基本信息查询功能，数量可按照实际需要配置。

5. 网络设备和网络隔离设备

查询子系统应配置查询网中心交换机、中心汇聚路由器、站段接入路由器、站段接入交换机等网络设备，并配置相应网络安全设备。

综上所述，普速铁路 TDCS/CTC 中心以及高速铁路 CTC 中心各自设置一套隔离通信机，查询系统同时也设置一套隔离通信机，隔离通信机之间访问采用专用通信协议，因而从网络信息安全上保证了安全性的要求。普速铁路 TDCS/CTC 中心或高速铁路 CTC 中心的隔离通信机通过网线接入各子系统，用以获取查询系统所需要的 TDCS/CTC 相关行车数据，同时查询系统将获取的数据存储于查询数据库系统中，并供其他查询终端或其他需要使用相应数据的系统进行访问。

二、运维子系统

运维子系统为各级电务维护人员(包括铁路局中心、相关电务段)提供有效的调度集中系统维护管理平台。运维子系统主要设备包括软件数据管理服务器、运维综合服务器、网管工作站、中心系统维护工作站、监测设备、段维护终端以及相关网络设备。运维子系统的运维服务器和各级运维终端之间应相对独立组网，并且通过有效的网络安全措施与调度集中主系统连接。运维子系统主要设备如图 3-7 所示。

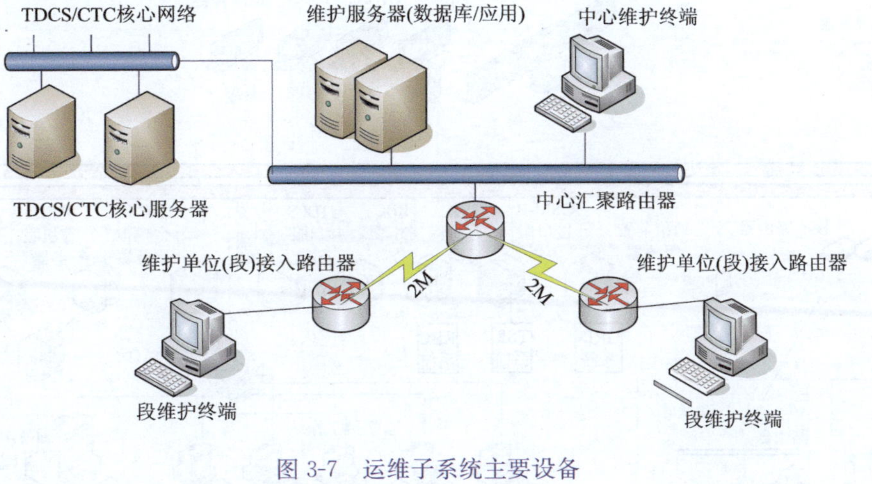

图 3-7 运维子系统主要设备

1. 软件数据管理服务器

软件数据管理服务器负责 TDCS/CTC 各种应用软件、数据的版本管理，包括软件数据的版本分发、版本校核和备份。软件数据维护服务器设置一套，双机热备，配置可靠、大容量数据存储设备。

2. 运维综合服务器

运维综合服务器负责集中管理系统运行状态、汇集并提供系统报警信息、存储运行日志和故障数据。一个调度所设置一套，双机热备，配置磁盘阵列。

3. 网管工作站

网管工作站提供 TDCS/CTC 网络的状态监控、性能维护等功能。网管工作站根据需要可设置多套。

4. 中心系统维护工作站

中心系统维护工作站为中心维护人员提供系统数据更换、参数设置、系统调试等操作平台；在授权的情况下，具有远程维护与技术支持功能。中心系统维护工作站根据需要可设置多套，并配置打印设备。

5. 监测设备

监测设备实时采集 TDCS/CTC 设备的硬件状态、操作系统运行状态以及数据库运行状态。按实际需要设置。

6. 段维护终端

基层电务维护终端为电务段各级维护人员提供管辖范围内的设备维护平台。按实际需要设置。

三、仿真测试子系统

仿真测试子系统主要设备包括数据库服务器、应用服务器、数据模拟服务器、培训终端、维护工作站、车站综合处理机柜、网络设备以及其他实际需要的设备。仿真测试子系统应独立组网，不应与在用的 CTC 系统或其他在用生产系统连接。仿真测试子系统设备配置相比 CTC 系统同等设备可适当降低，具体数量按照实际需求确定。仿真测试子系统主要设备如图 3-8 所示。

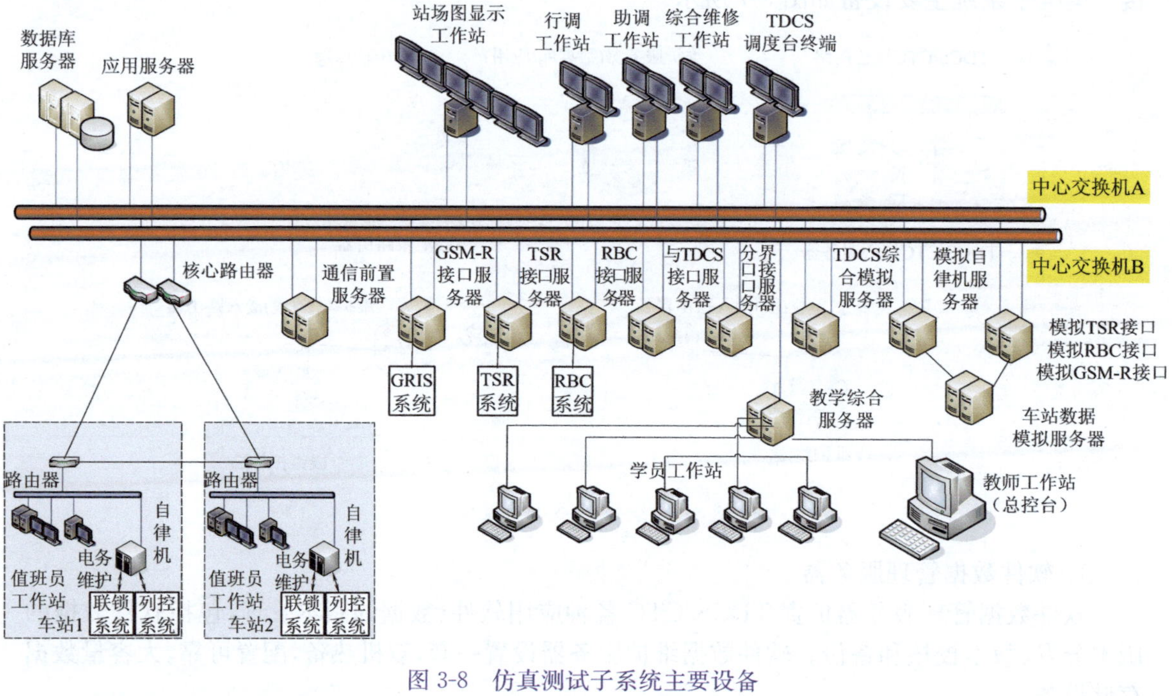

图 3-8 仿真测试子系统主要设备

仿真测试子系统可以包括与主用 CTC 系统一致的各种设备，如各种应用服务器、接口服务器、通信服务器以及各种用户终端，以完成软件数据测试验证等工作。下面仅针对专门用于仿真测试的设备进行介绍。

1. 仿真测试数据库服务器

仿真测试数据库服务器存储模拟仿真数据，设置一套，配置磁盘阵列。

2. 仿真测试应用服务器

仿真测试应用服务器承载模拟系统应用服务软件，按实际需求设置。

3. 仿真测试通信和接口服务器

仿真测试通信服务器承载模拟系统通信前置服务和接口服务器软件，按实际需求设置。

4. 数据模拟服务器

数据模拟服务器自动产生各种模拟数据，按实际需求设置。

5. 测试操作终端

测试操作终端提供仿真测试操作平台，包括调度台终端、车站终端、电务维护终端等，具体按实际需要设置。

6. 车站自律机机柜

设置一套与在用车站 CTC 设备完全一致的完整自律机柜，用于实际平台测试验证。

四、备用设备和中心应急备用子系统

（一）备用设备

调度所中心机房应配置备用数据库服务器；正常情况下，CTC 系统应用服务器将业务数据同时写入两套数据库（或采取数据库同步方式），以主用数据库支撑生产业务；在主用数据库故障时切换至备用数据库。

备用数据库的建设应完全独立于主用数据库，不共用任何设备。备用数据库服务器的配置标准相对主用数据库可降低，数据存储需满足 3 个月的运行数据存储要求，是关键设备的 $N+1$ 备份设备。

应针对应用服务器、通信服务器、接口服务器、调度台工作站、交换机、路由器等关键设备配置 $N+1$ 备份设备。

（二）中心应急备用子系统

在条件具备时，应配备完整独立的中心应急备用子系统，当中心机房全面故障时，启用备用子系统接管，维持调度指挥系统基本功能的运行。

1. 应急备用中心设备和系统结构

应急备用中心必须完全独立于主用系统来建设，具体包括供电、网络、机柜、主机等，在条件允许的情况下，应考虑设立独立机房，确保主用系统的故障不会对应急备用中心造成影响。

应急备用中心的逻辑结构与主用系统基本一致；应急备用中心由数据库服务器、应用服务器、通信服务器、接口服务器等设备构成，主要业务数据（站场图/运行图等）应和主用系统实时同步；主用系统正常时，主用数据库中的主要业务数据实时向应急备用中心同步。

应急备用中心应和车站基层网保持稳定可靠连接；车站基层网的抽头车站或者通信汇聚点应配置应急专用通道与应急备用中心连接，并保持数据心跳激活状态。

调度台可安装应急调度终端，在正常情况下处于关机状态，不参与生产运营。应急调度终端应设置专用电源和网线。

2. 应急备用系统切换

应急备用系统切换前应确认应急备用中心服务器、网络设备已通过备份策略，保证与主用系统程序及数据保持一致。

应急备用系统切换方案主体分为如下三个步骤：

(1)将应急备用通道接入应急备用中心系统，实现应急备用中心系统与CTC车站的切割连通、与相邻铁路局、铁路总公司、GSM-R、TSRS、TDMS等接口通道的切割连通。

(2)切断与生产系统的网络连接并修改应急备用中心系统网络设备、服务器IP地址(备用地址)配置与主用系统(生产系统地址)一致，实现对车站及外部系统提供正常服务。

(3)调度台楼层交换机通信链路切换至应急备用通信链路，切换调度台电源至应急备用中心电源，调度设备保证调度台终端能正常提供行车指挥核心功能。

由于应急备用系统在设备配置、容量、数量等均为生产系统的简化配置，可靠性及稳定性较生产系统低。当生产系统恢复正常后，应及时切换回生产系统，确保主用生产系统正常接管生产系统业务流量。

第五节　调度集中电源系统

电源系统是系统可靠运行的基石。TDCS/CTC系统调度所中心电源设备应设置双路智能电源，每路电源设双UPS，UPS单套容量不小于240 kVA，电池容量满足30 min系统供电需求。

一、电源系统方案

(一)整体配置方案

总体原则是满足规定电源设备标准：双路独立电源并行供电、每路电源配置双UPS且单UPS满足单独供电需求。

配置两套的独立电源切换屏，切换屏采用智能电源屏。外电网双路电源应分别引入每套切换屏，切换屏随机选择一路外电作为UPS的输入电源。每套转换屏应连接一套浪涌抑制器(TVSS)用于抗击瞬态高能输入浪涌，保护电源系统。

每套电源屏配置两套并机运行的UPS及电池组。系统设备电源负载的总和不应超过单台UPS的80%。实现在单电源单UPS工作时也不影响系统的正常运行。

配置两套独立的输出屏，输出屏应采用智能电源屏。双电源设备的不同电源模块应分别连接不同的输出屏。配置一套负载自动切换设备(STS)将两套独立电源系统的输出快速切换后给系统内单电源设备使用，STS输出屏应采用智能电源屏。

配置一套负载同步控制器(LBS)用于同步两套电源系统的输出相位，以确保不会由于两套电源的不一致导致STS设备的误动作，及STS设备切换过程中出现单电源设备掉电的情况。

同时在项目建设时应配套建设一套完整的电源监测系统并应按照综合布线的要求设置列头电源柜、楼层电源柜等分布式的电源系统，列头电源柜、楼层电源柜等都应采用智能电源屏。

调度集中系统电源整体配置方案如图3-9所示。

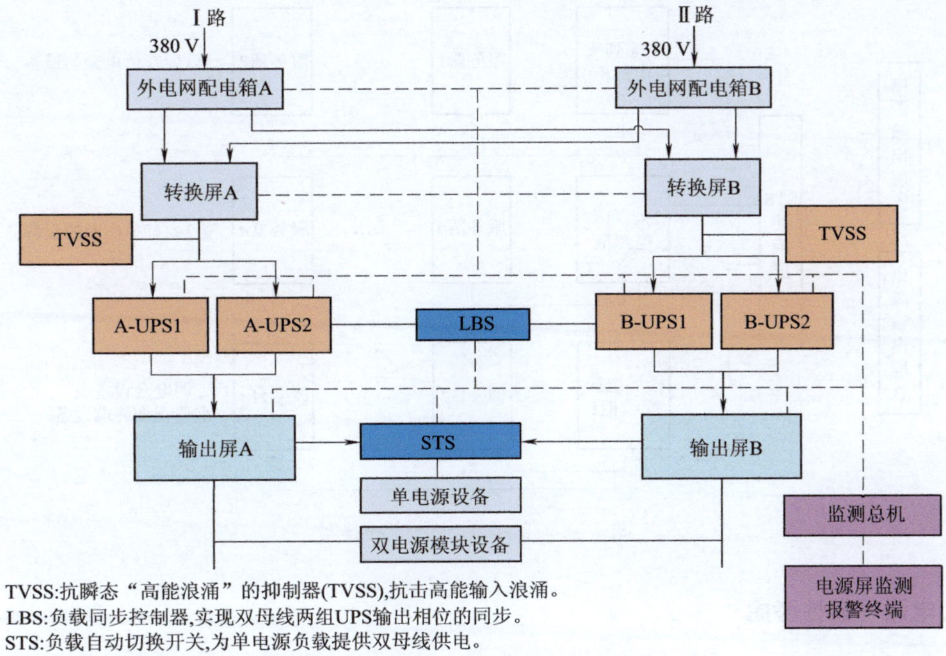

图 3-9　调度集中系统电源整体配置方案

（二）设备供电方案

CTC 系统包括双电源设备和单电源设备，下面将对两种类型的设备供电方案详细描述。

1. 双电源设备供电方案

系统内的双电源设备主要包括：中心数据库服务器、应用服务器、通信前置服务器、其他接口服务器、核心交换机、核心路由器等设备。此类设备大多集中在主机房内。接入电源系统时应为每排设备设置两套列头电源柜，两套电源输出屏的电源分别接入列头电源柜，服务器等双电源设备的双电源模块分别接到不同的电源列头柜内。双电源设备供电方案如图 3-10 所示。

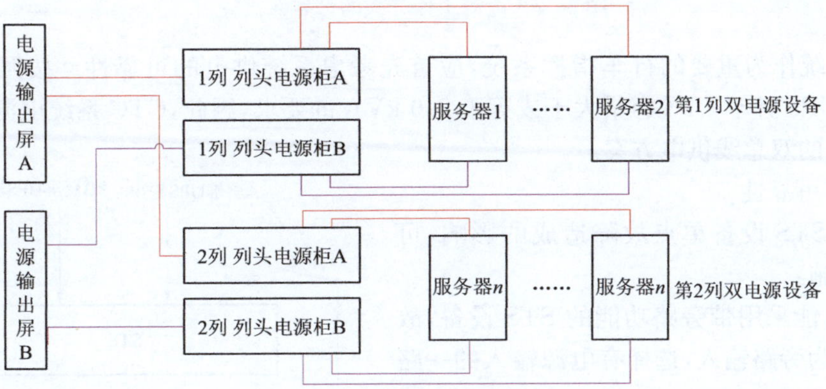

图 3-10　双电源设备供电方案

2. 单电源设备接入方案

系统内的单电源设备主要包括：协议转换器、外部连接路由器、防火墙、楼层交换机、调度台主机、调度台显示器等设备。经过 STS 设备切换的电源应引入各列头电源柜及楼层交换柜。单电源设备的电源取自列头电源柜及楼层电源配线柜。单电源设备接入方案如图 3-11 所示。

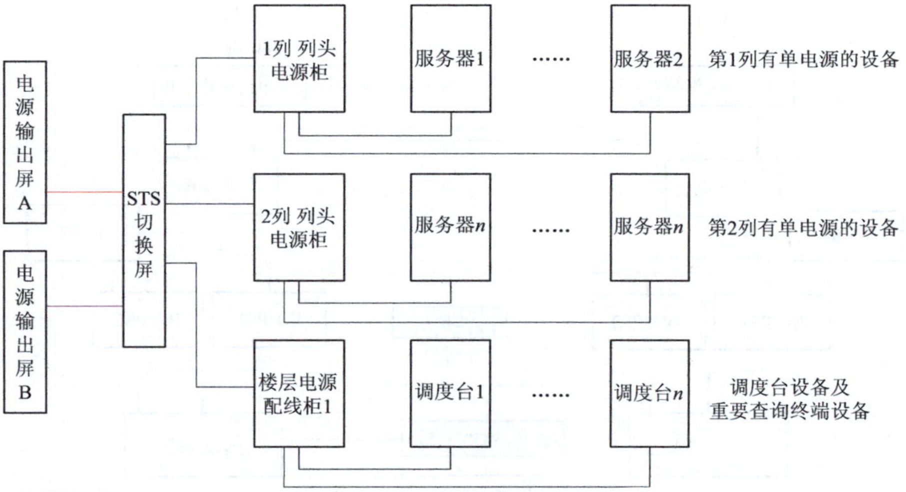

图 3-11 单电源设备接入方案

二、电源可靠性考虑

1. CTC 系统采用高可靠并机电源方案

几种电源工作方式的可靠性比较如图 3-12 所示。

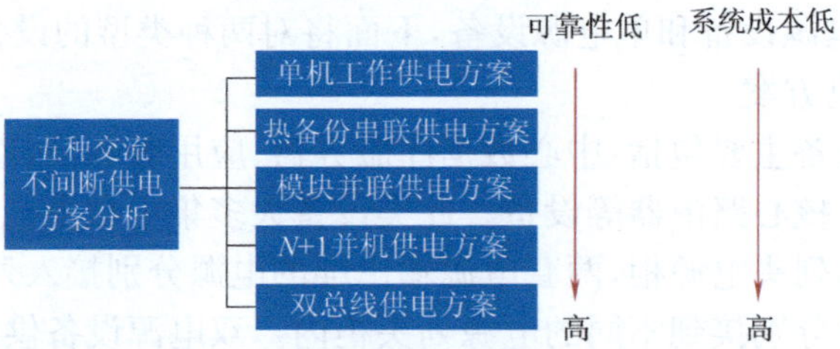

图 3-12 电源工作方式的可靠性比较

CTC 系统作为重要的行车指挥系统，应首先考虑系统供电的可靠性。按照双路独立电源、每路双 UPS 且单 UPS 容量大于或等于 240 kVA 的要求，因此，CTC 系统电源方案采用的是图 3-12 中的双总线供电方案。

2. STS 可靠性

为防止 STS 设备单点故障造成的影响，可采取如下措施：

(1)尽可能采用带旁路功能的 STS 设备，故障时可以转为旁路输入，选择有电源输入的一路进行旁路；

(2)对于没有旁路功能的 STS 设备(63 A 以下 STS 不带旁路功能)，可以采取设置手动旁路双级开关的方法，如图 3-13 所示。

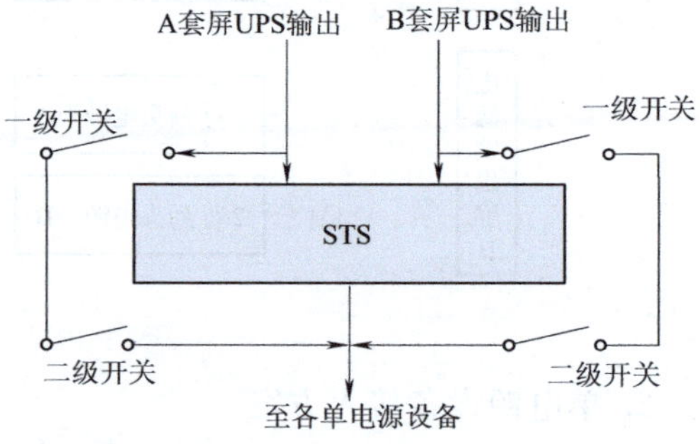

图 3-13 没有旁路功能的 STS 设备开关

注意：A、B 旁路的一、二级开关可以选择多节点控制开关，确保 A 接通，B 就断开，反之亦然。

(3)也可以采取给各终端预留一路不同STS供电的方式实现，如图3-14所示。

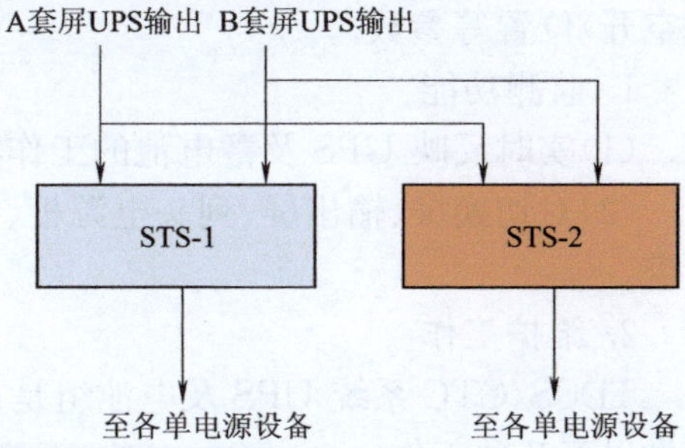

图3-14 预留一路不同STS供电的方式

注意：此种情况只能预留不同STS电源接口至各终端位置，引起的配线比较多，故障后，需要手动将个终端电源插头改接至备用的STS电源接口插头，而各终端的特点就是比较多而且分散，可操作性不强，不推荐。

3. 方案可靠性分析

(1)UPS采用双母线输出，可靠性高。

(2)UPS采用2(n+1)并机工作方式，可实现直至第四台UPS故障，才转为UPS旁路输出，确保系统设备处于UPS供电状态，避免设备输入电源中断引起的设备损坏。换言之系统内只要有一台UPS工作正常，其他三台UPS故障、脱机、掉电、更换、检修都不影响系统的正常供电。

(3)几乎没有单点设备，STS也可采用自身带旁路功能的STS，对于不具备旁路功能的STS，也可以通过设置双级旁路控制开关实现STS故障情况下的手动恢复。

(4)系统有四条供电途径组成，如图3-15所示。只要红、蓝、黄、绿其中的任意一个途径没有问题，系统即可正常工作。

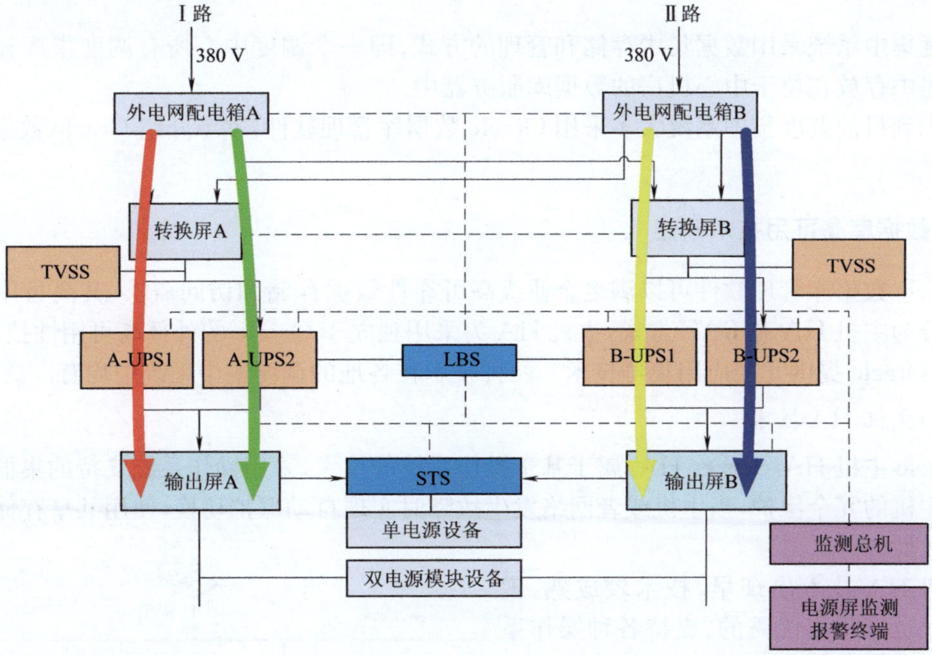

图3-15 系统供电途径

三、对电力外电网要求

调度集中系统的外电网应满足《电子信息系统机房设计规范》(GB 50174—2008)所规定的A级电子信息系统机房的供电要求。

四、电源系统监测和维护

每个中心应配套建设一套监测系统对外电网、电源切换屏、UPS、电源输出屏、列头电源柜、楼层电源配线柜，进行监控。监测范围主要是外电网的电压、电流、相序、空气开关(以下简称空开)位置等参数。

1. 监测功能

(1)实时反映UPS及蓄电池的工作状态，系统报警等信息。

(2)对切换屏、输出屏、列头电源柜、楼层配线柜的空开状态进行监控，一旦发生变化立即报警。

2. 维护工作

TDCS/CTC系统UPS及电池组是重要的设备，应安排定期进行专项的检修及维护。主要做以下几项工作：

(1)每年一次年度维护；

(2)每年应由专业人员对UPS电源进行一次彻底的清扫去垢，检测蓄电池组的电压，检查UPS风扇运转情况，并检测调整UPS的系统参数；

(3)每半年对UPS进行充放电操作以延长电池的使用寿命；

(4)检查蓄电池：主要进行电池的电压测试，对于不合格的应及时进行更换。

第六节　调度集中数据库

调度集中系统采用数据集中存储和管理的方式，即一个调度中心所有调度指挥和列车运行数据集中存放在位于中心机房的数据库服务器中。

考虑到目前调度集中系统大多采用Oracle数据库管理软件，本节介绍Oracle数据库可靠性方案。

一、数据库高可用技术概述

Oracle数据库管理软件可以满足企业级高可靠性数据存储和访问需求，其高可用性的实现可以分为主机HA和RAC方式：主机HA为采用独立于Oracle的外部高可用性技术实现；RAC为Oracle提供冗余应用集群技术。两种技术在各地的调度集中系统中均有广泛使用。

(一)主机HA技术

Oracle主机HA(Server HA)属于基于操作系统的技术，采用操作系统支持的集群管理软件保证主机的冗余保护，当主机或者网络发生故障时实现自动保护切换，使用共享存储保证数据的一致性。

主机HA技术出现早，技术较成熟，现在市场上也有很多优秀的、支持各种操作系统的集群管理软件，所以主机HA技术应用非常广泛，而且主机HA的集群技术与数据库的版本、特性无关，在不同的数据库版本甚至不同的数据库上都可以实现主机的HA。Oracle主机HA结构如图3-16所示。

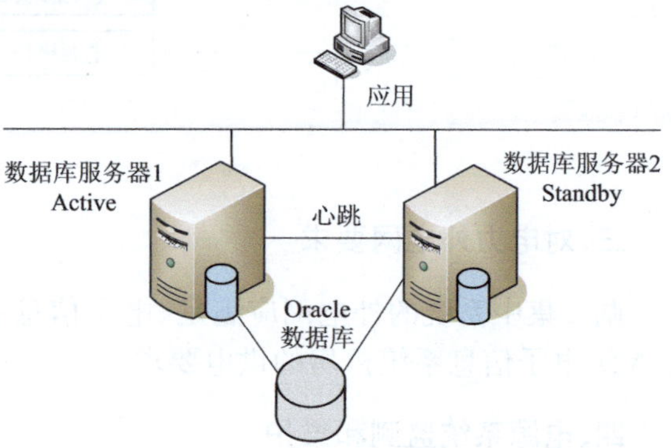

图3-16　Oracle主机HA结构图

主机HA技术是一个或者多个服务器设备共享一台备用主机的集群技术，调度集中数据库采用双机实现，即一主一备两台服务器。主机 HA 技术能解决的主机故障包括操作系统故障、主机网卡故障、单个主机的网络故障等，通过集群管理软件将两台数据库主机绑定一个服务 IP，Oracle 数据库所有的 Data file、Control File、Redo log 等都存放于共享的存储上，主机 HA 集群通过一个服务 IP 对外提供 Oracle 数据库服务，集群中的两个服务器设备运行在Active/Standby 方式下。当其中主机发生故障时，集群管理软件自动检测到故障，关闭主机 Oracle 数据库和启动备机 Oracle 数据库，并将提供服务的 IP 从主机切换到正常备机上提供服务，实现主备倒切，从而保证数据库服务的连续性和故障后的自动切换。

现在支持主机 HA 的集群管理软件有很多种，主要有：IBM 的 HACMP、HP 的 Service Guard、SUN 的 Sun Cluster 等。

主机 HA 的最大优点就是可以解决服务器的单点故障，数据库相关所有文件都需建立在共享存储上，存储的冗余需要依赖其他技术（RAID、LVS 等）来实现。同时，主机 HA 的技术简单成熟，所以在实际应用中被广泛使用，但对主机资源的浪费比较严重，基本上要保证对等的资源处于等待状态。

（二）RAC 技术

RAC（实时应用集群，Real Application Clusters）是 Oracle 9i 版本数据库后采用的一项高可用性技术，Oracle RAC 通过组织多个服务器的集群来获得高可用性和更大的计算处理能力。

RAC 通过不同的节点（node）使用一个或者多个 Oracle 实例（Instance）与一个数据库连接，该数据库存放于多个节点的公用存储上，通过高速缓存合并技术使得集群中的每个节点可以高效地同步其内存高速缓存，从而最大限度地减低磁盘 IO，并且自动并行处理及均匀分布负载，当其中一个节点发生故障时可以自动容错和恢复能力来实现节点的故障切换（Failover），从而保证数据库 7×24 h 的高可用性。

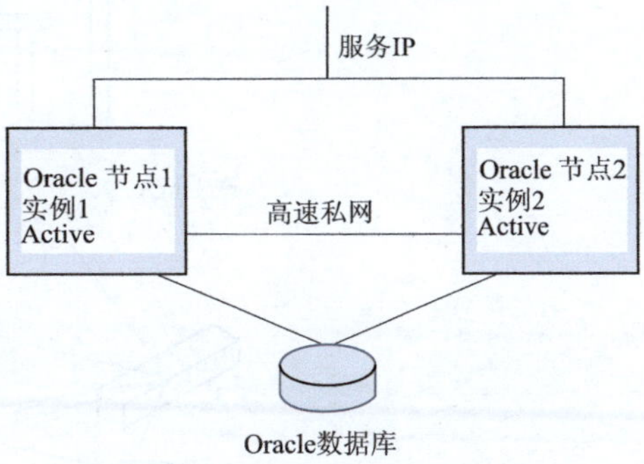

图 3-17　RAC 架构的软、硬件结构

调度集中数据库采用两个节点建设，图 3-17 是以两个节点为例示意一个 RAC 架构的软、硬件结构。通过共享的存储介质使两个节点同时访问数据库，在实际的工作环境中共享存储一般通过存储网络（SAN）提供，应用层服务器通过连接 RAC 的 VIP（Virtual IP）负载均衡的连接到任何一个节点提供服务，当其中的任何一个节点发生故障时，另一个正常的节点可以自动接管其服务。对于应用来说不需要做任何切换，只需通过 VIP 的自动跳转来实现失败节点的切换，在故障切换时 Oracle 会自动恢复故障节点中的事物，以便使整个数据库处于一致状态，整个切换过程一般持续 1～5 min，具体取决于应用环境的压力大小和复杂程度。

Oracle RAC 除了硬件组成，还需要 Oracle 的软件组件支持，主要包含 CRS、RAC、Listener、ASM、Database 5 个层次的软件环境。

Oracle RAC 可以完全脱离第三方的 Cluster 软件而在各个平台上安装使用，通过 VIP 访问 RAC，当一个节点发生故障时这个 VIP 会转移到其他节点上，从而保证应用的不间断服务，同时 CRS 也可以对访问 RAC 的服务负载均衡的分布到环境中的每个节点上，有效实现 Oracle 的持续服务和负载均衡。

（三）Oracle RAC 与主机 HA 比较

Oracle RAC 与主机 HA 两种数据库高可用技术在业界均为成熟技术，两者相比较具有如下差异点。

（1）Oracle RAC 是基于数据库直接完成的高可用性，而主机 HA 是基于操作系统完成的主机高可用性来保证数据库的高可用性。

（2）Oracle RAC 主要以双机双工的模式实现，可以提供容错、负载均衡等高级功能；而主机 HA 则工作在双机热备或者双机互备的模式下。

（3）主机故障时，Oracle RAC 下不存在主备切换过程，只要有一台服务器运行就不会服务停用。而主机 HA 则需要进行主备机资源切换，耗时较长，数据库客户有明显的服务停用感受。

（4）Oracle RAC 的软件体系结构较为复杂，实施和维护相对复杂，花费较大。

二、核心数据库服务器高可靠性方案

目前，Oracle RAC 与主机 HA 两种数据库高可用技术在各铁路局调度集中系统中均有使用。因 RAC 具有双机双工、单机故障无主备切换过程的特点，因此，在调度集中系统中逐步作为主用的数据库高可用方案，在新建高速铁路/普速铁路中心项目中均采用了 Oracle RAC。本节详细介绍 Oracle RAC 在调度集中系统中的具体应用。

从系统结构上，调度集中数据库系统可以分为存储、网络、主机三部分，系统结构如图 3-18所示。调度集中数据库系统使用了三台存储设备，相互备份作为数据库的生产存储和 Voting disk，并划分出备份存储空间。三台存储相互以两台光纤交换机与生产主机相连接。

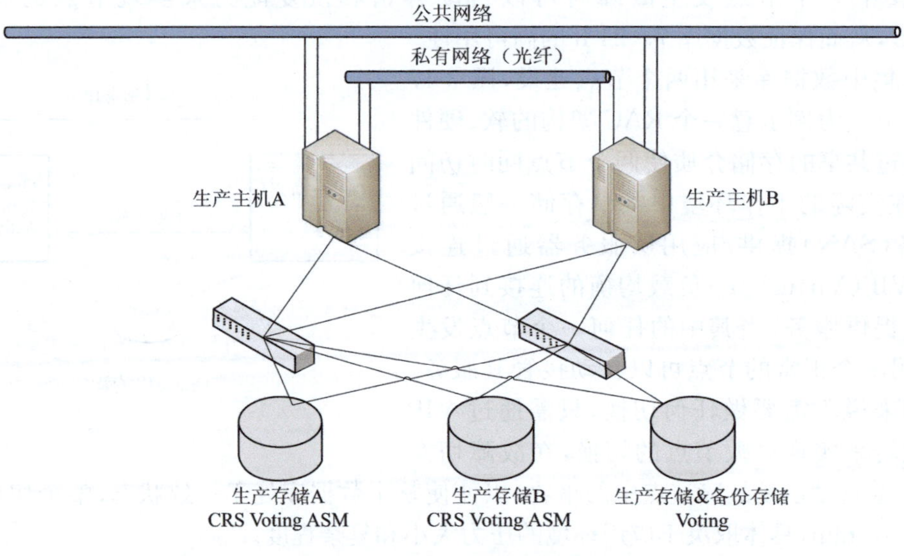

图 3-18　调度集中数据库系统结构

网络可分为公有网络和私有网络两部分：公有网络将数据库客户与数据库生产主机相连接，通过公有网络可访问数据库服务；私有网络由两台数据库生产主机间相互连接，作为 Oracle RAC 间数据通信同步使用。公有网络和私有网络均为双网。

两台生产主机分别与两台光纤交换机、私有网络和公有网络连接，安装 Oracle 数据库管理软件和 Oracle RAC 软件对存储资源和网络资源进行统一管理，对外统一提供数据库服务。

第七节　高速铁路 CTC 与普速铁路 CTC 的结构差异性

高速铁路 CTC 虽然与普速铁路 CTC 在系统结构方面总体保持一致，但由于高速铁路在设备条件、接口要求等方面相比普速铁路更高、更复杂，所以高速铁路 CTC 在系统结构方面必然存在相应的差异。

一、中心系统的差异

高速铁路 CTC 在中心需要和 RBC、TSRS、GSM-R 等外部系统进行数据交换，所以需要增设相应的接口服务器：RBC 接口服务器、TSRS 接口服务器、GSM-R 接口服务器。这些接口服务器对于普速铁路 CTC 系统一般是不需要的。

二、车站系统的差异

1. 车站分机电源供电

高速铁路 CTC 车站采用智能电源屏集中供电方案，UPS 电源由电源屏集中设置，给联锁、列控、CTC、信号集中监测等统一供电，高速铁路 CTC 分机不再像普速铁路 CTC 分机一样设置 UPS 及电源切换装置。

2. 车站接口和信息采集

高速铁路车站设置计算机联锁和列控中心设备，所以高速铁路 CTC 分机站内信息通过与计算机联锁进行接口获取，区间信息通过与列控中心接口获取；而普速铁路没有列控中心设备，CTC 系统需要增设采集板，通过继电器接口直接采集区间轨道继电器状态。

有的普速铁路配备基于 450 MHz 无线车次校核和无线调度命令传输系统，通过串口和 CTC 自律机连接。

3. 区间中继站

高速铁路区间中继站通常不设置 CTC 自律机，中继站区间状态信息由列控中心传至相邻车站列控中心后发送给 CTC 自律机，而普速铁路的区间中继站需要专门设置 CTC 自律机设备，主要负责区间信息采集。

4. 接地

高速铁路通常采用贯通综合地线，且与综合地线相连整个信号系统为一个接地体，CTC 系统与综合地线相接。普速铁路 CTC 系统则不一定采用贯通地线。

三、网络和通道的差异

高速铁路通道设备条件相对较好，CTC 系统可采用由不同物理路径的光纤提供的专用通道，通道接口采用 G. 703 或者 Fe。同时，每个环的车站数目一般不超过 10 个。而普速铁路往往不具备提供不同物理路径通道的条件，通道接口大多采用 G. 703，每个环的车站数目一般 8～15个。

第四章　高速铁路调度集中系统应用软件结构

高速铁路CTC系统应实现运行图与运行调整计划管理、调度命令管理、综合维护和施工管理、临时限速、进路自动控制与人工控制、列车动态跟踪与列车车次号管理、实时信息采集与监视、调车作业管理、CTCS-3级区段特殊操作、统计分析、列车编组管理、系统维护、外部信息接口、仿真培训和模拟测试、可靠性和灾备支持等CTC系统应用功能。

第一节　CTC软件需求

本节从功能性需求和技术性需求两部分对调度集中软件需求进行描述，其中功能性需求是为最终用户提供的业务功能，技术性需求是对运行环境以及技术性能方面的需求规定。

一、CTC软件的功能性需求

CTC系统应具备列车运行计划管理、调度命令管理、进路与信号自动控制、站场显示与操作、临时限速管理、调车作业管理六大类功能。各功能又可细分为若干子功能，见表4-1。

表4-1　CTC软件需求表

功能编号	功能描述	功能编号	功能描述
F1	列车运行计划管理		
F1.1	预览基本图管理	F1.8	施工符号功能
F1.2	常用基本图管理	F1.9	绘制特殊列车
F1.3	日班计划管理功能	F1.10	运行图底图显示
F1.4	邻台调整图管理	F1.11	运行线显示
F1.5	历史图管理	F1.12	施工符号显示
F1.6	调整图的管理	F1.13	运行图辅助功能
F1.7	运行线调整功能		
F2	调度命令管理		
F2.1	调度命令编辑与管理	F2.4	调度命令界面操作
F2.2	调度命令下达与签收	F2.5	调度命令其他功能
F2.3	调度命令打印与查询		
F3	进路与信号自动控制		
F3.1	控制模式与操作权限管理	F3.5	列车进路指令自动办理
F3.2	列车进路控制方式	F3.6	列车进路办理的约束条件
F3.3	列车进路指令序列生成与显示	F3.7	人工按钮办理进路
F3.4	列车进路指令人工操作	F3.8	无线车次校核与无线进路预告

续上表

功能编号	功能描述	功能编号	功能描述
F4	站场显示与操作		
F4.1	无岔区段	F4.5	信号机
F4.2	股道	F4.6	报警灯
F4.3	区间	F4.7	按钮
F4.4	道岔	F4.8	其他站场相关表示和操作
F5	临时限速管理		
F5.1	既有线 CTCS-2 级列控限速功能	F5.3	客专 CTCS-3 级列控限速功能
F5.2	客专 CTCS-2 级列控限速功能		
F6	调车作业管理		
F6.1	创建和编辑调车作业单	F6.5	调车作业单打印
F6.2	生成调车勾进路序列	F6.6	调车作业单调车作业
F6.3	存储调车作业单	F6.7	调车作业单无线传输
F6.4	调阅调车作业单		

二、CTC 软件的技术性需求

(一)性能需求

1. 可靠性

(1)所有应用软件必须适应 7×24 h 连续不间断运行;

(2)数据库存储磁盘应可热插拔;并且数据库主机实现双机热备,切换时间小于 1 min;

(3)应用服务器、通信前置机、自律机等关键子系统采用双机热备,双机应实现自动切换;

(4)网络系统采用双网、双通道、环状等冗余技术,确保无单点故障;

(5)对于外界故障因素,系统应可自动防护和恢复。

2. 实时性

(1)现场采集数据传输到自律机时延不应超过 0.5 s;

(2)调度中心的直接遥控指令传送到联锁控制系统时延不应超过 1 s;

(3)自律机、车务终端、服务器、调度台终端之间的数据直接传输以及间接传输(转发)时延不应超过 1 s。

3. 安全性

(1)各子系统对系统内部接入进行安全检查,在子系统间通信连接建立时确认对方 IP 地址的网络合法性,同时以业务登录方式检验子系统的应用合法性;

(2)各个子系统应充分考虑通信中断、系统异常、资源不足等因素,并采取安全防护和恢复措施;

(3)在由联锁系统保证安全的前提下,自律机应全面实现信号联锁关系的软逻辑,避免将不满足联锁关系的命令发往联锁控制系统;

(4)自律机软件设计时应保证所有程序分支都有安全可控的出口;

(5)自律机应有独立的状态检查进程,自动实时检查各个任务的运行状态和主要数据的完整一致性。

4. 易维护性

(1)系统应可智能诊断内部故障和信号设备故障,并报警;

(2)系统应有完善的、集中存储的、易查询的运行日志和人工操作日志,日志的删除和清理应由人工操作完成;

(3)系统应有完善的现场数据回放功能;

(4)系统应可自身模拟各种现场行车情况和故障情况。

5. 易实施性

(1)应兼容 TDCS 系统功能;

(2)系统参数应可灵活配置。

(二)运行环境需求

服务器运行环境要求一览见表 4-2。

表 4-2 服务器运行环境要求一览表

设备类别	运行环境
数据库	Oracle
数据库服务器	高性能 IBM 小型机,AIX 操作系统
应用服务器	高性能 IBM 小型机,AIX 操作系统,或高性能 PC 服务器,Linux/Windows Server 操作系统
通信服务器	高性能 IBM 小型机,AIX 操作系统,或高性能 PC 服务器,Linux/ Windows Server 操作系统
接口服务器	高性能 PC 服务器,Linux/Windows Server 操作系统
通信前置机	高性能 PC 服务器,Linux/Windows Server 操作系统
调度台终端	Intel 结构的高档 PC 图形工作站,配置 PIV 双核/4G/200G 以上,显示分辨率 1 920×1 080 以上;操作系统 Windows XP 及以上
自律机	Intel 结构的工业专用机,配置 Pentium/64 M/32 M 以上,操作系统 Linux 2.4
车务终端	Intel 结构工控机,配置 PIV/2 G/80 G 以上,显示分辨率 1 024×768 以上,操作系统 Windows XP 及以上
网络系统	基于 TCP/IP 协议的以太网和广域网
编程语言	IBM C set ++ FOR AIX, VC ++ ,GNU C++,C SHELL

(三)条件与限制

结合表 4-1,对 CTC 功能实现的条件与限制介绍如下。

(1)F2 调度命令管理中的无线调度命令传输以及 F3.8 无线车次校核与无线进路预告,需与无线传输系统接口,功能实现的可靠性受无线系统稳定性的约束。

(2)CTC 的信号控制,包括 F3 中的信号自动控制与 F4 中的站场设备操作部分,功能实现基于底层的外部联锁系统,CTC 系统不直接控制信号设备,而是将命令发送给联锁系统,由联锁系统控制信号设备,信号安全由联锁系统保证。

(3)CTC 的临时限速管理通过与临时限速系统(包括 TCC 与 TSRS)接口完成。CTC 实现限速命令的拟定、下达、管理等功能,实际限速由列控系统完成,限速的可靠性与安全性亦由列控系统保证。

(4)CTC 在信号自动控制中检查的行车约束条件仅包括《铁路技术管理规程(高速铁路部分)》中规定的部分条件。CTC 的行车约束卡控不能取代人工的卡控作用。

(5)CTC 在信号自动控制中检查的行车约束条件涉及进路的时间范围因素,系统推算的进路有效时间范围不能保证与人的意志完全一致。

(6)由于外部传输条件以及内部功能实现的限制,F3.8 中的无线进路预告功能仅作为行车参考信息，不能取代车机联控，更不能作为行车依据。

第二节　CTC 软件总体结构

CTC 软件功能可分为调度信息处理和实时数据处理两大类，其中调度信息处理包括列车运行计划管理、调度命令管理、调车作业管理等；实时数据处理包括进路与信号自动控制、站场显示与操作、临时限速管理等。这两大类功能紧密联系但又具有完全不同的技术特点，调度信息处理的特点是实时性要求低、数据量大、功能界面复杂；实时数据处理的特点是实时性高、数据短信密集、用户干预较少并且操作简单。所以 CTC 系统软件架构应支撑上述两类软件，既要有效支持数据库为核心的信息处理，还需确保系统实时性和安全性。

一、CTC 软件总体结构

CTC 软件总体结构由调度信息处理和实时数据处理两大主体层次构成，同时考虑到 CTC 功能实现高度依赖其与外部系统的接口，一方面从底层基础信号系统获取基本信号信息；另一方面向其他运输管理系统提供计划执行等信息。因此 CTC 软件可以分成四个层次：综合信息共享层、调度信息处理层、实时数据处理层、安全接口层。四个层级结构如图 4-1 所示。

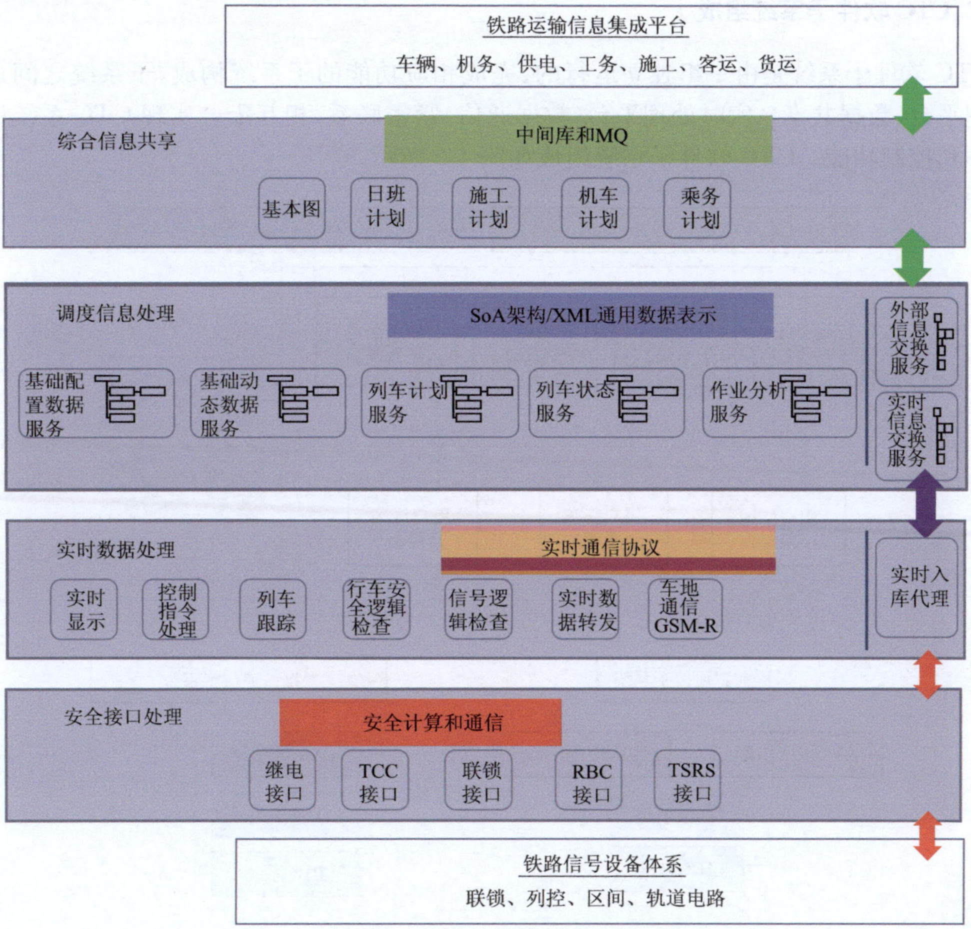

图 4-1　CTC 软件结构示意图

其中，综合信息共享层和安全接口层是CTC系统与外部的接口部分，在相关技术条件和接口规范中已有详细和充分的定义；调度信息处理层和实时数据处理层是CTC核心业务的实现层，将在后续章节分别进行详细描述。

综合信息共享层：负责与运输信息集成平台接口，获取CTC所需的上层调度信息系统或者其他专业系统的计划信息，同时向运输信息集成平台发送当前计划执行情况和列车运行实绩数据。

调度信息处理层：以获取的上层计划信息为基础，实现具体的列车运行计划管理、调度命令管理、调车作业管理等，相关计划和命令要直接发送到车站执行。

实时数据处理层：通过处理从基础信号设备获得的实时信息，实现现场状态实时监督、车次自动跟踪等，并结合列车运行计划和人工操作实现列车进路的自动控制和人工控制。

安全接口层：负责与车站联锁、车站列控中心(TCC)、无线闭塞中心(RBC)、临时限速服务器(TSRS)等信号设备的安全接口，采集相关信号实时状态，同时传递控制指令。

四个层级是紧密结合、环环相扣实现CTC列车集中控制功能。CTC软件结构应充分考虑上述不同层级的特点，避免互相影响。在软件结构设计时，采用清晰的分层结构，每个层级应采用相应的数据组织、软件设计、安全设计模型，选择合适的代码技术。

二、CTC软件子系统组成

CTC软件子系统是由一组独立运行的、完成相应功能的子系统构成，子系统之间通过信息处理平台(数据共享)、实时处理平台(数据通信)紧密联系，相互配合实现CTC系统所有调度指挥和控制功能。CTC软件子系统组成如图4-2所示。

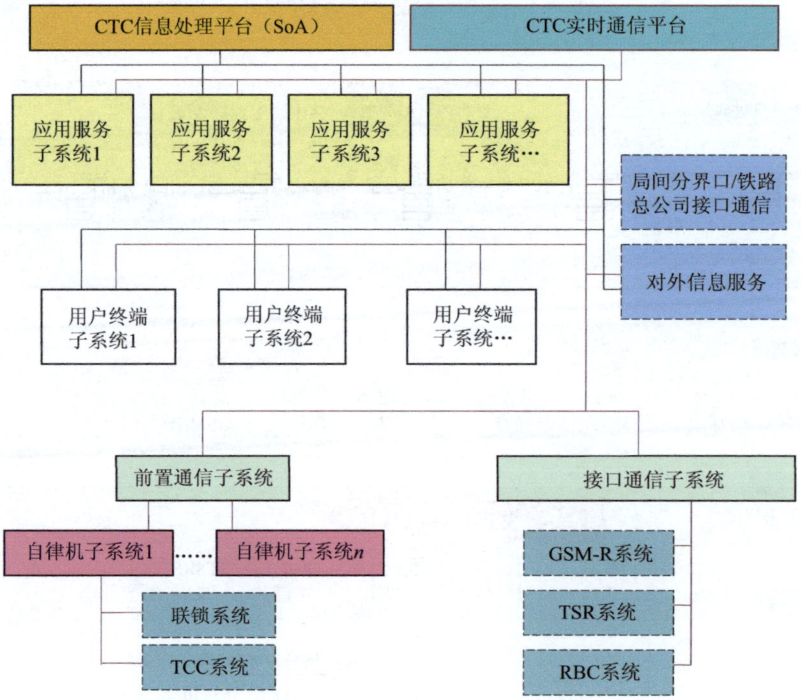

图4-2　CTC软件子系统组成示意图

第三节　CTC 调度信息处理层

CTC 系统的调度信息管理平台采用基于面向服务的架构(SoA)。SoA 被认为是较为灵活的软件体系架构,目前已经在各行各业广泛运用。CTC 系统在实现以数据库为核心的调度信息管理和信息共享功能方面,结合 SoA 理念设计出具有专业特色的体系结构。

一、SoA 概述

SoA 是一种分布式的软件组件模型。整个系统被设计和实现为一组交互的服务,使得系统中的客户组件能够充分利用其他服务的同时无需考虑其物理位置。在该模型中,任何业务功能被作为服务定义和使用。应用程序的不同功能(服务)通过这些服务之间定义的良好接口和契约联系起来,使得构建在系统中的服务可以以一种统一和通用的方法进行调用。这种具有中立的接口定义(没有强制绑定到特定的实现上)的特征称为服务之间的松耦合。当组成整个系统的若干个服务的内部结构和实现逐渐地发生改变时,松耦合系统具备灵活性优势,可以为解决集成问题和快速开发新的 IT 系统铺平道路。图 4-3 说明 SoA 中的不同角色及其工作流程。

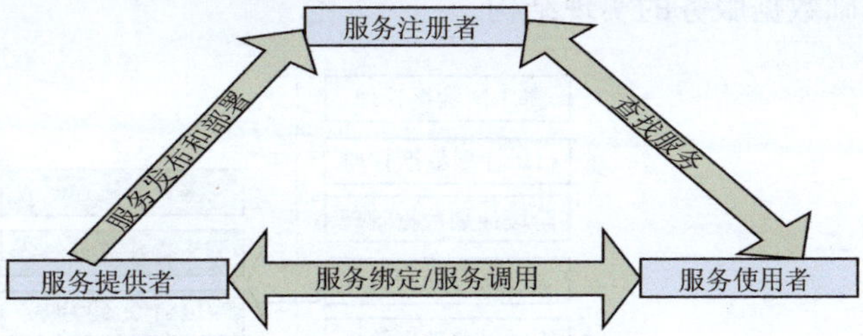

图 4-3　SoA 逻辑示意图

SoA 架构的组件包括:

(1)服务提供者(Service Provider):服务提供者是一个可通过网络寻址的实体,接受和执行来自使用者的请求。

(2)服务使用者(Service Requester):服务使用者是一组使用服务提供者所提供的一项或多项服务的组件。

(3)服务注册者(Service Broker):服务注册者包含服务的描述,服务提供者向服务注册者注册其服务,而服务使用者访问服务注册者发现所提供的服务。

由上可见,SoA 是一种以服务为核心的体系结构,其要素包括服务提供者、服务使用者以及二者之间的通信协议。SoA 围绕现实的业务进行设计,然后分解为计算机实现结构。通过良好的服务模型设计,SoA 可以展示出极大的灵活性,并且结构简单清晰。

SoA 是目前最为流行的 IT 体系结构之一,虽然和互联网相关技术紧密相关,但 SoA 不是仅仅能实现基于 Web 的应用,而且并不依赖于特定系统应用。

CTC 系统作为一个高度可靠性、实时性的专业系统,完全可以采用 SoA 的思路构造。研究专用的通信协议、数据定义,并且定义合理的服务和实现模型,结合 CTC 系统实际需求,实现适合 CTC 系统的 SoA 架构。

二、CTC 采用的 SoA 结构模型

符合 CTC 系统业务需求和应用环境的 SoA 架构,从业务服务定义和业务数据定义两方面建立形式化的业务模型。

（一）业务服务

业务服务是反映一种业务逻辑实现或者说一种业务功能，为了达到结构化和减少冗余的目的。在进行业务服务的定义时，应遵循下面的原则：

(1)服务的粒度不能太细，应该尽可能反映一种实际存在的业务，而不是一个程序模块功能。相对于组件而言，服务上的操作被实现为封装了更多的功能，并且依赖于更大的数据集。

(2)同一层次服务和服务之间的功能分界应该清晰，不重叠。

(3)服务的接口，即服务契约应该简洁，并且不应涉及复杂的大数据交换。

（二）业务数据

业务数据是指具有完整意义的，并且可反映某种业务输入/输出的、具有固定属性的数据。在业务服务识别的基础上，对服务的输入/输出参数进行抽象，即可识别出业务数据。每项业务数据应该具有应用层面的独立、完整意义，并且可以被唯一识别。

调度指挥系统业务结构模型如图 4-4 所示，该图示例 CTC 基于 SoA 的业务流程服务和基础数据服务的实现结构。

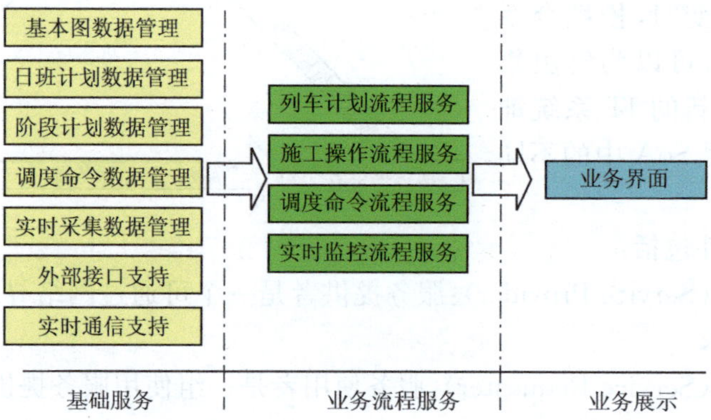

图 4-4　调度指挥系统业务结构模型

其中，业务流程服务实现一种业务的过程控制以及执行逻辑，是用户所关注的业务核心内容；基础数据服务则是为了实现服务良好结构而定义的底层数据封装服务。CTC 系统的业务流程服务可以归纳为列车计划管理流程服务、施工操作流程服务、调度命令管理流程服务、实时监控流程服务；基础数据服务包括基本图数据管理、日班计划数据管理、阶段计划数据管理、调度命令数据管理等。

三、数据多级缓存技术

原生 SoA 架构较多地依赖于数据库的支持，如果调度集中系统直接简单基于 SoA 架构实现，那么其核心设备（数据库服务器、应用服务器和核心交换机）引起的整体死机对于铁路调度指挥运营的危害是无法容忍的。

调度集中系统作为重要的运输生产设备，需要基于 SoA 架构进行一定的改造，在调度台终端、应用服务器两级应用层分别进行软件缓存设计，以达到提高系统可用性，同时提高数据获取效率，降低数据库服务器负载的效果。

设备死机可分为一套设备内单台故障和整套设备故障两种情况。在单台故障情况下，尚有另一台设备可以工作，可持续向上级客户提供服务。而整套设备故障情况下，无法向上级客户提供服务，则由该客户终端程序进行缓存处理。

调度集中系统中数据缓存技术的基本思想是在关键业务数据存储进入下级存储设备时，在其他介质存放一个副本，当下级存储设备故障时，可以从该副本中获取，从而弱化该存储设备故障导致的危害。同时缓存系统对上级客户完全透明，客户可以得到快速的响应和良好的可用性。

调度集中系统中数据缓存技术根据自身的系统结构进行设计，采用层次式缓存体系结构，分为调度台终端级、应用服务器级两级缓存，如图 4-5 所示。

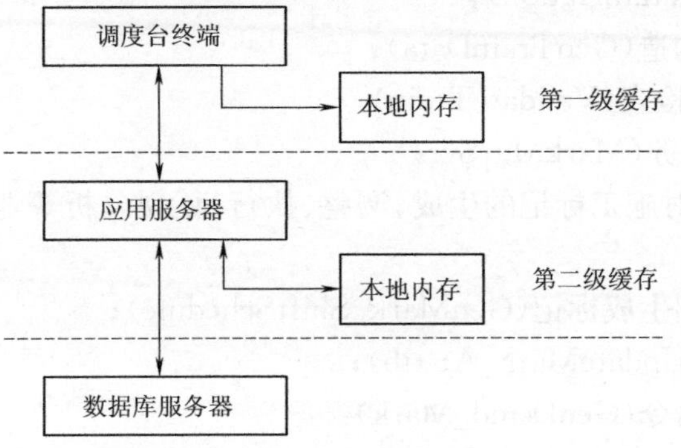

图 4-5　调度集中系统中数据缓存技术

第一级缓存由调度台终端软件实现，采用本地内存的方式对运行图数据、日班计划数据、基本图数据进行缓存。在接受应用服务器数据和调度员进行人工操作时均将对应数据进行缓存。第一级缓存的上级用户为调度员，下级存储设备为应用服务器，第一级缓存可以针对应用服务器故障和网络故障等极端情况，将运行图编辑信息缓存在本地，待故障消除后自动写入应用服务器。

第二级缓存由应用服务器软件实现，在本地内存建立数据缓存，缓存数据除了运行图数据外还包括用户登录数据、基本图数据、日班计划数据等。应用服务器在启动时从数据库服务器加载数据实现缓存初始化；接受到外部数据修改指令时同步操作缓存内容；接受到外部数据请求时优先从缓存获取。第二级缓存的上级用户为调度台终端软件和其他数据使用软件，下级存储设备为数据库服务器，第二级缓存可以针对数据库服务器整体故障或者负载过大的情况，将数据编辑信息缓存在本地，待故障消除或者负载高峰结束后自动写入数据库。

上述两级缓存均基于内存实现，具有成本低廉、访问快速的特点，但也存在缓存规模有限、断电无法保存的缺陷。因此，目前调度集中缓存技术均适用于上级设备临时性死机，在不断电前提下可缓存 1～2 个调度日的数据，即可支持 1～2 个调度日的核心设备死机。

四、CTC 典型的 SoA 服务

针对 CTC 典型的数据和功能，下文描述 CTC 系统 SoA 服务设计的基本要素。

(一)业务流程服务

1. 列车计划流程管理服务(TrainMgrSer)

TrainMgrSer 提供对列车运行计划的生成、调整、下达、兑现分析等业务过程的实现。具体包括以下调用：

(1)按照基本图方式生成计划(GenTrainPlan_BasicSchedule);
(2)按照日班计划方式生成计划(GenTrainPlan_ShiftSchedule);
(3)按照径路方式生成计划(GenTrainPlan_Way);
(4)按照自由方式生成计划(GenTrainPlan_FreeDraw);
(5)调整列车计划属性(UpdateTrain_Attrib);
(6)调整列车计划时刻(UpdateTrain_Time);
(7)下达列车计划(UpdateTrain);
(8)列车计划执行(TrainAction);
(9)列车计划数据构造(GenTrainData);
(10)列车计划数据检查(ValidateTrain)。

2. 施工流程管理服务(MarkMgrSvr)

MarkMgrSvr 提供对施工标记的生成、调整、执行、兑现分析等业务过程的实现。具体包括以下调用:

(1)按照施工日计划生成标记(GenMark_ShiftSchedule);
(2)调整施工标记(UpdateMark_Attrib);
(3)生成施工调度命令(GenDcmd_Mark)。

3. 调度命令流程管理服务(DcmdMgrSvr)

DcmdMgrSvr 提供对调度命令生成、授权、下达、签收等业务过程的实现。具体包括以下调用:

(1)按照模版生成调度命令(GenDCMD_Module);
(2)自由生成调度命令(GenDCMD_Manual);
(3)调度命令授权(AuthDcmd);
(4)调度命令下达(SendDcmd);
(5)调度命令签收(SignDcmd)。

4. 实时监视与控制业务流程服务(CtcMgrSvr)

CtcMgrSvr 提供对实时表示数据的回放、控制模式转换、控制命令的安全发送等业务流程的实现。具体包括以下调用:

(1)实时数据回放(DssInfo_PlayBack);
(2)控制模式转换(AltCtrlMode);
(3)控制命令的安全发送(SendCtrlCommand)。

(二)基础数据服务

1. 基本配置参数的查询服务(DataCfgSvr)

DataCfgSvr 提供对各种资源、静态运输参数的查询。具体包括以下调用:

(1)获取调度区段属性(GetSectionConfig);
(2)获取车站属性(GetStationConfig);
(3)获取区间属性(GetLineConfig);
(4)获取车次默认属性(GetTrainAttrib)。

2. 阶段计划存取服务 (WorkTgDataSvr)

WorkTgDataSvr 提供对一个调度区段阶段计划的修改、查询、存储服务,包括计划修改的合法性检查以及过期历史数据的转存。具体包括以下调用：

(1)更新或者增加一个列车计划阶段计划(UpdateTrain)；

(2)删除一个列车计划阶段计划(DeleteTrain)；

(3)更新或者增加一个施工标记(UpdateMark)；

(4)删除一个施工标记(DeleteMark)；

(5)查找或检索列车计划(FindTrains)；

(6)查找或检索施工标记(FindMarks)。

3. 基本图存取服务(BasicTgDataSvr)

BasicTgDataSvr 提供对列车基本图的导入以及查询功能。具体包括以下调用：

(1)基本图数据导入(ImportBasicPlan)；

(2)基本图数据查询(QueryBasicPlan)。

4. 日班计划查询服务(ShiftTgDataSvr)

ShiftTgDataSvr 提供对日班计划的导入以及查询功能。具体包括以下调用：

(1)日班计划数据导入(ImportShiftPlan)；

(2)日班计划数据查询(QueryShiftPlan)。

5. 施工计划管理服务 (MarkDataSvr)

MarkDataSvr 提供对施工计划的导入以及查询功能。具体包括以下调用：

(1)施工计划导入(ImportMMPlan)；

(2)施工计划查询(QueryMMPlan)。

6. 调度命令存储管理服务(DcmdDataSvr)

DcmdDataSvr 提供对调度命令数据的增加、修改、删除以及查询功能。具体包括以下调用：

(1)增加或者更新一条调度命令(UpdateDCMD)；

(2)删除一条调度命令(DeleteDCMD)；

(3)查询调度命令(QueryDCMD)。

7. 实时表示信息存储转发服务(CtcDataSvr)

CtcDataSvr 提供对实时表示信息的存储、查询服务。具体包括以下调用：

(1)增加一个实时表示信息(InsertDssInfo)；

(2)查询一个实时表示信息(QueryDssInfo)。

(三)业务数据定义

在业务服务定义的基础上，将输入输出数据进行分类抽象，即可得出业务数据的定义模型。

1. 列车计划单元 (SingleTrain)

一个列车计划单元是指具有完整性的、针对某一具体列车的计划信息，包括列车属性、开行径路、开行时刻等。

2. 运行图施工标记单元(SingleMark)

一个运行图施工标记单元是指运行图上针对某项施工所做的标记信息，用以指示施工在时间、空间中的位置，并且反映与列车运行计划的关系。

3. 施工计划单元 (SingleMMPlan)

一个施工计划单元是指具有完整意义的、针对一项线路施工的作业信息，包括施工项目、施工内容、施工地点、施工单位等。

4. 调度命令单元（SingleDCMD）

一个调度命令单元是指具有完整意义的一条调度命令信息，包括调度命令号码、标题、内容、发令单位、受令单位以及签收状态等数据域。

5. 站场表示单元（SingleDssInfo）

一个站场表示单元是指一个车站信号设备的完整表示状态，包括车站、设备类型、设备编号、设备状态等数据域。

6. 设备控制单元（SingleCTCControl）

一个设备控制单元完整表示一个设备控制指令，包括控制车站、设备、控制指令等数据域。

7. 进路控制单元（SingleRouteControl）

一个进路控制单元完整表示一个进路序列控制指令，包括控制车站、进路、进路控制指令等数据域。

8. 车站模式控制单元（SingleRouteControl）

一个进路控制单元完整表示一个进路序列控制指令，包括控制车站、进路、进路控制指令等数据域。

五、SoA 具体运用方式

综上所述，CTC 调度指挥系统业务结构可以分为基础服务、业务流程服务和业务展示三个层次。最终用户通过业务展示层操作业务功能并获得业务结果；业务流程服务层提供业务流程的实现，基础服务层则对业务服务层提供组件式的底层支持。

下面以“按基本图生成列车计划”这项常用业务为例说明模型的运作方式。按基本图生成列车计划的序列如图 4-6 所示。

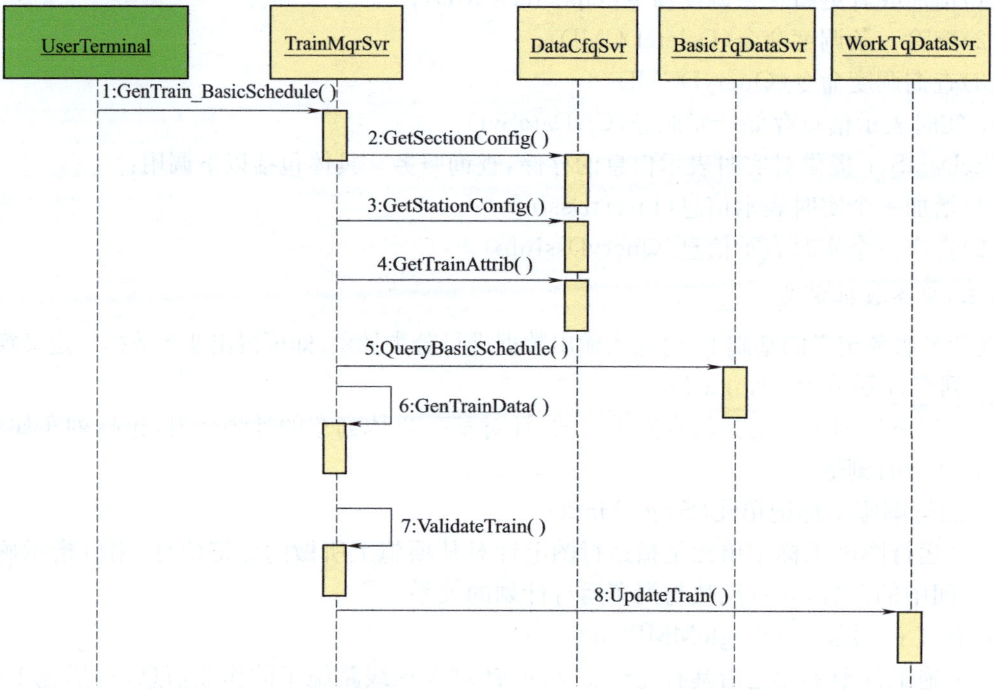

图 4-6　按基本图生成列车计划的业务实现序列

调度员通过终端进入业务系统开始操作，向列车计划业务流程服务 TrainMgrSvr 提交 GenTrain_BasicSchedule（按基本图生成列车计划）的业务申请；TrainMgrSvr 启动业务执行过程如下：

（1）TrainMgrSvr 向基本服务 DataConfigSvr 提交申请 GetSectionConfig，GetStationConfig，GetTrainAttrib 获取区段、车站、车次的配置信息。

（2）TrainMgrSvr 向基本数据服务 BasicTgSvr 提交申请 QueryBasicSchedule，根据相关配置获取相对应的基本图信息。

（3）TrainMgrSvr 调用 GenTrainData 根据基本图信息生成列车计划，然后调用 ValidateTrain 对列车计划进行逻辑检查。

（4）TrainMgrSvr 向 WorkTgDataSve 提交申请 UpdateTrain，将生成后的列车计划存储并发布。

（5）业务结束。

第四节　CTC 实时数据处理层

CTC 系统采用基于 TCP 的专用实时通信协议，以实时通信汇聚子系统为核心，构造出星形结构的可靠实时通信环境。

一、CTC 实时处理架构

CTC 实时处理架构包括通信汇聚子系统、业务服务子系统、车站接口子系统、外部接口子系统、用户终端子系统等几大部分。CTC 实时处理架构如图 4-7 所示。

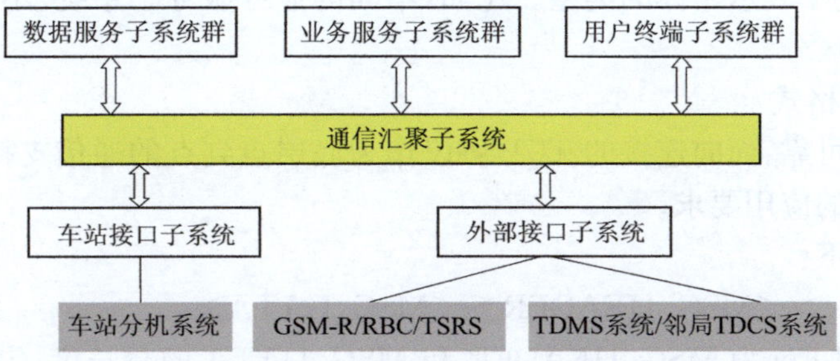

图 4-7　CTC 实时处理架构

二、端到端通信方式

各子系统之间端到端的可靠通信机制是实时架构的基础。

1. 通信基本方式

考虑到 TCP 是目前广泛使用的面向连接的协议，成熟并且开发简单，所以 CTC 系统采用 TCP 协议作为底层通信支持，并且采用中心交换的数据交换方式实现端到端的通信。即：所有子系统均以 TCP Client 方式连接中心通信汇聚服务器，中心通信汇聚服务器完成子系统之间的数据转发。考虑系统的可扩展性，通信汇聚服务器应能支持级联。通信汇聚子系统工作示意如图 4-8 所示。

图 4-8 中，红线表示直接的 TCP 连接，箭头表示逻辑数据流，蓝线表示通信汇聚服务器的级联

连接。逻辑数据流可以在任何两个客户进程间交互，通信服务器级联对应用系统是透明的。

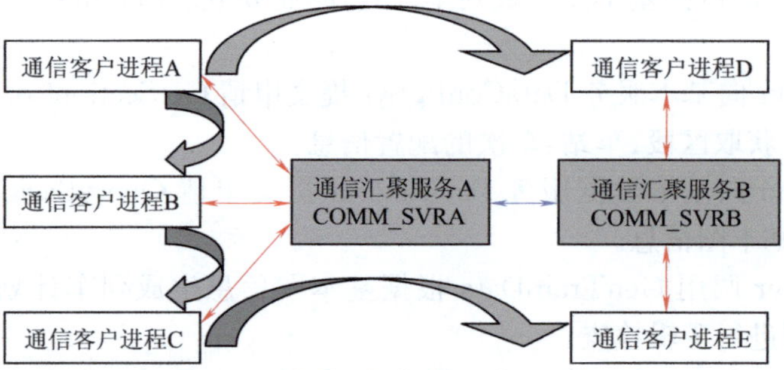

图 4-8　通信汇聚子系统工作示意图

2. 通信实体标识

对于参与消息通信的内部独立子系统，即通信客户进程，均被视为通信实体(Entity)，通信实体具备唯一的实体名称(Entity_Name)和实体标识符(Entity_ID)，其中实体名称为一个容易阅读和记忆的简短字符串，实体标识符则为一个非 0 非负的长整数。CTC 系统应从全局范围内定义通信实体，以保证唯一性和公开性。一般，通信实体定义包括以下属性：

ENITY_ID	实体标识(关键字，唯一非 0)
ENTIY_NAME	实体名称(唯一)
GROUP	实体所属的组类型
STBY_FLAG	实体的集群个数
ATTTIB_FLAG	特征值

其中，组类型用于表示实体的类型。比如，不同的业务服务子系统、不同类型的用户终端等均可通过组类型区分。

3. 数据通信帧格式

考虑到系统以可靠、面向连接的 TCP 协议作为底层点到点的通信支持，所以数据通信帧的设计关注端到端的应用要求。

帧格式设计如下：

<WORD_LEN><MSG_HEADER><MSG_DATA>

其中，WORD_LEN 为 MSG_HEADER 和 MSG_DATA 的总长度，定义为网络顺序的 4 字节整数。

MSG_HEADER 为消息头，定义了消息的参数，包括：

SOURCE_ENTITY_ID	消息发送的源实体
DEST_ENTITY_ID	消息发送的目标实体
MSG_SEQ	本消息的序号(用于识别重复帧)
MSG_ATTRIB	消息处理标志
MSG_TIME	消息产生的时间
MSG_LABEL	消息标签，通过特殊算法生成的摘要数据，用于完整性校验
MSG_DATA	消息内容，符合铁路总公司行业标准的二进制数据表示

4. 业务数据的封装

系统中不同的业务数据均采用类型 ID 来区分，数据格式采用行业标准，具体参见相关数据通信规程。

三、通用实时客户端程序框架

在CTC软件系统结构中，除了通信汇聚服务器外，其他子系统(包括服务子系统、终端子系统等)均以一致的方式连接到通信汇聚服务器。所以从软件技术角度，各子系统采用统一的程序框架是可行的，并且可以大大减少程序开发工作量和出错的概率。

通用的程序框架应支持与通信汇聚服务器的连接、数据帧的解析，封装数据通信系统的细节，使得子系统开发者在利用通用框架开发一个子系统时仅仅需要关注本身功能的实现。

该框架应包括两个内置的任务(线程)：通信任务和消息分发任务。

1. 通信任务的功能

(1)建立和通信汇聚服务器的连接，并处理登录消息的发送以及通信中断的恢复处理。

(2)检查发送队列中是否有数据待发送，如果有，则取出进行数据封装后发送至通信服务器。

(3)接收通信汇聚服务器发来的消息，进行必要的数据验证，拆解出消息中的业务数据后，放置于接收队列。

2. 消息分发任务功能

(1)检查接收队列中是否有数据待处理，如果有，则取出并根据数据类型调用指定的数据处理模块。

(2)数据处理模块是子系统开发者按照指定接口编制的处理函数，模块应该对参数传入的数据进行处理，然后将处理结果数据放入指定的发送队列。

由上述内容可知，在通用框架下开发业务处理子系统将是件非常简单的事情，业务开发者只要针对需要处理业务数据分别编制处理函数即可，其他的数据通信、数据分发等事情均无需考虑，均由框架内部自动完成。客户端通信框架示意如图4-9所示。

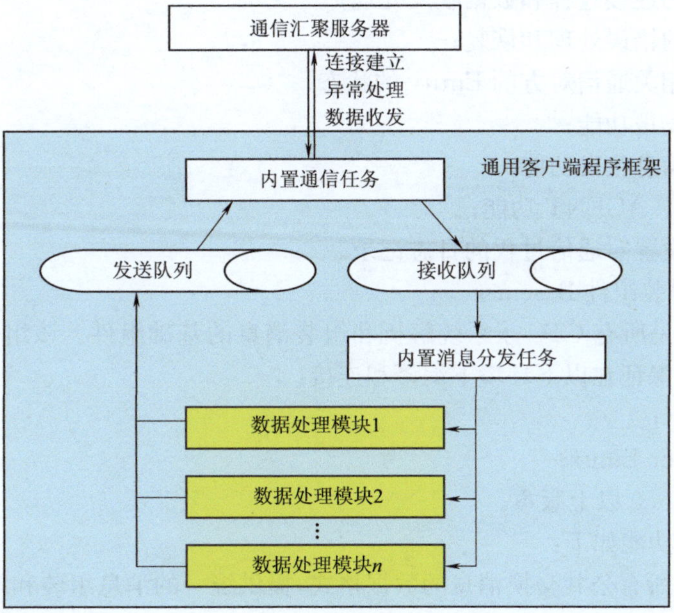

图4-9　客户端通信框架示意图

四、公共通信组件

1. 公用通信组件 comm

comm 组件对 TCP/IP 协议的实现进行封装，同时再基于 TCP/IP 通信封装 CTC 专用网络通信协议。

comm 组件以标准 C++源代码方式提供。需保证在以下环境编译和连接：

C++ for AIX；

GNU C++ for Linux；

Visual C++ 6.0 以上版本。

comm 组件功能如下：

(1)所有 CTC 子系统之间的网络通信全部以该组件为底层机制；

(2)以 TCP 为通信网络协议，采用 CTC 专用通信协议的帧结构；

(3)支持多宿主机的自动连接切换；

(4)采用应用层握手机制(空闲时发送握手帧)确认 TCP 连接的有效性；

(5)封装网络错误判断和恢复；

(6)自动识别并放弃重复的数据帧；

(7)自动识别并放弃超时的数据帧。

2. 公用通信控件 Unicomm

Unicomm 控件以 comm 组件为基础，实现对通信任务的封装。控件以 ActiveX 控件方式提供，需保证在 Visual C++6.0 以上版本的开发环境中适用。

Unicomm 控件功能如下：

(1)读取通信相关配置文件；

(2)封装通信的连接过程和数据收发处理；

(3)封装通信的错误处理和恢复；

(4)动态检测相关通信对方的 Entity 的状态；

(5)封装日志发送功能；

(6)封装文本信息收发功能；

(7)封装 SNMP AGENT 功能；

(8)可以动态设置对通信过程的日志记录。

3. 公用消息封装组件 Basemsg

Basemsg 组件是所有 CTC 子系统解析和组装消息的基础组件。该组件以标准 C++源代码方式提供。需保证在以下环境下编译和连接：

C++ for AIX；

GNU C++ for Linux；

Visual C++ 6.0 以上版本。

Basemsg 组件功能如下：

(1)封装 CTC 所有公共交换消息的数据格式，提供统一的消息组装和解析接口；

(2)完成不同宿主机字节顺序的转换。

第五节　CTC 软件子系统划分和部署

一、CTC 软件子系统设计概要

根据 CTC 软件需求和实现结构，CTC 软件子系统由应用服务器子系统、通信服务器子系统、通信前置机子系统、调度台终端子系统、自律机子系统、车务终端子系统、接口通信子系统组成。

1. 应用服务器软件子系统

应用服务器是双机热备系统，正常工作是一台主机、一台备机。只有主机处于实际工作状态，备机处于待机状态，主机故障时备机自动转入正常运行。

应用服务器功能如下：

(1)站场表示服务：接收自律机发送的站场表示信息并存储，响应站场图子系统等设备的站场表示访问请求，并将站场表示信息实时反馈给请求终端。

(2)站场表示回放服务：将站场表示信息存储为回放文件供回放终端读取。

(3)列车运行计划管理服务：响应运行图子系统的操作命令，通过数据库访问接口，存储列车运行计划，处理列车报点信息。

(4)调车计划管理服务：响应调车作业子系统的操作命令，通过数据库访问接口，存储调车计划。

(5)临时限速命令存储服务：存储分解后的临时限速命令。

(6)电力臂状态维护服务：响应调度台终端的电力臂设置命令，维护电力臂状态，响应自律机查询电力臂状态的命令。

(7)用户权限服务：接收其他子系统发来的用户登录请求，验证后回复。

2. 通信服务器软件子系统

通信服务器是双机热备系统，正常工作是一台主机、一台备机。只有主机处于实际工作状态，备机处于待机状态，主机故障时备机自动转入正常运行。

通信服务器功能如下：

(1)以统一的方式接受客户端的连接，并进行登录验证。

(2)可对连接动态进行管理，分配连接优先级，切断非法连接。

(3)根据数据帧中的实体目的地址进行消息转发。

(4)管理各连接实体的状态。

通信服务器性能要求：在不降低效率的前提下，能够支持 512 个连接(配置文件指定)。

3. 通信前置机软件子系统

通信前置机是双机冗余系统，不分主备，同时并行工作。

通信前置机功能如下：

(1)车站子系统通信管理：作为 TCP Server 响应自律机、车务终端的连接请求，验证身份后维护连接。

(2)消息转发服务：根据消息的实体目的地址进行消息转发。

(3)直观显示自律机、车务终端的连接状态与工作状态。

(4)按 GSM-R 标准协议与 GSM-Ri 通信或与 GSM-R 系统的 GRIS 直接通信，接收无线车次，分发至相应自律机，发送无线调度命令和进路预告，接收无线回执。

(5)响应调度命令子系统的机车号查询消息。

4. 调度台终端软件子系统

调度台终端包括运行图子系统、站场图子系统、调度命令子系统、限速管理终端、RBC列车信息显示终端、调车作业子系统。根据用户需要和设备的实际情况，这些子系统可部署在同一台计算机上，也可分别部署在不同机器上。

(1)运行图子系统

本子系统提供列车运行图的人机操作界面，具体功能为：

①显示列车实际运行图、计划运行图、用户可在显示界面上人工绘制、调整、下达列车运行计划。

②调阅列车历史图、基本图、日班计划。

③调阅邻台运行图、接收邻台运行计划自动生成运行线。

④临时限速确认列表管理与实时限速状态查询。

⑤电力臂状态查询与设置。

⑥站存车与列车速报管理。

(2)站场图子系统

本子系统提供站场图显示和操作界面，具体功能为：

①实时显示站场表示。

②人工操控信号设备。

③进路序列显示与操作。

④站场图回放。

(3)调度命令子系统

本子系统提供调度命令的操作界面，具体功能为：

①调度命令(含无线调度命令、限速命令)拟定、修改、存储、下达、签收状态显示、查询、打印操作。调度命令数据的存取直接通过数据库访问接口对数据库进行操作。

②调度命令模板管理。

(4)调车作业子系统

本子系统提供调车作业的操作界面，具体功能为：

①调车作业单人工编辑、修改、查询、打印。

②调车作业单下达。

③实时监控调车作业单完成情况。

(5)限速管理终端

本子系统提供限速管理界面。用户在本管理终端上可对TSR命令进行验证、执行、取消等操作，并可查阅实时的限速状态。

(6)RBC列车信息显示终端

本子系统显示RBC列车相关信息，包括列车等级、实时速度等。

5. 自律机软件子系统

自律机是双机热备系统，一主一备；正常情况下双机均进行所有处理任务，但只有主机与外界系统通信，备机从主机获得外部系统的输入信息。

自律机是 CTC 分散自律逻辑处理的核心设备，具体功能如下：

(1)列车进路序列管理与按图排路

①接收列车运行计划，自动生成列车进路序列。

②根据人工进路序列控制命令修改列车进路序列。

③根据站场表示状态实时更新列车进路状态。

④判断相关条件自动触发列车进路。

⑤从进路序列表中删除已经触发成功的进路指令。

⑥对于在特定时间内，一直未被触发的进路指令，进行删除。

⑦通过 GSM-R 系统发送无线进路预告信息。

(2)调车进路序列管理与调车自动执行

①接收调车作业单，生成调车进路序列。

②发送调车作业单给机车，并响应机车回执。

③根据机车发送的无线调车请求，自动办理调车进路。

④根据展示表示状态实时跟踪调车进路状态。

⑤判断调车进路与列车进路的冲突，有冲突时发送报警提示。

(3)站场表示逻辑处理

①根据计算机联锁、I/O 通信任务采集的码位信息或列控中心发送的设备状态生成设备表示信息。

②响应设备表示信息请求并向请求者发送表示信息。

③根据设备表示信息进行车次跟踪和自动生成实际到发点。

(4)车次号管理

①维护车次表，车次表包含列车车次号、列车种类、小编组信息、车次输入来源、安全级别、车次位置等信息。

②根据人工车次号操作更新车次表。

③根据车次跟踪信息更新车次表。

④根据邻站交换的车次号信息更新车次表。

⑤根据 GSM-R 和无线校核系统发送的无线车次号自动智能匹配车次。

(5)直接按钮操作处理

①接收按钮操作指令，判断按钮操作的合法性，对于合法命令将按钮指令发送给计算机联锁系统；对于非法命令生成报警信息。

②对于进路办理的按钮操作，跟踪进路状态，在进路办理失败时发送报警信息。

(6)与计算机联锁系统接口功能

①按标准协议与计算机联锁系统进行通信。接收计算机联锁系统发送的码位信息，向计算机联锁系统发送按钮控制指令。

②根据计算机联锁系统的控制模式消息切换 CTC 系统的非常站控和 CTC 控制模式。

③在 CTC 控制模式下，向计算机联锁系统发送是否允许转回 CTC 控制状态信息。

(7)与列控中心接口功能

①按标准协议与既有线列控中心通信，向列控中心发送限速命令，并接收限速命令实时状态。

②按标准协议与高速铁路列控中心通信，接收区间信号机和闭塞分区的实时状态。

(8)与无线调度命令接口功能

①按标准协议与无线调度命令地面转接器接口通信，发送无线调度命令，接收无线调度命令回执。

②接收无线调车请求，并通过调车自动执行功能自动办理调车进路。

(9)DIB 采集板通信功能

①采用 CTC 专用协议与 DIB 采集板通信，接收站场实时采集码位信息。相邻自律机通信功能。

②与相邻自律机通信，交换码位、车次号、临时限速状态、邻站区间状态等信息。

(10)双机热备切换

自律机的主备切换通过专用切换单元完成，在下述条件下应能进行主备切换。

①主机 DIB 故障。

②主机与计算机联锁通信中断。

③主机与列控中心通信中断。

④主机网络故障。

⑤主机程序崩溃。

⑥主机系统崩溃。

⑦主机掉电。

⑧人工按下切换开关。

(11)两台自律机同步数据

①列车进路序列。

②调车进路序列。

③车次号。

④控制模式状态。

⑤关键设备状态，包括设备封锁、分路不良状态。

6. 车务终端软件子系统

车务终端是双机冗余系统，不分主备，双机并行同时工作；双机之间互相交换最新的数据以保持同步。

车务终端功能如下：

(1)站场显示：可提供单站与多站界面显示本站与邻站的站场设备状态。

(2)行车日志管理：接收计划和报点自动生成行车日志，人工可维护行车日志。

(3)进路序列管理：显示和修改本站的列车和调车进路序列。

(4)调度命令管理：签收、查阅、打印本站的调度命令。

(5)临时限速设置：设置本站的临时限速，查阅本站临时限速状态(既有线限速)。

(6)行车信息提示与行车异常信息报警。

(7)用户登录管理。

7. 接口通信子系统

接口通信子系统是 CTC 系统与外部系统接口的设备，包括 TSR 通信机、RBC 通信机、GSM-R 通信机、分界口通信机、TDMS 通信机、Commlink。各子系统均为双机热备系统。

(1)TSR 通信机

①按标准协议与 TSR 服务器通信。

②向 TSR 服务器发送临时限速的拟定、验证、设置命令。

③接收 TSR 服务器发送的临时限速状态，并响应 TSRTerm、自律机等 CTC 子系统的查询请求。

(2)RBC 通信机

①按标准协议与 RBC 系统通信。

②接收 RBC 列车信息，并发送给 RBCTerm、自律机等 CTC 子系统。

(3)GSM-R 通信机

①按标准协议与 GRIS 服务器通信。

②支持同时连接多套通信前置机，在通信前置机和 GRIS 间起通信桥接作用。接收 GRIS 消息后，同时分发给多套通信前置机，接收通信前置机消息后，转发给 GRIS。

(4)分界口通信机

①按标准协议与邻局 TDCS/CTC 系统通信。

②与邻局交换列车运行计划、调度命令、限速命令、限速状态、车站表示等信息。

③向铁路总公司发送列车运行图、车站表示等信息。

(5)Commlink

①按 CTC 专用协议与邻局 TDCS/CTC 系统通信。

②与邻局交换列车运行计划、调度命令、限速命令、限速状态、车站表示等信息。

(6)TDMS 通信机

①按专用协议与 TDMS 系统通信。

②接收 TDMS 系统的日班计划、施工命令。

③向 TDMS 发送实绩运行图。

二、CTC 软件部署

按照 CTC 硬件配置标准，一个铁路局的 CTC 系统应该按照全局容量设置一套数据库服务器、按照功能设置多套应用服务器、按照线别设置多套接口服务器。

考虑到通信服务器是整个系统的核心，数据通信量极大，对系统性能要求高，所以应该单独部署在一套高性能的小型机服务器上，并且必须配置全双工的 GB 级网卡与核心交换机直接相连。

业务服务程序应按照类别分组部署在不同的应用服务器上，分组原则是负载均衡，并且组内相关性较大。具体如下：

(1)与运行计划相关的业务服务程序，如基本图服务、日班计划服务、阶段计划服务等，可以部署在同一套应用服务器上，配置可为高性能 PC 服务器，该套服务器命名为运行图管理应用服务器。

(2)与施工计划、调度命令相关的业务服务程序，可以单独部署在同一套应用服务器上，配置可为高性能 PC 服务器，该套服务器命名为施工及调度命令管理应用服务器。

(3)与实时信息处理相关的业务服务程序，比如实时表示信息服务、控制信息服务程序，单独部署在一套应用服务器上，配置可为高性能 PC 服务器，该套服务器命名为实时信息应用服务器。

(4)与外部信息系统接口相关的业务服务程序，单独部署在一套应用服务器上，配置可为高性能 PC 服务器，该套服务器命名为对外信息交换应用服务器。

第五章　调度集中系统网络结构和信息安全

高速铁路CTC系统是由分布在数百公里地域范围的调度中心系统、车站子系统通过广域网连接而成的计算机处理网络。CTC网络系统包括铁路局高速铁路CTC中心局域网、车站局域网以及中心与车站、车站与车站之间、中心与中心之间的广域网组成。CTC系统网络采用完全冗余结构，包括网络设备冗余、传输通道冗余和路由冗余。同时，作为高速铁路指挥中枢，CTC系统必须具备强大的信息安全体系，确保网络安全、可靠运行。

第一节　CTC系统网络结构

一、铁路局高速铁路CTC中心局域网

铁路局高速铁路中心局域网设备包括一套核心交换机以及多套列头交换机、调度台交换机、核心路由器、分界口路由器、网络安全设备、查询系统交换机等，其中每套设备均采用双机配置，列头交换机、调度台交换机通过光纤分别与核心交换机A和核心交换机B连接。调度中心局域网结构如图5-1所示。

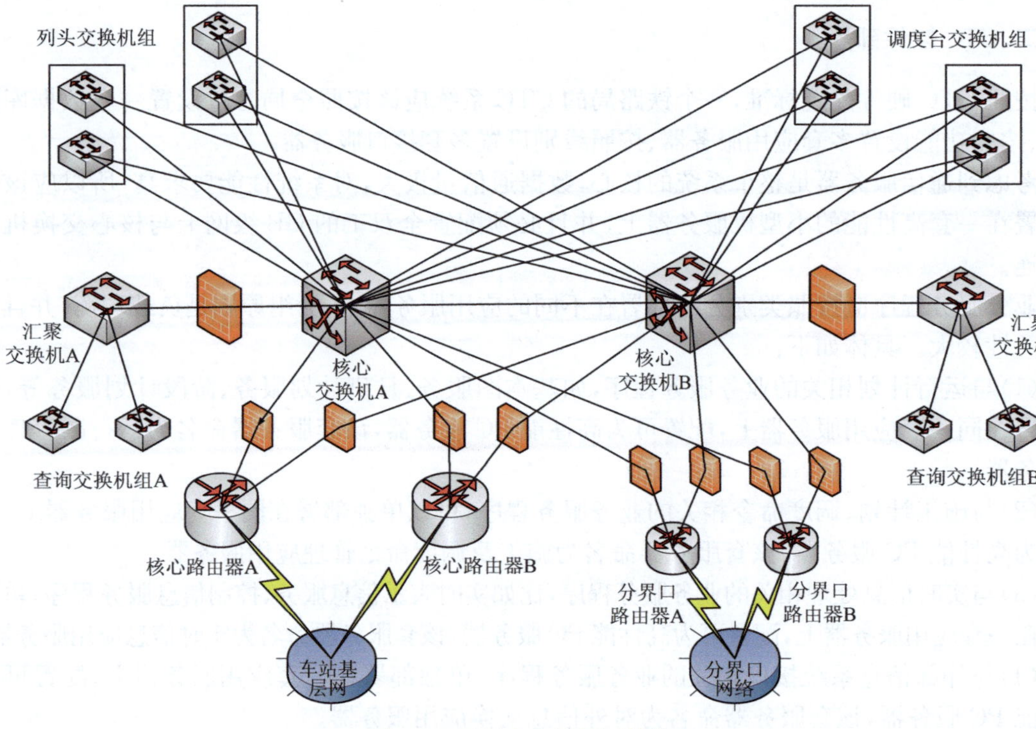

图5-1　调度中心局域网结构图

高速铁路 CTC 中心局域网采用先进的快速交换以太网技术，选用一系列高性能交换机实现调度中心局域网及各设备间的互联，并支持三层交换、链路聚合、虚拟局域网等多种机制。交换机之间采用万兆级光纤交叉连接，通过生成树协议（STP）确保网络无环路，并实现单线路中断后的快速恢复。中心局域网核心设备连接如图 5-2 所示。

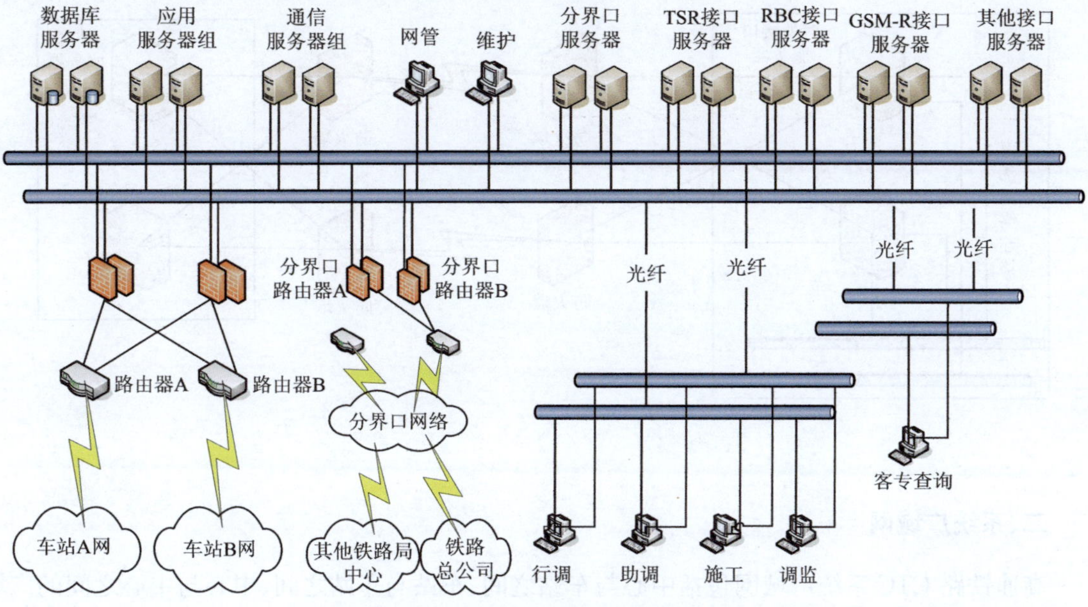

图 5-2　中心局域网核心设备连接图

核心交换机只完成网络汇聚功能，原则上不再直接接入计算机设备，所有服务器设备全部接入列头交换机，所有调度台设备全部接入调度台交换机，所有查询设备全部接入查询网交换机。

为了保证网络工作的可靠性，CTC 中心局域网采用冗余联网机制。所有服务器和工作站都配有 2 块千兆以太网适配器，分别连接到对应的列头交换机或调度台交换机组上，同时中心的路由器、交换机、防火墙之间交叉连接，保证了整个中心局域网的高可靠性。当任一网卡、网线、交换机、路由器出现单点故障或非相同设备的多点故障时，不影响系统的正常运行。

CTC 中心设备众多，数量一般达到数百甚至上千台。同时为了减少设备之间的相互通信影响以及减少核心交换机中的广播信息的传播，CTC 中心局域网往往采用虚拟局域网（VLAN）技术。即按照设备应用类型分为若干组，不同组分别纳入多个 VLAN 区域，每个区域相对独立，如需相互通信则通过路由来实现，同时设置访问列表限制区域之间数据通信，保证网络的安全性。一般 CTC 中心局域网可以分为服务器区、通信服务器区、调度台区、对外接口服务器区。交换机 VLAN 划分示意如图 5-3 所示。

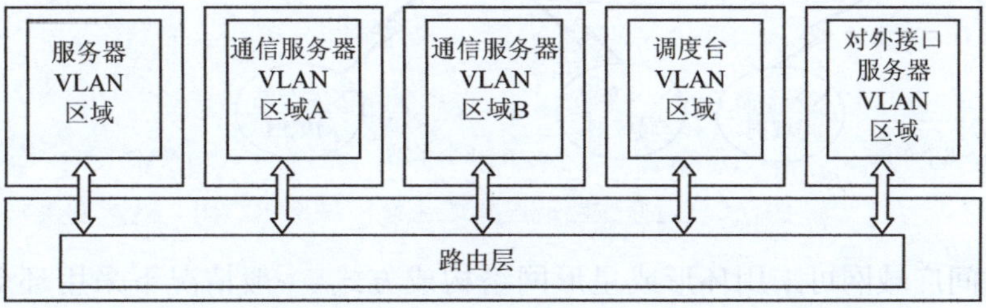

图 5-3　交换机 VLAN 化分示意图

高速铁路 CTC 系统和既有线 CTC 相比，新增了许多对外接口服务器，如 TSR 接口服务器、RBC 接口服务器等。为保证高速铁路调度集中的网络独立、安全，在与以上服务器通信时，需要在对外接口服务器上增设两块网卡与对方通信，并增加防火墙设备进行隔离。网络连接示意如图 5-4 所示。

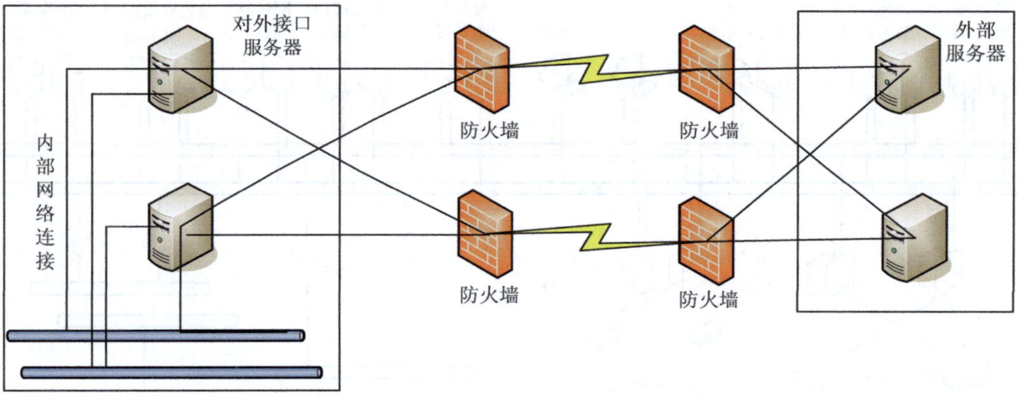

图 5-4　CTC 对外接口网络连接示意图

二、系统广域网

高速铁路 CTC 系统广域网包括中心与车站之间、车站与车站之间、中心与中心之间的广域网，广域网具体是由路由器、接口设备和传输通道构成，传输通道采用迂回、环状及冗余等方式，并采用具有自愈功能的双环形结构(A 环/B 环)，以提高系统的可靠性。车站间广域网采用环形通道时，每 6～8 个车站应设置一个独立环。车站间广域网、中心间广域网宜分别设立路由器。

中心到车站、车站之间通过路由器组成双环路广域网，以保证高速可靠的数据传输，可防止单点故障造成的通信中断，如图 5-5 所示。

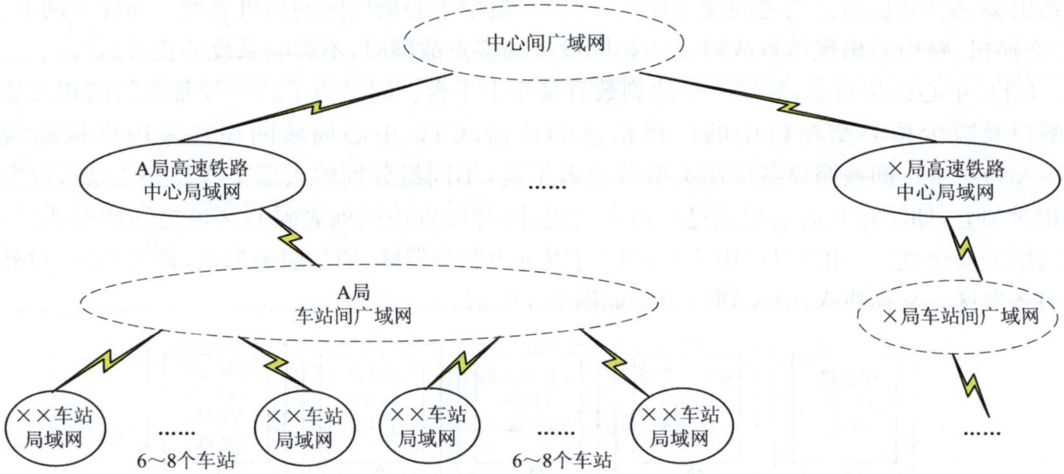

图 5-5　高速铁路调度集中系统广域网示意图

CTC 车站间广域网可采用环形或星形网络构成方式，一般情况下采用环形结构，特殊站点可采用星形结构。通道速率为不小于 2 Mbit/s。

（一）环形结构

采用环形结构组网时，A环的首尾两个车站必须接入中心的A路由器上，B环的首尾两个车站必须接入中心的B路由器上，A环每6～8个车站引一条迂回通道与中心A路由器相连，B环每6～8个车站引一条迂回通道与中心B路由器相连，如图5-6所示。

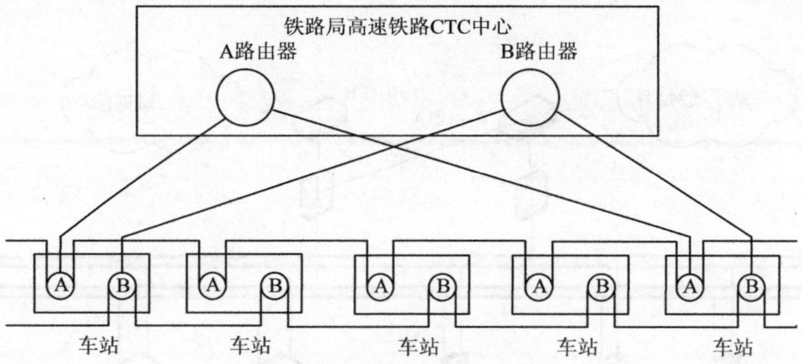

图5-6　环形结构组网示意图

（二）星形结构

采用星形结构组网时，车站A路由器直接连高速铁路中心A路由器，车站B路由器直接连高速铁路中心B路由器，如图5-7所示。

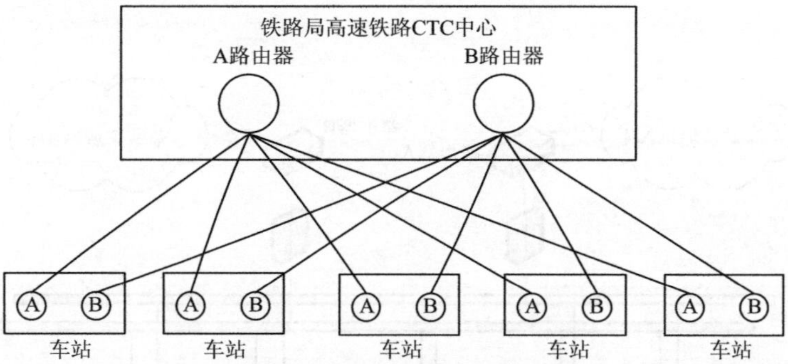

图5-7　星形结构组网示意图

三、车站局域网

车站局域网相对中心局域网简单得多，其主要设备是一套车站交换机。车站局域网也采用局域网冗余热备机制，即每个车站采用2台独立交换机组成双局域网，每台计算机设备的两个以太网适配器分别连接至双交换机，任一车站设备的网卡、网线发生单点故障时，都不会影响系统的正常工作。

由于车站局域网位于铁路沿线，所以车站交换机应采用环境适应能力较强的设备，同时各设备与交换机之间的网络介质，也应采用高可靠双绞线连接器，确保网络的可靠性和抗干扰能力。

车站局域网也配置两台网络安全设备(防火墙或者安全边界)。在路由器和防火墙连接方式上目前主要有两种情况:交叉连接和独立双连接。

交叉连接方式是两台防火墙与两台路由器交叉相连,每台路由器再通过链路与相邻的车站路由器相连,主要在2015年前已开通的高速铁路上采用,此后开通的高速铁路将不再采用此方式。交叉连接方式如图5-8所示。

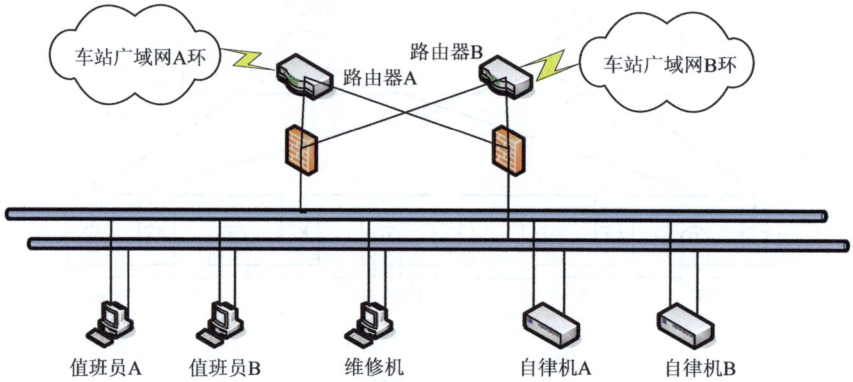

图5-8　车站防火墙与路由器交叉连接示意图

独立双连接方式是两台防火墙与两台路由器分别直连,每台路由器再通过链路与相邻的车站路由器相连,从2015年以后开通的高速铁路主要采用此方式连接。独立双连接方式如图5-9所示。

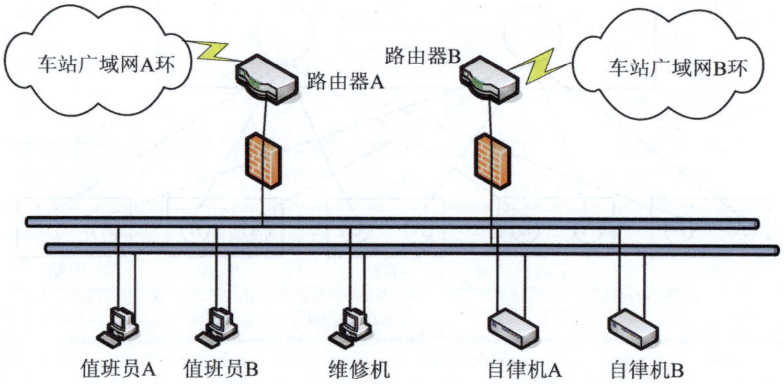

图5-9　车站防火墙与路由器独立双连接示意图

第二节　车站广域网路由技术

一、网络结构

高速铁路的车站广域网常用两种组网方式,一种是两个广域网环(A环/B环)之间可以通过路由沟通;另一种是两个广域网环完全独立,路由之间也是完全独立。

(一)广域网环沟通组网结构

中心的路由器 A 和各个车站的路由器 A 构成环 A;中心的路由器 B 和各个车站的路由器 B 构成环 B。A 和环 B 配置相同进程的路由域,无论中心路由器还是车站路由器均可交换路由信息,如图 5-10 所示。

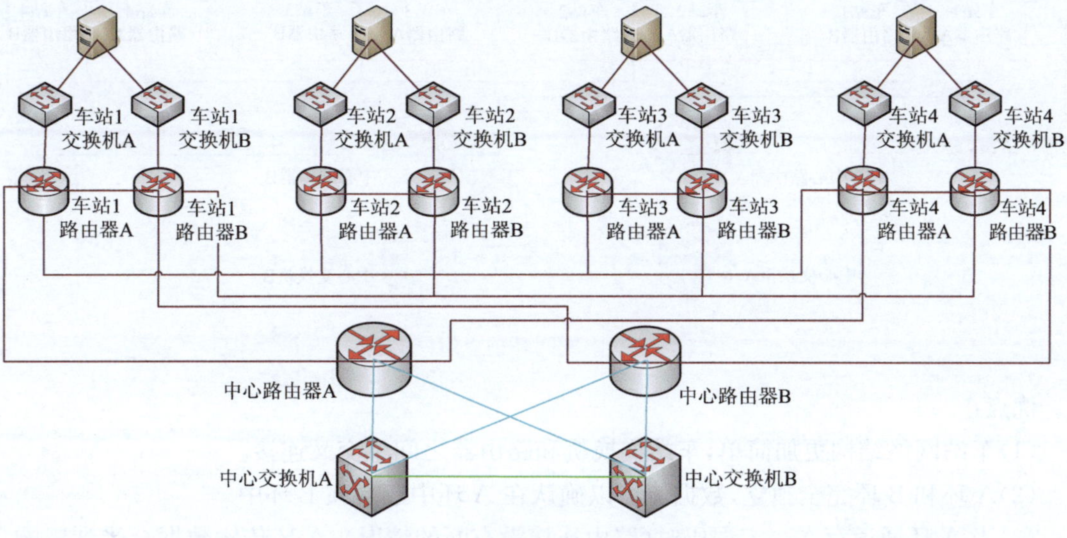

图 5-10　广域网环沟通组网结构

此组网方案中,A 环和 B 环可以通过车站路由器 A 和路由器 B 进行沟通,当环 A 有广域网通道故障时,路由仍可通过环 B 进行连通,此方案的优缺点如下。

优点:

(1)网络配置比较简单。

(2)网络冗余度高,A 环和 B 环可以相互备份。

缺点:

(1)数据流向不能确认走 A 环还是 B 环,完全由路由器自动选择。

(2)当 A 环通道存在一定误码时(路由连接没有断的情况),路由无法自动切换至 B 环通道,导致走这条通道的数据流受到影响,没有完全实现双环冗余。

(二)广域网环独立组网结构

中心的路由器 A 和各个车站的路由器 A 构成环 A;中心的路由器 B 和各个车站的路由器 B 构成环 B。环 A 和环 B 配置成不同的路由域,不允许在车站层面交换两个环的 EIGRP 路由。

中心交换机相关 VLAN 和中心路由器相关端口(与中心交换机相连的端口)纳入与车站不同的路由域,中心交换机负责不同路由域之间路由重分发,并过滤指定的 VLAN 信息,如图 5-11 所示,红色表示 A 环路由域,蓝色表示 B 环路由域。

此组网方案中,A 环和 B 环完全独立,车站路由器 A 和路由器 B 之间不相连,此方案的优缺点如下。

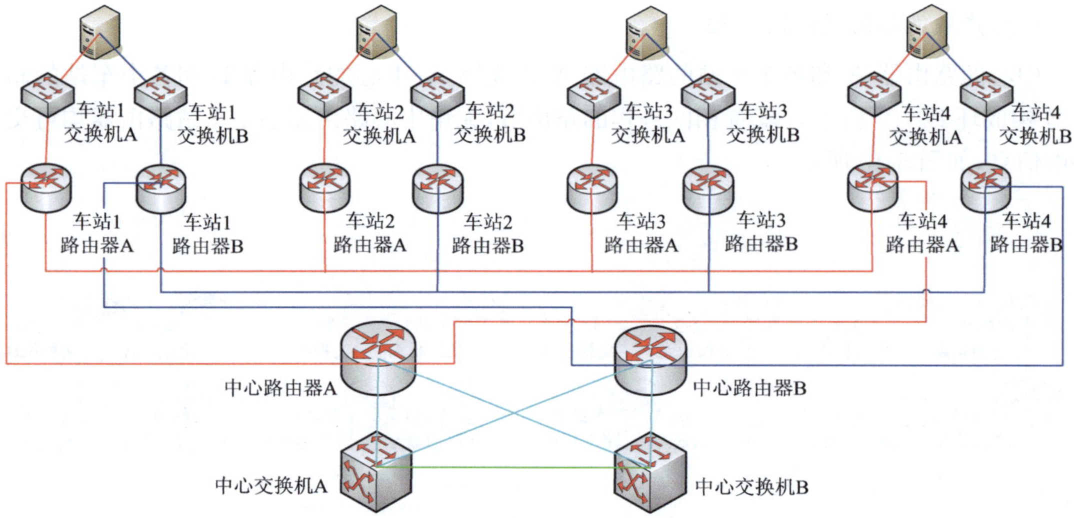

图 5-11　广域网环独立组网结构

优点：

(1)车站网络结构更加简单，车站交换机和路由器之间不交叉连接。

(2)A 环和 B 环完全独立，数据流可以确认在 A 环中还是在 B 环中。

(3)当 A 环通道存在一定误码时(路由连接没有断的情况)，A 环传输数据会受到影响，但如果能同时在 B 环中发送一份相同的数据则不会受到任何影响(假设 B 环正常)。

缺点：

(1)减少了网络冗余。

(2)需要对中心网段进行过滤，允许指定网段是否进入 A 环还是 B 环。

(3)应用软件需要修改成向 A 网和 B 网中同时发数据包。

二、路由方式

高速铁路 CTC 通过复杂的广域网络实现端到端的数据通信，充分利用了路由器提供的动态路由功能，即路由器动态根据通道、设备连通状态选择最合适的传输路径，以完成从源地址至目的地址的 CTC 应用信息包交换。路由器的选路功能是由路由协议完成的，路由协议主要包括静态路由和动态路由。

(一)静态路由

静态路由是指由用户或网络管理员手工配置的路由信息。当网络的拓扑结构或链路的状态发生变化时，需要由用户或网络管理员手工去修改路由表中相关的静态路由信息。静态路由信息在缺省情况下是私有的，不会传递给其他路由器，静态路由一般适用于比较简单的网络环境，如点对点的网络。在高速铁路调度集中系统网络中，主要用在与邻局、铁路总公司、TSR 和 RBC 的接口网络中。

(二)动态路由

动态路由是指路由器能够自动地建立自己的路由表，当网络的拓扑结构或链路的状态发生变化时，路由器可以重新计算出路由表，实现路由表的自动更新，不需要用户或网络管理员去手工干预。

路由器为完成自动地建立要实现路由表自动建立，必须采用相关协议，常用的路由协议主要有 EIGRP、OSPF、RIP、BGP 等，在高速铁路调度集中网络中主要采用 EIGRP 和 OSPF 协议。

1. EIGRP 路由协议

EIGRP(Enhanced Interior Gateway Routing Protocol)即增强内部网关路由线路协议，也称为加强型内部网关路由协议。EIGRP 是 Cisco 公司的私有协议。Cisco 公司是该协议的发明者和唯一具备该协议解释和修改权的厂商。EIGRP 结合了链路状态和距离矢量型路由选择协议的 Cisco 专用协议，采用弥散修正算法(DUAL)来实现快速收敛，可以不发送定期的路由更新信息以减少带宽的占用，支持 Appletalk、IP、Novell 和 NetWare 等多种网络层协议。

2. OSPF 协议

OSPF(Open Shortest Path First，开放式最短路径优先)是一个内部网关协议(Interior Gateway Protocol，简称 IGP)，是一种典型的链路状态(Link-state)路由协议，一般用于同一个路由域内。作为一种链路状态的路由协议，OSPF 将链路状态组播数据 LSA(Link State Advertisement)传送给在某一区域内的所有路由器，这一点与距离矢量路由协议不同。运行距离矢量路由协议的路由器是将部分或全部的路由表传递给与其相邻的路由器。

三、通道接口

目前，高速铁路 CTC 广域网通道接口方式主要有 E1/G. 703 接口和 FE 光纤接口两种。

(一)E1/G. 703 接口

根据信号机械室和通信机械室之间的距离不同，主要有以下几种方式：

(1)当通信机械室至信号机械室布线距离小于 150 m 时，在通信机械室至信号机械室之间采用同轴电缆连接。

如图 5-12 所示，在光接入设备和协议转换器间采用一对 75 Ω 同轴电缆，传输限制距离为 150 m。协议转换器将 G. 703 协议转换为 V. 35 协议，提供一个 V. 35 接口到路由器的端口。

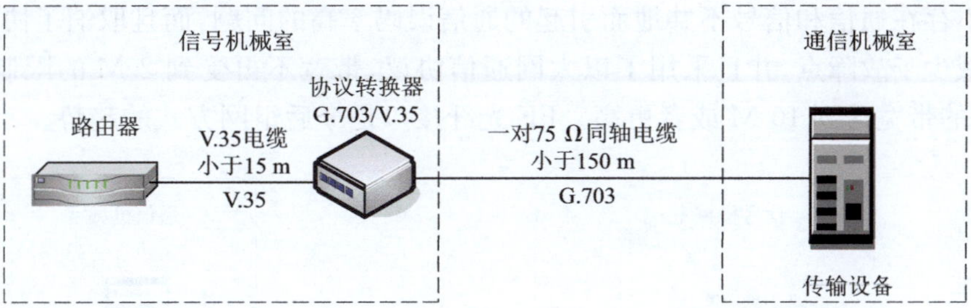

图 5-12　通信机械室至信号机械室布线距离小于 150 m 时连接示意图

(2)当通信机械室至信号机械室布线距离大于 150 m 且小于 5 000 m 时，在通信机械室至信号机械室之间采用实回线连接。

如图 5-13 所示，当通信机械室至信号机械室布线距离大于 150 m 时，超过了 G. 703 的传输距离限制，需增加一对 HDSL 来增加传输距离。

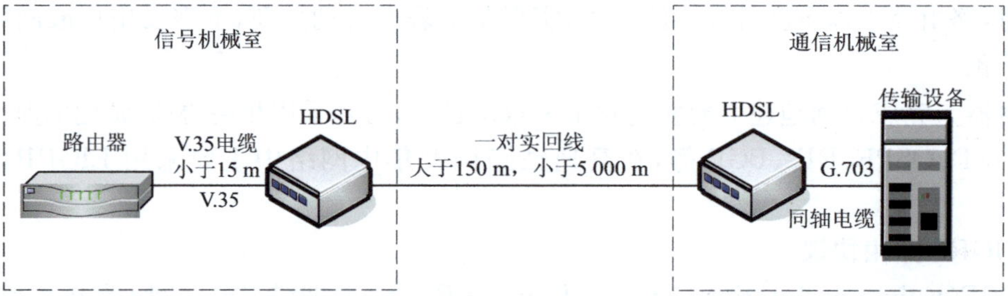

图 5-13　通信机械室至信号机械室布线距离大于 150 m 时连接示意图

(3)如距离更远时，信号机械室和通信机械室之间需采用光缆连接，如图 5-14 所示，光缆两端分别接入 PDH 设备。一般一路 2 M 数字通道采用一对光芯(即一收一发)进行连接。通信机械室光接入设备与 PDH 设备之间采用同轴电缆连接。信号机械室内 PDH 设备与协议转换器采用同轴电缆连接，通过协议转换器转换为 V. 35 协议接入路由器。这种方法造价高，但可以解决由于通信和信号不共地而引起的通信误码率高的问题。由于光传输距离非常远，所以这种连接方法不受通信机械室至信号机械室布线距离的限制。

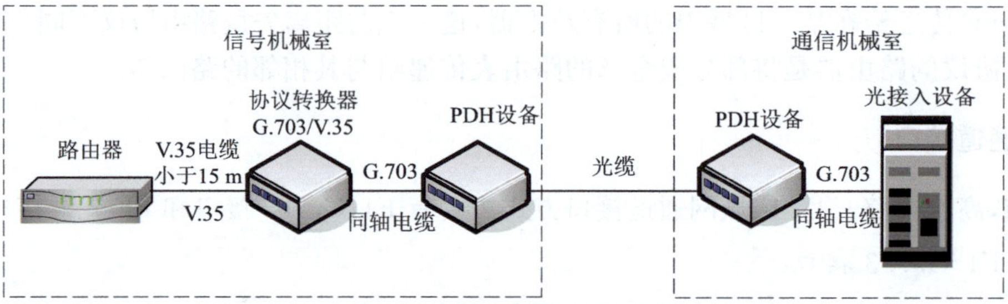

图 5-14　采用光缆的连接示意图

(二)FE 光纤接口

FE 接口一般采用光纤连接，直接通过光纤把路由器的 FE 光口和通信设备提供的 FE 光口直接相连即可，如图 5-15 所示。由于采用光纤，不再受通信机械室至信号机械室布线距离的限制，也不存在通信和信号不共地而引起的通信误码率高的问题，而且取消了协议转换器等中间设备，减少了故障点，并且采用了以太网通信协议，带宽不再受到 2 M 的限制，使得广域网之间通信的带宽达到 10 M 或者更高。FE 光纤接口是今后组网方式的趋势。

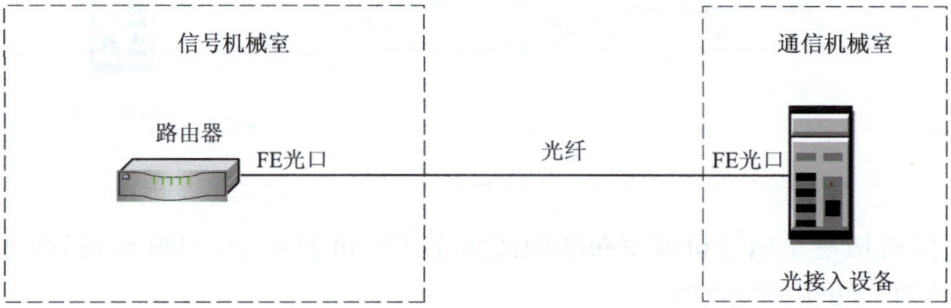

图 5-15　FE 光纤通道连接示意图

第三节 网络信息安全

调度集中系统应满足国家计算机网络信息安全等级保护的强制性要求，满足铁路信息安全相关技术条件。调度集中系统应设置信息安全集中管理中心，对相关信息安全设备进行集中管理，构成统一严密的信息安全防御体系。

一、信息安全要求

建设 TDCS/CTC 网络安全体系时应满足以下系统建设的总体原则：

1. 构建纵深的防御体系

在系统整体上应保证各种安全措施的组合从外到内构成一个纵深的安全防御体系，保证信息系统整体的安全保护能力。从局域计算环境、局域计算环境边界等各个层次落实各种安全措施，形成 TDCS/CTC 纵深防御体系。

2. 采取互补的安全措施

在将各种安全控制组件集成到 TDCS/CTC 中时，应考虑各个安全控制组件的互补性，关注各个安全控制组件在层面内、层面间和功能间产生的连接、依赖、协同等相互关联关系，保证各个安全控制组件共同综合作用于 TDCS/CTC 的安全功能上，使得信息系统的整体安全保护能力得以保证。

3. 保证一致的安全强度

根据《信息系统安全等级保护基本要求》(GB/T 22239—2008)，TDCS/CTC 安全防御目标将身份鉴别、访问控制、安全审计、入侵防范等内容，分解到信息系统中的各个层面，在实现各个层面安全功能时，应保证各个层面安全功能实现强度的一致性。应防止某个层面安全功能的减弱导致系统整体安全保护能力在这个安全功能上削弱。

4. 进行统一的安全管理

TDCS/CTC 安全体系应依据统一的安全策略进行统一的安全管理。通过建立安全管理中心，保证分散于各个层面的安全功能在统一策略的指导下实现，各个安全控制组件在可控情况下发挥各自的作用，集中管理 TDCS/CTC 中的各个安全控制组件。

二、网络安全技术

根据 TDCS/CTC 网络安全体系的总体原则，需要采取的网络安全技术主要有安全计算环境、安全边界、安全管理中心。

(一)安全计算环境

1. 身份鉴别

身份鉴别是作为 TDCS/CTC 纵深防御体系的第一道防线，对列车调度指挥安全有着重要的意义。目前 TDCS/CTC 核心设备大多采用静态口令的方式对各类人员的身份进行鉴别，在应用及管理过程中存在较大的安全隐患。终端安全是 TDCS/CTC 信息安全的基础，目前缺乏有效的技术和管理手段，给 TDCS/CTC 安全带来一定的威胁。

(1)建立统一身份认证体系，实现 TDCS/CTC 分层次的、统一的用户管理与认证授权 AAA(认证、授权、审计)，如图 5-16 所示。

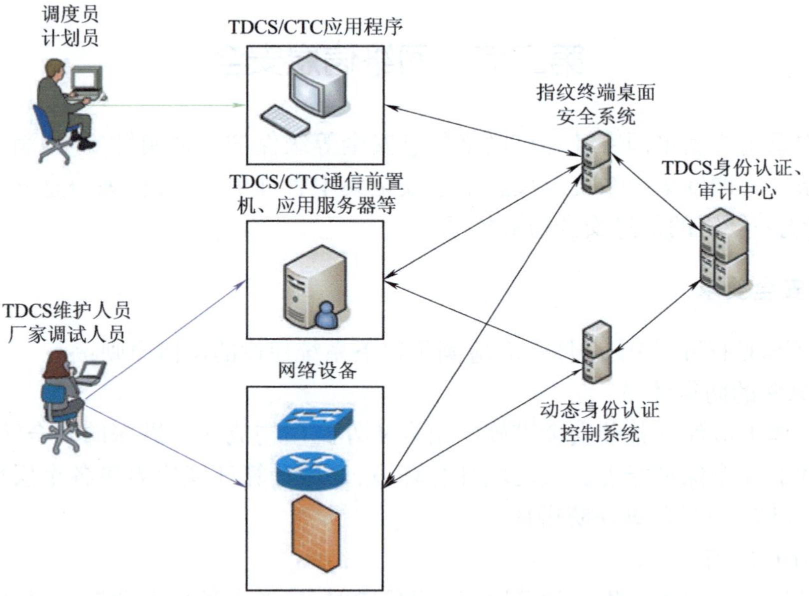

图 5-16　TDCS/CTC 统一身份认证体系

①采用动态身份认证技术系统,可以为网络设备、主机系统、应用服务系统等提供集中的身份认证和权限控制。

②采用指纹终端桌面安全系统,将指纹身份认证技术和终端桌面安全技术相结合,同传统的网络安全防御体系不同,更加注重对系统中单台终端的防护,解决了行车调度人员、值班员、用户身份认证问题。

③对重要设备访问控制采用动态口令身份认证与指纹终端桌面安全系统相结合的方式,实现高可靠、高安全的用户身份认证。

④系统集中进行用户管理和日志审计,便于管理员对整个 TDCS/CTC 中的相关人员进行集中管理授权和事后日志审计。

(2)TDCS/CTC 统一身份认证体系主要包括以下三个方面的身份鉴别与认证功能。

①对 TDCS/CTC 中各种 Unix、Windows 服务器系统用户登录进行身份认证、用户登录审计(包括用户认证结果、上下线时间、登录源地址、目的地址等)。

②对 TDCS/CTC 系统内的路由器、交换机等网络设备用户登录进行身份认证、访问权限控制和行为审计(包括用户认证结果、上下线时间、登录源地址、目的地址、执行过的命令等)。

③对 TDCS/CTC 内全部终端用户登录进行身份认证,访问权限控制和行为审计。

TDCS/CTC 动态口令身份认证系统、指纹终端桌面安全系统不仅为系统内各类用户进行身份认证,同时将访问行为进行详细记录,提供详细的审计追踪信息,为明确划分各类使用人员的工作责任提供依据。

(3)身份鉴别其他功能还有:

①通过 TDCS/CTC 统一身份认证中心,运用唯一的用户标识对登录操作系统和数据库系统的用户进行身份标识和鉴别。

②操作系统和数据库系统管理用户身份标识应采用两种或两种以上组合的鉴别技术进行身份鉴别,并且身份鉴别信息至少有一种是不可伪造的,应具有不易被冒用的特点,口令应有

复杂度要求并定期更换。

③启用登录失败处理功能,可采取结束会话、限制非法登录次数和自动退出等措施。

④设置鉴别警示信息,描述未授权访问可能导致的后果。

⑤当对服务器进行远程管理时,应采取必要措施,防止鉴别信息在网络传输过程中被窃听。

2. 访问控制

(1)根据管理用户的角色分配权限,实现管理用户的权限分离,仅授予管理用户所需的最小权限。

(2)实现操作系统和数据库系统特权用户的权限分离。

(3)严格限制默认账户的访问权限,重命名系统默认账户,修改这些账户的默认口令;及时删除多余的、过期的账户,避免共享账户的存在。

3. 安全审计机制

TDCS/CTC 网络规模大,业务应用、日常维护参与人员众多,因此需要在局域计算环境采用安全审计机制,通过对各类操作系统、网络设备以及数据库访问的行为审计日志的收集、存储与分析,重点针对如下安全隐患。

(1)内部人员安全隐患

TDCS/CTC 虽在专网环境下使用,但从铁路总公司、铁路局中心到基层站段这个复杂的环境内,相关使用、维护人员数量庞大,因此"人"的安全隐患必须引起足够的重视。铁路局 TDCS/CTC 中心维护人员对各类设备的配置日志;调度人员的应用登录与操作日志等都需要进行完整记录,提高 TDCS/CTC 内部员工违规操作的事后追踪能力。

(2)第三方人员安全隐患

TDCS/CTC 建设周期长,运维服务技术难度大,因此在系统服务生命周期内将有大量第三方维护人员在 TDCS/CTC 网络中进行各类作业。如 TDCS/CTC 中设备提供商对设备的维护调试,研制单位人员对数据库的访问等行为均是潜在的安全隐患,需要通过技术层面的审计手段进行有效地记录追踪。

(3)高级权限用户的安全隐患

TDCS/CTC 还存在一些高级权限用户,其不安全的操作行为所引起的安全风险远远高于普通权限的用户。通过安全审计系统的行为审计日志可以更加准确地定位问题、追踪事件。

信息系统的审计信息主要有以下几类:

①网络设备日志

网络设备日志可记录设备运行状况、任何登录(成功和失败的)尝试,登录用户 ID、登录时间、进行过的操作、用户退出的时间等操作信息。

②系统主机日志

主机日志主要记录 Windows、类 Unix 系统登录用户 ID、登录、退出时间等安全信息。

③数据库操作记录

数据库访问日志属于应用级日志,其通常记录系统级日志无法详细记录的用户活动,包括数据文件的打开和关闭,对数据记录和字段的读、写、修改、删除等操作行为。

④网络行为记录

网络行为日志重点对 TDCS/CTC 中心运维人员日常使用的 Telnet、FTP 等远程操作行为进行记录，记录内容包括登录方式、登录地址与时间，以及具体访问的文件内容等信息。

集中安全审计系统框架如图 5-17 所示。

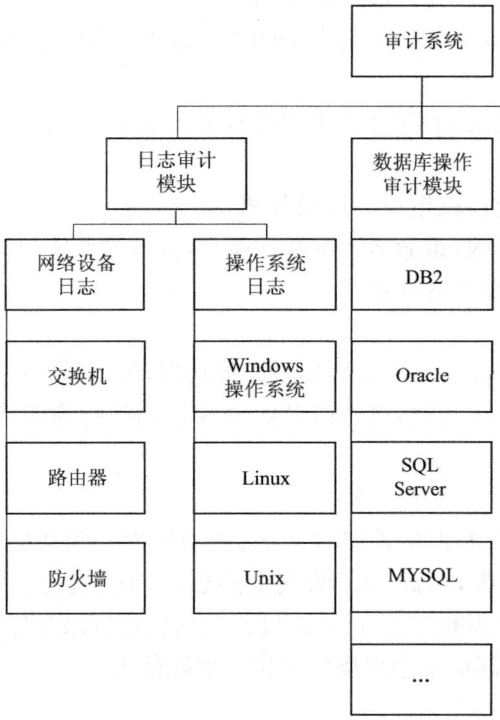

图 5-17　集中安全审计系统框架

根据 TDCS/CTC 防御目标具体要求，需建立满足上述框架内容的统一安全审计中心，对系统内网络设备、主机系统、网络行为及数据库访问操作进行集中审计，对各类日志进行集中收集、存储与分析。同时，与动态口令身份认证系统中的审计模块有机结合，形成用户级的综合审计系统。

安全审计系统在接收各类日志信息时，可根据不同的日志种类进行不同的格式处理，在保留所有日志原始信息的同时将日志根据字段进行分割处理。维护人员在检索日志时，可以根据日志的类型，字段内容进行精细匹配从而实现日志的快速准确定位。

按照"等保 4 级"的标准，安全审计系统具有以下功能：

(1)对 TDCS/CTC 服务器和重要客户端上的每个操作系统用户和数据库用户进行安全审计。

(2)审计内容应包括重要用户行为、系统资源的异常使用和重要系统命令的使用等系统内重要的安全相关事件。

(3)对网络系统中的网络设备运行状况、网络流量、用户行为等进行日志记录。

(4)审计记录应包括：事件的日期和时间、用户、事件类型、事件是否成功及其他与审计相关的信息。

(5)定义审计跟踪极限的阈值，当存储空间接近极限时，能采取必要的措施，告警并终止审计事件的发生。

(6)根据信息系统的统一安全策略,实现集中审计,审计系统时钟保持与时钟服务器同步。

(7)保护审计记录,避免受到未预期的删除、修改或覆盖等,并根据信息系统的统一安全策略,将审计记录发往 TDCS/CTC 中心,进行集中分析,生成审计报表。应保护审计进程,避免受到未预期的中断。

4. 入侵检测机制

TDCS/CTC 网络庞大,仅仅关注网络边界的安全是无法真正实现纵深的防御体系建设目标的。防火墙技术、防病毒网关技术均无法发现、定位从 TDCS/CTC 系统内部发起的黑客攻击行为或网络蠕虫病毒的感染事件。网络入侵检测系统则是从多种计算机系统及网络中收集信息,再通过这些信息分析入侵特征的网络安全系统。网络入侵检测系统还可以与防火墙等其他安全产品紧密结合,最大限度地为 TDCS/CTC 提供安全保障。

通过监视 TDCS/CTC 系统网络数据报文,并对这些报文进行协议分析和模式匹配,网络入侵检测系统可从中发现 TDCS/CTC 网络中是否有违反安全策略的行为和被攻击的迹象,一旦发现攻击能够发出报警并采取相应的措施,如阻断、跟踪和反击等。同时,记录攻击过程中的源 IP、攻击的类型、攻击的目的、攻击的时间等,为恢复和追查攻击的来源提供基本数据。同时,网络入侵检测系统还引入全面流量监测,当发现异常时,结合地理信息系统显示入侵事件的定位状况,应用入侵和漏洞之间具有对应的关联关系,给出入侵威胁和资产脆弱性之间的关联风险分析结果,从而有效地管理安全事件并进行及时处理和响应。为了减少误报、漏报,提高检测效率,网络入侵检测系统要求具有:

(1)高性能报文处理架构;

(2)基于状态的协议分析;

(3)树型规则和匹配算法;

(4)准确特征提取并分析;

(5)分级管理与控制技术;

(6)面向对象的虚拟引擎。

TDCS/CTC 网络入侵检测系统的统一多级化管理,不仅将重要的报警信息汇报到铁路局入侵检测管理控制台,同时还依据统一的安全策略将重要程度较高的报警事件向铁路总公司设置的入侵检测一级中心进行报警。铁路总公司 TDCS/CTC 维护人员可根据具体攻击事件类型、攻击的源地址、目标地址等信息对该安全事件进行统一的指挥处置,可及时通知相关路局 TDCS/CTC 中心调整防火墙、防病毒等其他安全系统的安全策略与具体配置,与其他安全系统协同、配合将此高危攻击事件控制在最小范围,并直至最终完全清除与解决。

网络入侵监测系统作为 TDCS/CTC 纵深防御体系的重要组成部分,其自身的安全性也非常重要,需采用安全、可靠的硬件平台;并对设备和控制台间的通信进行加密控制。

近年来,针对操作系统补丁漏洞发起的入侵事件越来越多。TDCS/CTC 网络当中存在大量的计算机终端设备,一方面可能会引发蠕虫等病毒的攻击与传播;另一方面容易导致信息泄露甚至黑客入侵事件的发生。消除漏洞的根本办法就是及时安装系统或软件补丁,通过 TDCS/CTC 终端安全管理系统实现对所有操作系统的补丁自动修补,在攻击发生之前,提高终端设备的强壮度与安全性。

入侵检测系统还应具有如下功能:

(1)能够检测到对重要服务器进行入侵的行为,并记录入侵的源 IP、攻击的类型、攻击的

目的、攻击的时间,并在发生严重入侵事件时向 TDCS/CTC 入侵检测中心提供报警;

(2)能够对重要程序的完整性进行检测,并在检测到完整性受到破坏后具有恢复的措施;

(3)操作系统应遵循最小安装原则,仅安装需要的组件和应用程序,并通过设置升级服务器等方式保证系统补丁及时得到更新。

(二)安全边界

TDCS/CTC 专网构成一个庞大的广域网络,根据纵深防御、分域控制的方案原则,需要在各类区域计算环境边界建立严格的访问控制等安全机制。

目前,TDCS/CTC 与外部进行信息交换的边界根据实际业务与机构划分共分为以下三种:

高风险边界:TD 结合,与 TDMS(信息安全等级保护三级系统)进行数据交换边界,与 GSM-R 接口边界,与 TSR 接口边界,与 RBC 接口边界等;

中风险边界:局间/铁路局对铁路总公司中心边界,各铁路局与铁路总公司或其他邻局进行数据交换的边界;

低风险边界:铁路局中心对管辖车站边界,铁路局与内部所管辖车站进行数据交流的边界。

1. 区域边界安全隔离与信息交换

作为列车调度指挥生产网络,TDCS/CTC 原则上需与铁路其他信息系统网络物理隔离,但在实际生产业务中,TDCS/CTC 系统与其他系统存在着一定的数据交换操作。根据国家等级保护相关政策,在两个不同等级的信息系统间进行信息交换时要进行严格的隔离限制措施,因此在与其他系统结合边界需引入安全隔离与信息交换技术。

安全隔离与信息交换技术通过专用隔离硬件、私有交换协议和加密签名机制及应用层数据提取等技术,可实现在不同安全级别的网络之间完成风险可控的信息交换。该技术不仅彻底阻断了不同网络间的直接 TCP/IP 连接,而且对信息交换的双方、内容、过程施以严格的身份认证、安全过滤等多种安全机制,从而保证信息交换的安全可控,杜绝由于操作系统和网络协议自身的弱点和漏洞带来的安全风险。

作为该项技术实现的安全隔离与信息交换产品应采用至少两套以上的硬件平台和专用的隔离部件进行主机间的数据交换;操作系统内核经过安全的裁剪和加固,裁剪和加固按照功能最小化的原则进行,要求符合《计算机信息系统安全保护等级划分准则》(GB 17859)中《计算机信息系统安全等级保护操作系统技术要求》第四级要求的高安等级操作系统的标准;系统应用软件的整个生命周期内符合安全的标准规范,从而确保系统的整体安全。

为了确保 TDCS/CTC 内部网络的安全性,除了 TDCS/CTC 与其他系统间的经授权的数据进行信息交换外,其他任何网络访问都是被禁止的。

2. 区域边界包过滤

列车调度指挥生产任务主要由分布在各个铁路局 TDCS/CTC 中心执行与落实,因此各铁路局 TDCS/CTC 中心部署有通信前置机、应用服务器、数据库服务器等应用核心设备。根据等级化重点保护的原则,需要在其与所辖车站网络及局间网络边界采用逻辑隔离技术,使 TDCS/CTC 中心网络免受来自其他网络的黑客攻击或恶意代码传播威胁。

防火墙技术是实现网络边界隔离的首选,将防火墙产品分别部署在 TDCS/CTC 中心对车站网络和对局间网络边界,使其成为 TDCS/CTC 中心和其他网络之间的一道安全保护屏障,防止非法用户访问 TDCS/CTC 网络上的资源和非法由内向外传递内部信息,防止非法和恶意的网络行为破坏中心网络。

目前，防火墙主要是采取包过滤技术对不同网络间进行逻辑隔离。过滤模块位于TCP/IP网络协议的数据链路层和IP层之间，能够监控每一个通过网络的封包。可以根据每个数据包的源IP地址、目的IP地址、协议、源端口、目的端口以及数据包通过的时间，决定是否对这个数据包予以放行，或者过滤掉。

主流的防火墙技术多采用基于状态的包过滤技术，通过跟踪网络包的状态来决定对网络包的处理（放行还是过滤），不仅考虑每个网络包，而且考虑网络包的历史关联性。在进行规则匹配时，将网络包的连接状态记录下来，同一连接的包，只检查第一个包，以后该连接的包就可以不用通过规则检查，而只需要检查状态表里该包所属的连接状态；如果该连接的包状态中显示已通过检查，表示该网络包属于已建立的合法连接，则不需要对该包进行检查，可以通过，同时更新状态表。基于状态的网络包过滤功能还可以通过状态表来实现截断所有进入一个特定被保护区域的通信，只允许那些由区域内部首先发起连接的网络包能够进入区域内部，从而更好地保护TDCS/CTC中心内部主机。

可根据防火墙产品包过滤策略选项来设定访问控制策略。主要根据IP包的如下信息进行过滤：

①IP包的源IP地址；

②IP包的目的IP地址；

③IP包的协议类型（包括IP、ICMP、TCP、UDP等协议）；

④IP包的源TCP/UDP端口；

⑤IP包的目的TCP/UDP端口；

⑥ICMP报文类型域和代码域；

⑦时间控制；

⑧关键字。

目前，全路TDCS/CTC系统中，在TDCS/CTC中心对车站网络和对局间网络边界已基本完成了防火墙系统的部署。随着TDCS/CTC网络安全体系建设的进一步完善，将对既有防火墙产品策略进行不断的调整与优化，使其满足不同边界的隔离要求，并配合其他安全保护机制共同构建完整的TDCS/CTC纵深防御体系。

3. 区域边界恶意代码防范

近年来，TDCS/CTC网络中蠕虫病毒感染事件已经成为TDCS/CTC系统面对的主要安全威胁。大规模的蠕虫爆发将导致重要主机系统严重损害，同时大量消耗TDCS/CTC网络带宽资源。根据边界风险级别，在铁路局TDCS/CTC中心网络对邻局网络边界处部署防病毒网关，以控制各类蠕虫病毒在局间传播，将蠕虫病毒感染控制在最小范围。

蠕虫可以利用文件传输等方式进行扩散，也可以利用系统的漏洞发起动态攻击。近几年蠕虫造成的危害越来越大，可以导致系统损坏和网络瘫痪。如尼姆达（Nimda）、红色代码（CodeRed）、蠕虫王（Slammer）、冲击波（Blaster）等。根据蠕虫的特点，一方面，防病毒网关从OSI的多个层次进行处理。在网络层和传输层过滤蠕虫利用漏洞的动态攻击数据，在应用层过滤利用正常协议（如FTP等）传输的静态蠕虫代码，而且能够阻断蠕虫的动态攻击（包括所引发的病毒传播、后门漏洞、DoS/DDoS攻击等）。另一方面，防病毒网关还可过滤普通病毒（例如CIH）、特洛伊木马等。对于文件传输（FTP协议）病毒，防病毒网关可基于专门的病毒引擎进行查杀。

4. 区域边界入侵防御

为了与上述边界防护设备(防火墙、防病毒网关)相互补充,进一步提高对黑客攻击防护行为的能力,需要在铁路总公司中心与铁路局间、铁路局 TDCS/CTC 中心与车站间、相邻局间两个网络边界分别部署网络入侵防御系统,用于为 TDCS/CTC 应用提供主动、实时的保护,通过准确监测网络异常流量,自动对各类攻击性流量,尤其是应用层的威胁实施阻断。网络入侵防御系统直接串联在 TDCS/CTC 网络边界中,如果检测到攻击企图,会自动将攻击包丢掉或采取措施将攻击源阻断,而不会将攻击流量放入 TDCS/CTC 中心网络。

网络边界入侵防御系统具备以下功能:

(1)攻击监测与隔离:入侵防御系统通过对 TDCS/CTC 网络流量的全面监视,重点对异常流量进行分析,一旦检测到攻击,会实施积极的攻击隔离措施,通过带宽管理对所有受影响的应用或网段进行动态的带宽分配限制,及时地控制攻击的影响和危害。

(2)入侵防范:入侵防御系统可以在具有多个网段的网络中对所有流量进行实时扫描,对数据包进行逐一检查,并根据恶意攻击模式和执行特征进行比较。当检测到恶意活动时,入侵防御系统可执行以下操作:丢弃数据包、重置连接以及向 TDCS/CTC 入侵检测中心发送报告。

(3)防范拒绝服务攻击:通过高级取样机制检测 DoS 攻击,可实现完全的 DoS 和 DDoS 防范能力,同时可防范各种类型的 SYN flood 攻击。

(4)多级管理模式:入侵防御系统支持多层次的级联部署,实现从铁路总公司到铁路局 TDCS/CTC 中心的多级管理。可通过铁路总公司入侵检测中心将最新的升级补丁、规格模板文件等统一发送到铁路局 TDCS/CTC 入侵检测中心,保持整个系统的完整统一性;铁路局 TDCS/CTC 中心可以根据事先设定的安全策略,使上级入侵检中心只接受它关心的信息。

(5)完善的报表系统:由网络安全集中管理平台将入侵检测中心记录相关的攻击告警事件,按照预定报表模式或自定义报表模板,生成综合报表,并支持报表多种格式导出。

(6)网络边界入侵防御还应具有如下功能:

①应在网络边界处监视以下攻击行为:端口扫描、强力攻击、木马后门攻击、拒绝服务攻击、缓冲区溢出攻击、IP 碎片攻击和网络蠕虫攻击等;

②当检测到攻击行为时,应记录攻击源 IP、攻击类型、攻击目的、攻击时间等信息;

③在发生严重入侵事件时应向 TDCS/CTC 入侵检测中心提供报警及自动采取相应动作。

5. 区域边界完整性检查

TDCS/CTC 在专网环境下运行,与外部系统间采取严格的隔离措施,在不同的安全局域计算环境间也采用了防火墙等逻辑隔离措施,但仍然无法对内部网络的使用进行严格的限制与管理,无法从用户/终端边界这个角度对整个 TDCS/CTC 网络边界进行有效控制,维护专网环境的封闭性。

根据 TDCS/CTC 防御目标,需要对非授权设备私自连到 TDCS/CTC 的行为进行检查,防止未授权的 U 盘、移动电脑等设备接入 TDCS/CTC 网络,导致病毒传播。另外,还需要对内部人员通过 Modem 拨号、双网卡等方式接入互联网或其他信息系统进行检查与禁止,通过这些方式上网相当于给外部人员入侵留有后门,属于严重的网络安全隐患,很有可能引致 TDCS/CTC 网络遭受黑客攻击、内部信息泄漏等安全事件。

通过在 TDCS/CTC 所有终端部署终端安全管理系统(内网安全管理系统),与既有终端防病毒系统相互配合，相互完善，从不同侧面实现终端病毒、恶意代码的防范与查杀，同时还可以进行操作系统补丁分发，软件分发等工作，从系统层面抵御漏洞及黑客攻击的能力，保证TDCS/CTC边界完整性。

TDCS/CTC终端安全管理系统需要具备以下功能：

(1)外设与接口管理。对TDCS/CTC所有终端计算机上的各种外设和接口进行管理。可以禁用系统的外设和接口，防止用户非法使用。在禁止使用通用移动存储设备的同时，允许使用经过病毒扫描、认证的移动存储设备。

(2)终端授权认证。通过在线终端是否安装安全管理系统客户端程序，并结合客户端主机补丁安装情况，反病毒程序安装和工作情况等信息，进行网络的授权认证，只允许通过授权认证的主机使用TDCS/CTC网络资源，对于探测到的未经授权的终端，系统可以主动阻止其访问任何网络资源，无法对TDCS/CTC网络进行无意病毒传播或有意攻击破坏。

(3)外联监控：实时监控TDCS/CTC各类终端的非法外联至互联网或其他信息网络的行为，并根据监控策略对终端的非法外联行为实时进行阻断，杜绝由于非法外联所带来的安全隐患。

(4)IP/MAC绑定：限制各类终端的IP修改、MAC修改、增加IP、修改掩码等操作，抑制IP盗用，规范IP地址管理。

(5)资产管理：对TDCS/CTC所有计算机终端进行注册登记，并将注册信息以数据库表格形式存储，记录计算机终端的硬件、软件配置信息，提供终端信息查询统计，对硬件、软件变更事件进行报警。

(三)安全管理中心

TDCS/CTC既有安全系统的管理方式是将分散在各铁路局、不同种类的安全防护系统分别管理，这样导致安全信息分散且互不相通，安全策略难以保持一致，这种传统的管理运行方式成为许多安全隐患形成的根源，更难以达到TDCS/CTC防御体系中的要求，依据统一的安全策略对分散在各个层面的安全功能进行统一的安全管理，充分考虑各种安全组件的互补性，建立完整的TDCS/CTC纵深防御体系。

网络安全集中管理平台可以将不同位置、不同安全模块中分散的安全事件进行汇总、收集和关联分析，得出全局角度的安全风险事件，并形成统一的安全决策对安全事件进行响应和处理。

网络安全集中管理平台对各种安全模块的可用状态进行集中的监测，实时监控各种安全设备的运行状态，为TDCS/CTC维护人员提供统一的安全设备运行状态信息，并根据预先确定的限值规则，提供预警和告警，保证各类安全系统可靠运行。通过所掌握的安全系统运行情况，有针对性帮助各级维护人员做好安全防范工作，将可能发生的安全隐患消除在前期状态。其次，还要监控TDCS/CTC核心网络设备和重点服务器等日志信息，以及各类安全事件报警信息等，及时发现各类安全事件，例如网络蠕虫攻击事件、DOS攻击事件等，采取积极主动措施，保证网络和业务系统的安全、可靠运行。

网络安全集中平台还可运用漏洞评估工具对TDCS/CTC中不同操作系统下的计算机进行漏洞检测，如：Windows系列、Linux、Unix、Router、Firewall及其他网络设备和各种主流应用服务程序等。分析和指出有关网络的安全漏洞及被检测系统的薄弱环节，给出详细的检测报告，并针对检测到的网络安全漏洞和隐患给出相应的修补措施和安全防范建议。漏洞评估作为一种积极主动的安全防护技术，可在TDCS/CTC网络受到危害之前提供安全防护解决方案。

第六章　调度集中系统接口

高速铁路 CTC 系统具备与计算机联锁系统、列控系统、组合柜、铁路数字移动通信系统、相邻的调度集中/列车调度指挥系统、信号集中监测系统、无线调车机车信号和监控系统、运输信息集成平台等外部系统接口，以及由于业务功能扩展经行业主管部门批准的其他接口。其中列控系统包括无线闭塞中心（RBC）、临时限速服务器（TSRS）、车站列控中心（TCC）。

第一节　与信号设备接口

CTC 系统作为高速铁路信号体系的重要组成部分，与其他信号设备接口实现信息采集和指令传递。其他信号设备主要包括计算机联锁、TCC、TSRS、RBC。

一、与计算机联锁接口

CTC 系统与计算机联锁接口实现站内信息采集以及控制指令的传递，对于计算机联锁接口，高速铁路与普速铁路相比变化不大，但由于高速铁路一些特殊的运用需求，CTC 系统与联锁接口在接口方式、接口协议、交互信息、逻辑处理等方面进行了拓展。

（一）接口方式

调度集中车站自律机和计算机联锁的通信接口由车站自律机、计算机联锁系统的操作表示机或者联锁下位机以及两者之间的通信设备组成，车站自律机与操作表示机或者联锁下位机进行交叉互联，如图 6-1 所示。

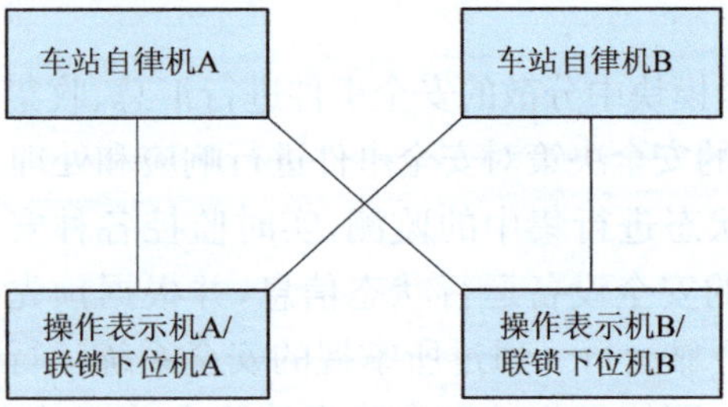

图 6-1　CTC 系统与计算机联锁系统接口

数据通信利用 RS422 标准串行接口，通信方式为异步双工，且调度集中设备端与计算机联锁设备端分别都装光电隔离设备。双方采用屏蔽电缆或光缆连接。如果使用电缆连接，屏蔽层在计算机联锁端接地，CTC 设备端不接地。

（二）通信参数

通信速率为 19.2 kbit/s；

1 个起始位；

8 个数据位；

1 个停止位；

无奇偶校验。

(三)交互信息

CTC→联锁:信号控制;时钟同步;通信握手。

联锁→CTC:通信握手;码位表示信息;报警信息。

(四)功能拓展

1. 车站进出站信号机状态显示和控制

高速铁路的车站进出站信号机常态为灭灯,若开行未安装列控车载设备或车载设备故障的列车时,应首先将对应信号机转为点灯状态,并按站间闭塞运行。根据此规定,计算机联锁需要将进出站信号机室外点灯和灭灯状态发送给 CTC 系统进行显示,同时还需要接收 CTC 系统发送的指令控制进出站信号机的点灯和灭灯状态。

2. 站内轨道区段不能正常解锁提示

高速铁路车站当站内轨道区段出现不能正常解锁时,轨道区段采用绿光带表示为漏解锁区段,提示调度员或车站值班员采用“区故解”的方式解锁。所以,高速铁路车站的计算机联锁需要将漏解锁状态发送给 CTC 系统显示。

3. 区域联锁车站控制

高速铁路与既有线之间存在联络线,动车组经联络线实现两者之间的上线、下线。一般在线路设计时,联络线的接入采用区域联锁被控站“线路所”的方式实现,如武广高速铁路的株洲北线路所和株洲南线路所分属长沙南和株洲西控制,京沪高速铁路也设置了多个被控站的线路所,如:京津线路所、津沪线路所、禹城线路所、白马山线路所、崔马庄线路所、扬州线路所、秦淮河线路所、黄渡线路所等多达 8 个线路所。

对于联锁控制来说,线路所是作为联锁主控站的从属车站,在被控站线路所不设置 CTC 分机,通过主控站的 CTC 分机与联锁进行接口,同时实现主控站和被控站的信号控制。主控站和被控站在联锁意义上同属一个车站,而对于 CTC 来说,由于其面向运输行车指挥,主被控站是完全独立意义上的两个车站,即其在运行图上有属于自己的站名线,并有运行点。目前普遍采用的方法是 CTC 系统内部将其作为完全独立意义的两个车站处理,而仅仅在与联锁接口上将其视为一个接口站来处理,从而有效地解决了被控站线路所的自动排路、车次跟踪、自动报点,同时也做到了将被控站与主控站在同一套车务终端设备上的合并。

4. 无岔站(无配线车站)信号控制

高速铁路还存在无岔站的情况,即仅有正线股道而无侧线股道的车站,这些车站还要能进行接发旅客业务,如广珠城际存在大量无岔站以及南京南枢纽地区的紫金山东车站。对于这些车站,信号控制亦是采用区域联锁的控制方式,联锁在发车进路上需要锁闭离去区间,这对 CTC 来说需要在既有线的基础上进行拓展,打破既有线的一些规定,如联锁仅控制站内等传统思维,在自动排列进路、自动报点、车次跟踪方面均进行了拓展性改进,满足运输指挥的需求。

二、与车站列控中心接口

CTC 系统与车站列控中心接口主要实现区间状态的采集,当列控中心具备列车占用检查功能时,CTC 系统提供相应的操作表示功能。

(一)接口方式

对于一般高速铁路车站,CTC 系统与列控中心在车站直接通信,对于区间中继站,则 CTC

系统通过其所属主站列控中心转发实现间接通信，如图 6-2 所示。

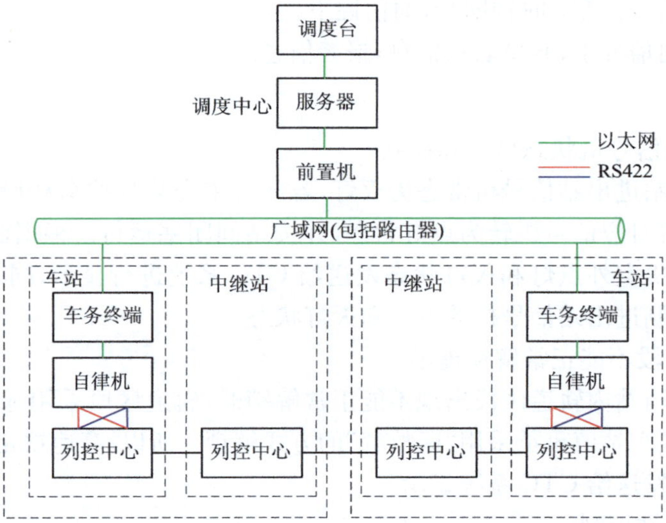

图 6-2　CTC 系统与车站列控中心接口

CTC 系统与列控中心之间采用 RS422 电缆双通道交叉冗余连接，并采取隔离措施，如图 6-3所示。

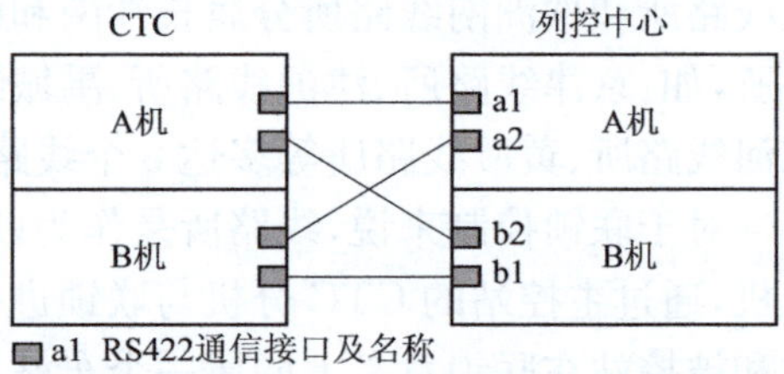

图 6-3　列控中心与 CTC 交叉冗余连接

（二）安全通信协议

为了保证关键设备通信的有效性、安全性，CTC 与列控中心间采用 RSSP-Ⅰ安全协议，此安全通信协议是从接收方角度设计的保护算法，旨在解决开放式传输系统下的安全通信问题。要求接收方必须对接收到的信息做出以下检查：发送方的身份信息（真实性）；信息帧的正确性（完整性）；信息帧的时效性（时限性）；信息帧序列的正确性（次序性）。

图 6-4 描述了数据发送方和数据接收方之间的安全数据交互原则：即接收方必须实时检查从发送方来的安全数据帧的时序性，若发现不同步，就触发时序校正机制，且只在校正同步后才认可为有效安全数据帧（如：B←→A）。若当前时序已同步，就只需单方向实时发送安全数据帧即可，不必作任何应答（如：B←→C）。

本协议能够对数据帧重复；数据帧丢失；数据帧插入；数据帧次序混乱；数据帧错误；数据帧传输超时等安全威胁进行识别和防范。

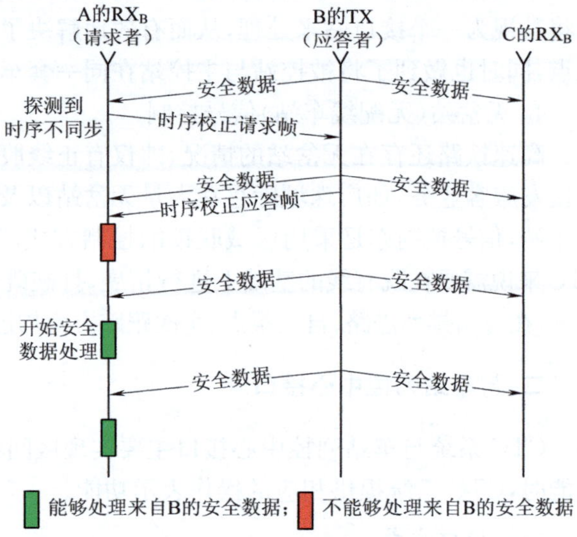

图 6-4　安全数据交互原则

(三)交互信息

CTC→列控中心:

区间占用逻辑检查控制指令:包括闭塞分区确认无车占用、区间逻辑状态总解锁、区间逻辑检查开启/关闭;通信握手。

列控中心→CTC:

闭塞分区状态:包括占用、空闲、故障占用、失去分路;区间信号机状态;区间占用逻辑检查控制指令回执;握手信息、区间运行方向、区间低频码。

(四)铁路功能拓展

1. 区间低频码序显示

CTC与列控中心接口不含列控临时限速信息交互,但增加相关区间方向、闭塞分区状态(占用空闲、低频码)、区间信号机状态等内容。

对于不设置区间通过信号机的高速铁路,CTC系统不显示区间信号机,但应在闭塞分区分界点采用绝缘节或者背景色明显隔离,并且通过采集区间低频码值以带方向三角的方式表示闭塞分区的可通行状态,低频三角的方向与区间行车方向一致。

2. 区间占用逻辑检查功能

列控增加区间占用逻辑检查功能后,需要CTC系统的同步修改和改造,涉及运输操作使用方面,则在调度台和车务终端的站场图上增加了相关站场表示以及区间逻辑检查命令的操作。

站场表示:区间闭塞分区增加“故障占用”和“失去分路”的表示,并可产生报警。同时方向口增加区间逻辑检查功能开启和关闭状态指示灯,以警示调度员和车站值班员该站各个方向口区间逻辑检查功能的开、关状态。

操作命令:增加区间逻辑检查命令对话框,有四种相关命令,分别是“闭塞分区确认无车占用”“区间逻辑状态总解锁”“区间逻辑检查开启”“区间逻辑检查关闭”。

CTC系统仅显示列控传送的闭塞分区状态和操作人员的指令,具体列控区间占用逻辑检查功能的相关细节需参考列控系统的说明文档。

三、与TSRS接口

在高速铁路中,为了统一管理临时限速,新增临时限速服务器TSRS。TSRS用于验证临时限速命令参数的正确性,并检查相关受令设备的临时限速执行情况。

(一)接口方式

高速铁路CTC系统在中心设置TSRS接口服务器与TSRS系统接口。CTC系统与TSRS间接口采用网络接口方式,当TSRS设备放置位置与CTC中心较远时,可采用专用2 M冗余通道连接双方设备,并用网闸等网络隔离设备保证网络通信的安全性,其接口方式如图6-5所示。

TSRS接口服务器采用双机热备方式,其对TSRS侧采用双网冗余通信,同时与CTC中心侧也采用双网冗余通信,保证系统的可靠性和冗余性。

CTC-TSRS接口协议采用分层结构:应用层、安全功能层和通信功能层,双方的协议层应保持在对等逻辑连接状态,如图6-6所示。其中安全层采用RSSP-Ⅱ安全接口协议,保证信息交互的真实性、完整性、实时性、有序性。

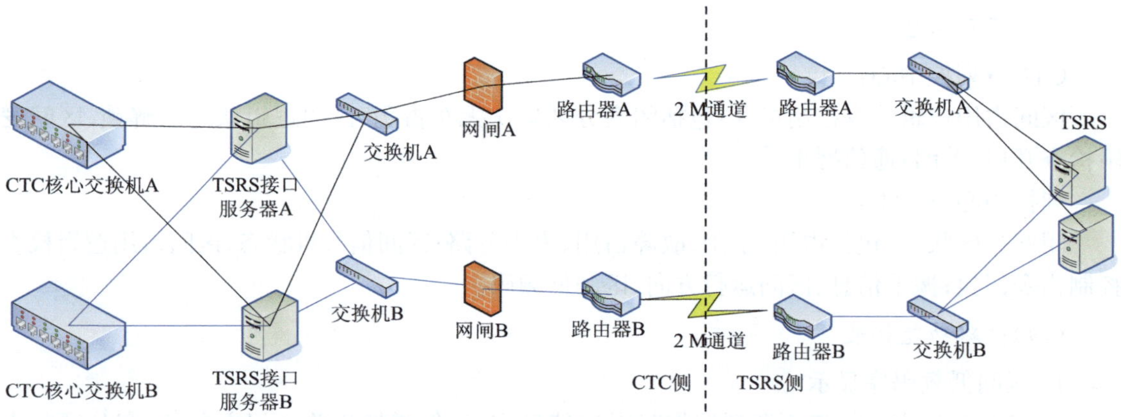

图 6-5　CTC 系统与 TSRS 接口

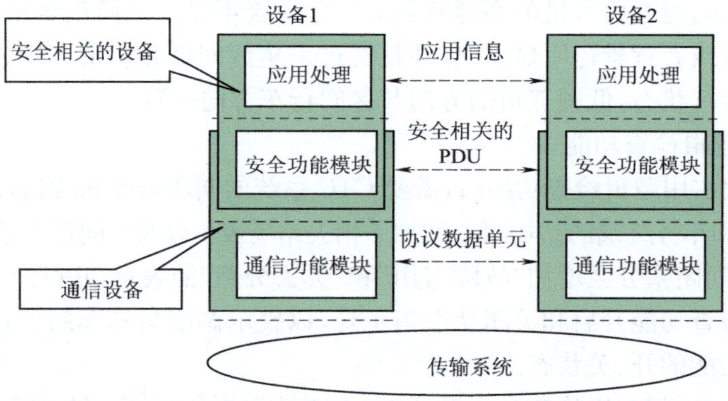

图 6-6　CTC-TSRS 接口协议分层结构示意图

(二)通信内容

TSRS 负责临时限速命令的存储、校核、分发、一致性判断等安全逻辑，CTC 系统负责与限速命令相关的操作和界面显示功能。CTC 系统向 TSRS 发送限速命令的拟定、激活、执行、取消、初始化以及时间同步等信息；TSRS 服务器向 CTC 系统反馈相关命令的反馈结果和限速命令状态。

CTC→TSRS：临时限速命令；初始化命令；时钟同步。

TSRS→CTC：限速命令回执；限速命令状态；初始化命令回执；设备初始化状态；报警信息。

四、与 RBC 接口

在 CTCS-3 级线路，高速铁路调度员需要掌握当前本台管辖区段内的列车信息，如列车编号、列车速度、列车位置、列车移动授权和列车控制模式等，CTC 接收 RBC 的列车信息，并显示在调监界面上。调度员也可以通过 CTC-RBC 接口向司机发送文本信息。在需要列车马上停车的紧急情况下，调度员可以通过该接口向列车发送紧急停车命令，使列车停车。待紧急情况恢复后可以发送取消紧急停车命令，恢复列车正常运行。

(一)接口方式

目前 CTC-RBC 接口有两种方案。

方案一,如图 6-7 所示,CTC 在中心设置接口服务器与 RBC 中心的 VIA(多用途适配器)相连。当双方距离比较近时,CTC-RBC 接口服务器可以通过网线直接接入对方的交换机,实现互联互通。当双方距离较远时,可采用 2 M 数字通道和光纤通道延伸网络。

CTC-RBC 接口服务器和 VIA 均采用双套冗余热备技术,保证系统接口的安全性和稳定性。在该方案中,CTC 不是直接与 RBC 通信,而是通过 VIA 转发 RBC 的消息,这样可以保证各自系统的独立性和完整性。

方案二,如图 6-8 所示,采用 CTC-RBC 接口服务器与 RBC 直接相连的方式。CTC-RBC 接口服务器使用单独的网卡接入对方的局域网。如果距离远时,采用 2 M 数字通道和光纤通道延伸网络。采用方案二时,接口服务器需要与多个 RBC 维持连接,以保证 CTC 中心能监控到全线的列车信息。

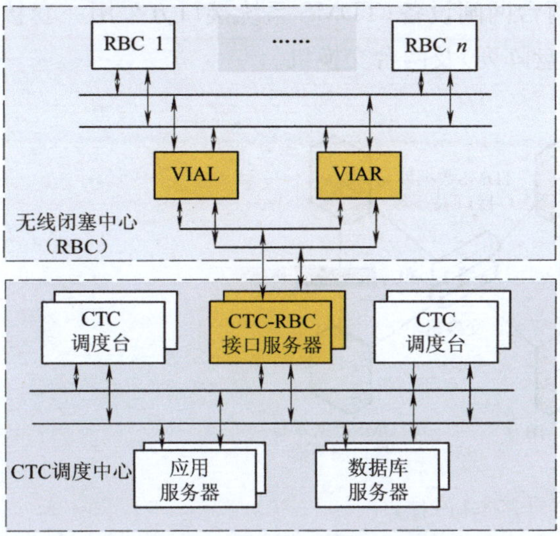

图 6-7　CTC-RBC 接口(方案一)

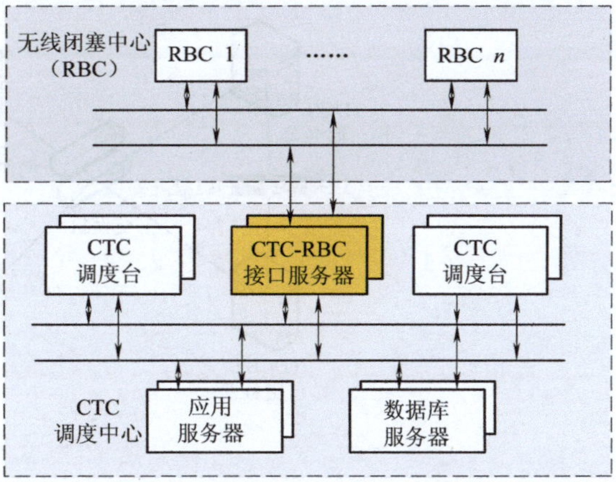

图 6-8　CTC-RBC 接口(方案二)

(二)通信内容

RBC-CTC 是 CTCS-3 级列车控制系统的重要接口之一。RBC 向 CTC 系统传送以下信息:列车编号、车次号、列车速度、位置和列车的移动授权信息。CTC 系统接收到 CTCS-3 级下的列车信息后,在调监画面上显示出来,方便调度员动态掌握列车详细信息。RBC 还向 CTC 传送报警信息,包含 RBC 内部的报警信息、RBC 与外部接口的报警信息、网络报警信息,列车信息等。调度员可以及时掌握 RBC 的工作情况。遇到紧急情况时,能够及时发现并采取措施。第三类信息是 RBC 内部的网络状态信息,例如:RBC 中心与相邻 RBC 中心的网络连接状态信息、RBC-VIA 之间的网络状态信息、司法记录单元状态信息和其他设备的网络状态信息等。

第二节　与 TDMS 接口

CTC 系统作为列车调度设备,需要与调度计划管理等其他专业调度系统进行数据交互,获取列车调度所需的基本图、日班计划、施工计划等信息,同时 CTC 系统为其他系统提供列车实际运行数据。由于目前仅具备 TDCS 与 TDMS 的接口标准，所以高速铁路 CTC 系统一般是通过本局的 TDCS 系统与 TDMS 等系统通信，如图 6-9 所示。

图 6-9　TDCS/CTC 与 TDMS 关系图

（一）接口方式

TDCS/CTC 系统与 TDMS 系统间通过网闸隔离。如图 6-10 所示，网闸左方为 TDCS/CTC 系统设备（包括网闸），网闸右方为 TDMS 设备。TDCS/CTC 系统接口方采用一套接口服务器（小型机）、一台磁盘阵列、两台交换机及两台网闸设备；TDMS 系统接口方采用一套接口服务器和一套数据库服务器（小型机和一台磁盘阵列）及两台交换机。

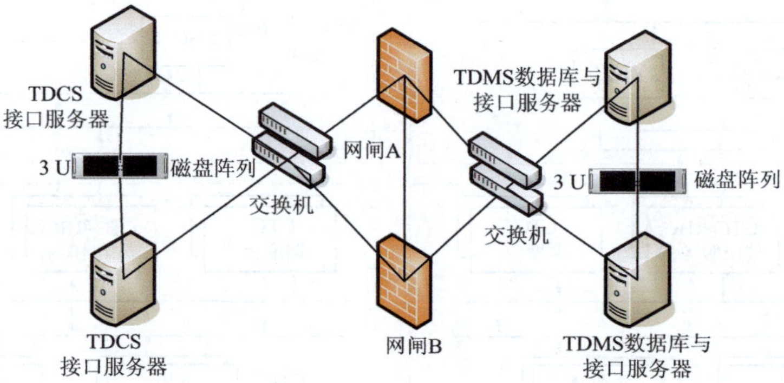

图 6-10　TDCS/CTC 与 TDMS 接口

（二）信息交换方式

（1）频次高、数据量小、实时性要求高的数据优先采用 MQ 传输方式进行数据交换，若其他信息系统对此方式交换的数据也有共享需求时，该数据由 TDMS 负责保存至信息共享数据库。

（2）数据量大或实时性要求不高的数据可以采用数据库方式进行数据交换，由数据提供方将数据保存至信息共享数据库，应采用并发写入方式，并发数目根据行调台实际数量确定，同时通过 MQ 方式发送保存成功的消息。TDCS 与 TDMS 对另一方提供的保存在信息共享数据库中的数据只具有读取权限。

（三）接口要求

TD 结合交换的数据需满足及时性、准确性和完备性的要求。其中，及时性指数据提供方在本系统数据发生改变时，需及时通知并将改变数据提供给接收方；准确性是指数据提供方要保证传输的数据准确无误，不存在错误数据或遗漏数据等情况；完备性是指数据提供方要保证所提供数据间的逻辑关系完整,数据含义清晰,不存在数据描述缺失等情况。

(1)信息共享数据库中的数据应保证与数据提供方实际生产数据库中的数据一致,实现实时数据交换。

(2)采用 MQ 传输方式进行数据交换时,数据延时小于 2 s。

(3)采用数据库方式进行数据交换时,数据延时小于 2 min。信息共享数据库性能应满足一个行调台 3 h 运行图数据写入平均延时小于 2 s。

(4)运输部门应在新图启用前 72 h 提交基本图数据。列车开行计划、列车运行计划应在执行前 30 min 下达。

(四)接口内容

1. TDCS 向 TDMS 提供的数据(表 6-1)

表 6-1　TDCS 向 TDMS 提供的数据

序号	分类	交换内容	描　述	交换方式	备　注
1	基础字典	局码表	铁路局的描述(局码、局名)	数据库交换;MQ 消息触发	
		站码表	车站的描述	数据库交换;MQ 消息触发	
		区段表	调度区段描述	数据库交换;MQ 消息触发	
		列车属性码表	列车属性描述(如电力、内燃)	数据库交换;MQ 消息触发	
		列车类型码表	列车类型描述(如旅客列车、五定班列)	数据库交换;MQ 消息触发	
		列车到达、出发早晚点标记表	早晚点代码的描述(对应运行线中到、发早晚点标记)	数据库交换;MQ 消息触发	
		区间停开标志表	区间停开代码描述	数据库交换;MQ 消息触发	
		列车交出标志表	列车交出类型代码描述	数据库交换;MQ 消息触发	
		列车接入标志表	列车接入类型代码的描述	数据库交换;MQ 消息触发	
		车站股道表	车站股道描述	数据库交换;MQ 消息触发	
		线别表	线别的描述	数据库交换;MQ 消息触发	
		区段线别对应表	区段与线别对应关系	数据库交换;MQ 消息触发	
		区间标识表	区间标识描述	数据库交换;MQ 消息触发	
		径路表	径路的定义	数据库交换;MQ 消息触发	

续上表

序号	分类	交换内容	描　述	交换方式	备　注
1	基础字典	径路车站对应表	径路内按经由顺序的站对应关系	数据库交换；MQ 消息触发	
		区间运行时分表	按列车类型定义的各区间运行时分	数据库交换；MQ 消息触发	
		底图表	各调度台底图描述	数据库交换；MQ 消息触发	
		机车号与类型对应表	机车号与机车类型对应关系	数据库交换	
2	列车运行图	实际运行线		数据库交换；MQ 消息触发	
		实际运行线时刻表		数据库交换；MQ 消息触发	
		区间封锁表		数据库交换；MQ 消息触发	
		区间慢行表		数据库交换；MQ 消息触发	
		维修天窗表		数据库交换；MQ 消息触发	
		车站封锁表		数据库交换；MQ 消息触发	
		车站慢行表		数据库交换；MQ 消息触发	
		图表注释		数据库交换；MQ 消息触发	
		运行图记事		数据库交换；MQ 消息触发	
		阶段计划（类型：80H）		MQ	80H 为根据行调台调整增量发送阶段计划
		下达阶段计划（类型：81H）		MQ	81H 为下达阶段计划时将阶段计划全部发送（条件具备时提供）
		列车到发		MQ	条件具备时提供
3	车站上报	站存车报告	阶段报告	数据库交换；MQ 消息触发	中间站 6 h 一次，区段站、编组站 3 h 一次
		甩挂车报告	甩挂车、甩挂车内容	数据库交换；MQ 消息触发	进行甩挂作业时提供列车编组变化情况
		列车编组速报	车次、机车型号	数据库交换；MQ 消息触发	小编组
		事故概况报告		数据库交换；MQ 消息触发	安监报一（条件具备时提供）
4	调度命令	行车调度命令		MQ	
		调度命令回执		MQ	
		调度命令结果	受令单位信息、抄送单位信息、受令机车信息	数据库交换；MQ 消息触发	

续上表

序号	分类	交换内容	描　述	交换方式	备　注
5	施工实际	施工完成情况		数据库交换；MQ消息触发	
6	股道占用	车站到发线占用信息	车场、股道、车次、开始占用时间、结束占用时间	MQ	自动。一般为技术作业站与股道运用情况紧张的客运站，在表6-2的传输配置表中定义。（条件具备时提供）
7	心跳信息	通道确认消息	TDCS与TDMS接口机间心跳信息	MQ	自动
8	数据请求	数据请求条件信息	TDCS向TDMS发送数据请求信息	MQ	由TDMS根据请求内容返回信息

2. TDMS向TDCS提供的数据(表6-2)

表6-2　TDMS向TDCS提供的数据

序号	分类	交换内容	描　述	交换方式	备　注
1	基本图	列车基本运行图	按照信息共享数据库底图表及数据字典规定的格式	数据库交换 MQ触发	应在新图更换72 h前提供
2	开行计划	文本格式的列车开行计划	车次、机车型号、重点事项、施工、甩挂	MQ	以调度命令方式下达，由计划台触发
		列车开车计划	客运、货运、路用列车、军运列车的开车计划，按照信息共享数据库底图表及数据字典规定的格式	MQ	以响应TDCS远程调用方式交换，应在本班开始30 min前提供
		列车运行计划	按照信息共享数据库底图表及数据字典规定的格式	MQ	按行调台的运行计划图；以响应TDCS远程调用方式交换，应在不晚于本班开始前30 min提供
3	甩挂计划	甩挂作业计划	甩挂计划应采用数据编码，包括甩挂车数、车号、到站等信息	MQ	作为开行计划的一部分进行交换
4	施工计划	施工日计划	施工车站、区间应按照信息共享数据库中数据字典规定的编码	MQ	以响应TDCS远程调用方式交换
5	调度命令	重点要求命令	按照统一的模版	MQ	值班主任
		车流调整命令	按照统一的模版	MQ	值班主任
		运行揭示调度命令	按照统一的模版	MQ	施工调度
		施工调度命令	按照统一的模版	MQ	施工调度
		超限超重命令	按照统一的模版	MQ	特运调度
		停送电命令	按照统一的模版	MQ	供电调度
		其他调度命令	按照统一的模版	MQ	
		调度命令签收回执		MQ	

续上表

序号	分类	交换内容	描　述	交换方式	备　注
6	确报信息	列车编组	包括货车、客车编组信息，并提供按车次、按列车 ID 两种方式关联	数据库交换传输；MQ 触发	掌握列车编组情况及货物信息(客车编组信息条件具备时提供)
7	数据字典	站名字典		数据库交换传输；MQ 触发	
		品类字典		数据库交换传输；MQ 触发数据库交换传输；MQ 触发	
		车种字典		数据库交换传输；MQ 触发	
		机车字典	机车型号、机车号、配属段、支配段	数据库交换传输；MQ 触发	
		记事字典		数据库交换传输；MQ 触发	
		传输配置表	定义需要 TDCS 提供阶段计划、列车到发与股道占用的车站		
8	其他专业信息	机车计划信息	机车周转计划信息，包括机车型、机车号、车次、换挂车站等	MQ	以日班计划的一部分提供
		客车车底交路信息	包括车底号，前车次	MQ	以日班计划的一部分提供(条件具备时提供)
		现车信息	包括股道、车号、车种、车数、货物、到站等	MQ	以响应 TDCS 远程调用方式交换(仅对于装备现车系统的区段站，待条件具备时提供)
		调车作业计划	包括作业车次、调机号、钩序列、标准钩作业时分等	MQ	以响应 TDCS 远程调用方式交换(条件具备时提供)
		客车载客情况	乘客人数	MQ	以响应 TDCS 远程调用方式交换，处理应急情况时使用(条件具备时提供)
		动车组运用信息	走行公里、运用状态	MQ	条件具备时提供
9	远程调用响应			MQ	根据 TDCS 请求数据内容返回对应结果

第三节　与 GSM-R 无线传输系统接口

CTC 系统和 GSM-R 系统接口实现与机车的车地通信功能，具体实现无线车次号交换、无线调度命令传输、无线进路预告发送等功能。

（一）接口方式

CTC 系统通过设置在中心的 GSM-R 接口服务器和 GSM-R 系统（具体设备是 GRIS 服务器）连接，系统间采用以太网线直接连接，但需要设置防火墙设备，如图 6-11 所示。

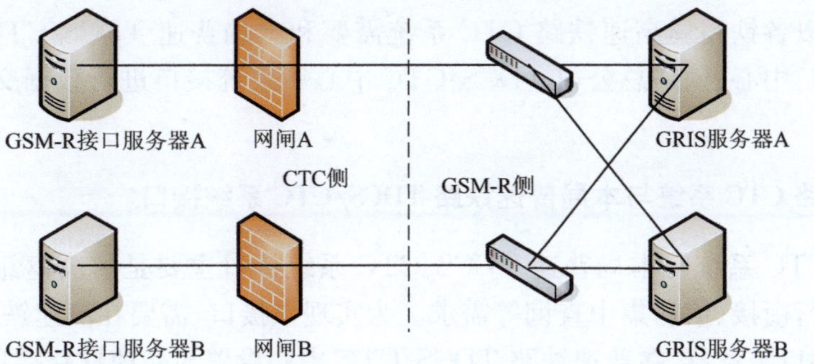

图 6-11 CTC 系统与 GSM-R 无线传输系统接口

CTC 系统的 GSM-R 接口服务器采用双机热备方式，正常情况下由主机负责与 GSM-R 系统通信，当主机故障或者主机网络中断时，自动切换至备机工作。

（二）接口内容和功能

1. 无线车次号校核

GSM-R 系统向 CTC 系统发送无线车次校核信息，即列车每通过一架列车信号机（进站信号机、出站信号机、区间信号机）向 CTC 系统发送无线车次校核信息。车次信息中包括机车号、车次号、公里标、速度、车长、车重、车数等数据。CTC 系统收到车次信息后，根据其中的公里标检索列车位置，然后发送到特定的车站自律机，车站自律机调用车次号处理逻辑模块完成车次校核功能。在收到正确的无线车次信息后，CTC 系统自动记录机车号和无线车次号的对应关系。

2. 调度命令的无线传输

CTC 系统向 GSM-R 系统发送调度命令，并从 GSM-R 系统接收命令回执（签收信息），即调度员通过 CTC 终端可以直接将调度命令发送给列车司机。CTC 系统自动将发往列车司机的调度命令经过 GSM-R 通信服务器发送给 GSM-R 系统，并且在发送失败的情况下自动重发 3 次；司机签收命令后，GSM-R 将自动回执信息、签收信息发送给 CTC 系统，并在调度台上显示。

3. 无线进路预告

CTC 系统在自动排路后，自动向 GSM-R 系统发送进路预告信息，并从 GSM-R 系统接收回执。CTC 系统通过车次跟踪、无线车次信息获得列车位置，然后识别该列车运行前方车站的进路排列情况，组织成一句标准文字，自动发送给机车车载设备；无线进路预告功能实现的前提是无线车次信息的准确性。当列车进路发生变化时，CTC 系统自动将变化后的进路信息重新发送；进路预告信息发送失败后，CTC 系统每隔 15 s 自动重发，直至列车进站为止。重发后还不能成功发送至司机，则向调度员和车站值班员发送报警信息。

4. 无线调车作业单传输和进路申请

CTC 系统可以通过类似无线调度命令的方式将调车作业单的内容经 GSM-R 发送给列车，司机可以打印该作业单，作为调车作业的依据；同时若车载条件具备，司机可通过操作车载设备的调车进路申请按钮，发送调车进路申请信息给 CTC 系统。

第四节　高速铁路 CTC 系统与其他 TDCS/CTC 的接口

全国铁路(包括高速、普速)线路互联,是统一指挥、统一调度的,即运输组织具有连续性、整体性特点,所以各铁路局高速铁路 CTC 系统需要和本局普速 TDCS/CTC 中心、相邻铁路局高速铁路 CTC 中心、铁路总公司 TDCS/CTC 中心等系统接口进行数据交换满足调度指挥之需求。

一、高速铁路 CTC 系统与本局普速铁路 TDCS/CTC 系统接口

高速铁路 CTC 系统与本局普速 TDCS/CTC 系统接口主要是解决枢纽地区列车计划衔接、列车转线运行衔接、信息集中查询等需求。为实现该接口,需要在高速铁路 CTC 中心设置 TDCS/TDCS 接口服务器,在普速铁路 TDCS/CTC 中心设置与高速铁路接口服务器。

高速铁路 CTC 系统与普速铁路 TDCS/CTC 系统交互结构如图 6-12 所示。

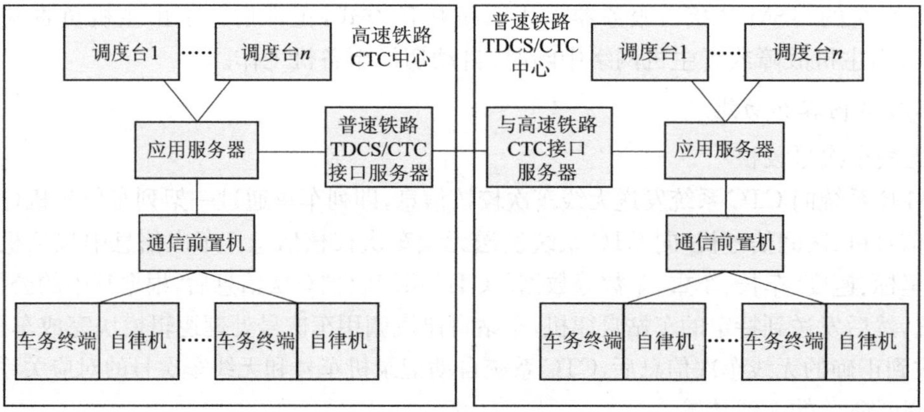

图 6-12　高速铁路 CTC 系统与普速铁路 TDCS/CTC 系统交互结构示意图

1. 中心调度台信息交互

在中心层面,高速铁路 CTC 系统与普速铁路 TDCS/CTC 之间数据交换内容主要包括邻台运行计划、台间车站的站场实时信息、台间调度命令、日班计划信息等。高速铁路调度台和普速铁路调度台之间需要对高速铁路线路的动车组上下线运行计划进行实时交互;高速铁路调度台和普速铁路调度台之间需要互相收发调度命令;高速铁路调度台和普速铁路调度台之间需要查看联络线的相关站间透明情况;同时高速铁路 CTC 系统需要通过既有 TDCS/CTC 系统与 TDMS 系统接口进行相关信息的交互。

2. 车站信息交互

在车站层面,高速铁路车站与普速铁路的相关邻站需要交互站间透明、邻站报点、邻站预告等信息,若高速铁路邻站为集控站,则普速铁路车站的邻站预告等信息需要发送至高速铁路调度台和集控站。

二、相邻铁路局高速铁路 CTC 中心接口

目前我国开通运行的高速铁路,很多线路为跨局运行,如武广高速铁路、郑西高速铁

路、京沪高速铁路、京石武高速铁路、哈大高速铁路等。随着列车的运行，大量的数据需要在不同铁路局高速铁路 CTC 中心之间实时交换，包括：列车计划、调度命令、站间透明信息、GSM-R 无线车次信息、RBC 接口信息、临时限速黄色光带、电力臂停送电信息等几乎所有 CTC 业务相关的信息。高速铁路 CTC 系统在原既有 TDCS 通信规程的基础上，增加了满足高速铁路需求的相关内容。为实现该接口，高速铁路中心需要设置相邻高速铁路接口服务器。

高速铁路 CTC 系统邻局信息交互结构如图 6-13 所示。

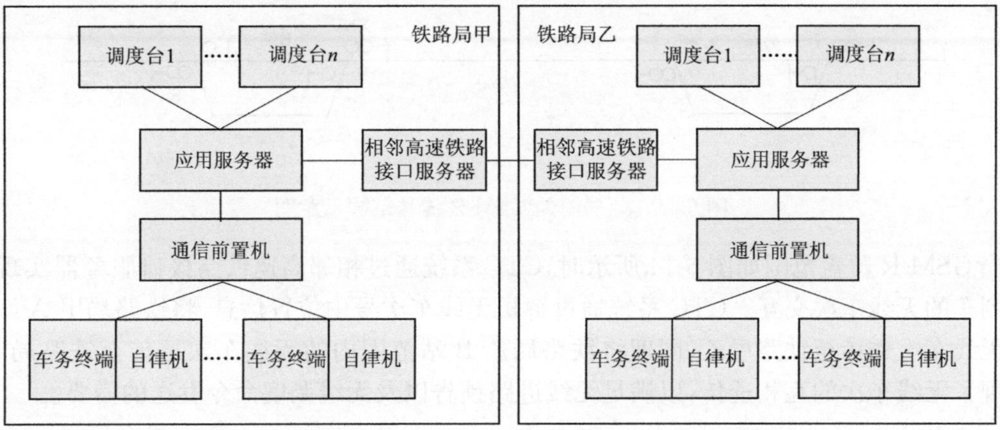

图 6-13　高速铁路 CTC 系统邻局信息交互结构示意图

1. 跨局邻台计划传递

跨局运行的高速铁路，调度台之间需要紧密协同配合，尤其是邻台调整计划的交互，是保证全线运输秩序的重要信息。高速铁路 CTC 系统邻台计划交互除了列车运行计划的接入交出之外，还向邻局透传了整个调度台的调整计划，便于邻局掌握邻台整个列车运行计划。

2. 跨局站间透明及临时限速黄色光带传递

跨局运行的高速铁路，跨局相邻调度台以及分界口车站之间需要实现站场信息透传，由于高速铁路 CTC 拓展了站场表示，如：区间低频码表示、RBC 移动授权表示、CTCS-3 级列车斜体车次、电力臂是否有电、分路不良等。另外，高速铁路 CTC 系统将从 TSRS 获取的临时限速命令处理成黄色光带表示信息，当站场信息透传时，也需要向邻局透传黄色光带表示，以保证信息的完整性。因此相邻铁路局接口软件需要扩展站场表示信息，以满足高速铁路邻局站场表示信息的需要。

3. RBC 信息转发共享

由于列控系统的限制，跨局运行的高速铁路 RBC 系统一般仅设置在某一铁路局的大站，并仅跟所属铁路局的 CTC 系统物理接口，如武广高速铁路 RBC 系统设置在武汉站，仅与武汉局高速铁路 CTC 系统接口，因此广州局 CTC 系统需要了解 RBC 传送的列车速度、移动授权、位置等信息，则需要通过 CTC 系统内部交互获取。CTC 系统将 RBC 传送的信息映射至邻局中心，并传送至调度台、车站自律机以及维护台等设备，从而实现 CTCS-3 级列车状态、移动授权光带以及调度台 CTCS-3 级终端的列车速度、移动授权和车载工作模式的查看。

4. 跨局无线进路预告的实现

在通信方面,GSM-R 的归属与铁路局调度管辖范围一致,如图 6-14 所示,铁路局甲 GSM-R 向 CTC 系统传送的无线调度命令/无线进路预告的范围至 B 站的 X 进站信号机。

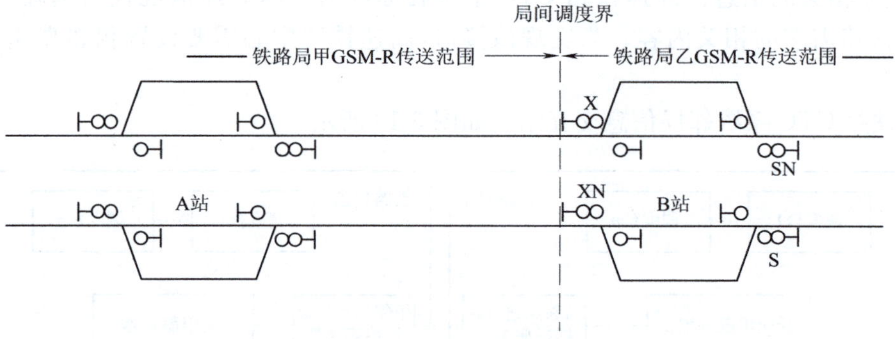

图 6-14 邻局间的 GSM-R 传送范围示意图

当 GSM-R 覆盖范围如图 6-14 所示时,CTC 系统通过相邻高速铁路接口服务器实现跨局运行列车的无线车次交互。CTC 系统通过解析无线车次号中位置信息,将铁路局甲 A 站范围内的无线车次透传至铁路局乙,同理将铁路局乙 B 站范围内的无线车次透传至铁路局甲,从而实现了无线车次的互相透传,以满足无线进路预告以及无线调度命令发送的需要。

三、高速铁路 CTC 中心与铁路总公司调度中心 TDCS/CTC 接口

高速铁路 CTC 中心与铁路总公司调度中心 TDCS/CTC 接口满足铁路总公司对高速铁路线路列车运行的监督与指挥需求。高速铁路 CTC 中心通过设置在中心的对铁路总公司通信接口服务器与铁路总公司 TDCS/CTC 中心进行接口,如图 6-15 所示。

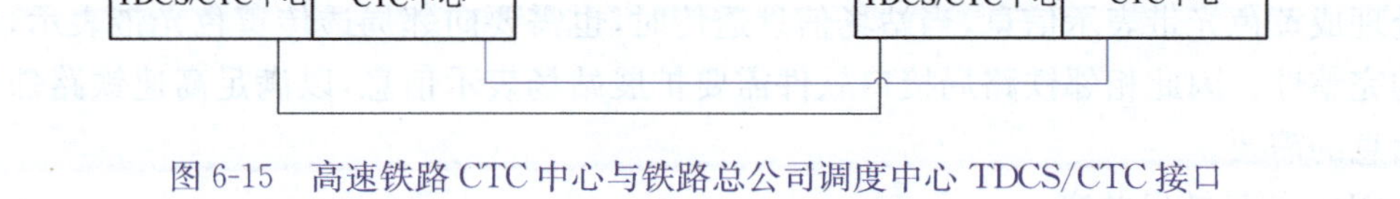

图 6-15 高速铁路 CTC 中心与铁路总公司调度中心 TDCS/CTC 接口

由于铁路总公司需要调阅全路各铁路局的相关行车指挥情况,因此信息主要是由铁路局向铁路总公司进行传送。主要传送内容包括站场实时监视信息、调整图、日班计划图、基本图、历史图、施工计划、调度命令、列车营业站信息、客调/特调信息、RBC 传送的 CTCS-3 级列车运行信息等。

第七章　高速铁路调度集中运输组织

随着高速铁路调度集中系统的普及应用，逐步形成了一套适应高速铁路运输的调度指挥模式，对调度岗位及职责进行了新的划分和定义。高速铁路列车调度员通过调度集中系统直接办理车站行车作业或指挥车站车务、应急值守人员等共同完成车站行车组织工作。与传统调度指挥模式相比，调度集中实现了行车指挥自动化，列车调度员统观全局、远程直接操控车站信号设备，从而达到对铁路行车管理的集中控制，以便更加科学合理地进行调度指挥，实现高速铁路“高速度、高密度”的目标。

第一节　调度指挥人员组成及作业内容

高速铁路列车调度员台独立设置。列车调度员台设列车调度员和助理调度员岗位，由本区段列车调度员统一指挥。

车站设应急值守人员，由车务具有车站值班员职名的人员和电务信号人员担任。在正常情况下，应急值守人员不参与行车工作。

车务应急值守人员在车站行车监控室（设置有调度集中车站控制终端的处所）值守，电务应急值守人员除完成规定的巡视检查、维护工作以外，还在车站行车监控室参与值守工作。具体值守工作制度由铁路局规定。

车站的行车工作由列车调度员办理，司机等相关人员直接向列车调度员报告有关行车工作。

车站由分散自律控制转为非常站控时，车务应急值守人员根据列车调度员指示，担当车站值班员，指挥车站有关行车工作。

列车运行图天窗时间应固定，枢纽地区或动车段（所）根据具体情况由铁路局规定。天窗内施工前后不应限速，必须严格遵循“行车不施工，施工不行车”的原则，固定设备的施工和上线检查、检测、维修工作都必须在天窗时间内进行。

高速铁路列车调度按照《高速铁路调度暂行规则》（简称《高速铁路调规》）履行工作职责，在调度集中模式下，列车调度员的主要工作包括：

1. 列车作业

(1)及时编制与下达列车运行调整计划；

(2)确认列车运行计划的执行；

(3)确认、修正列车进路指令；

(4)确认、修正进路触发方式；

(5)人工干预并操控列车进路；

(6)监视调度集中模式下的列车运行。

2. 调度命令作业

(1)拟写与校核调度命令；

(2)向车站、司机下达调度命令，如果是临时限速命令，还需要同时下达列控限速调度命令至车站列控中心或临时限速服务器；

(3)向列车司机下达行车凭证；

(4)确认受令单位及时签收调度命令；

(5)确认列车司机及时签收行车凭证；

(6)确认调度命令、行车凭证的执行。

3. 施工维修作业

(1)与施工维修单位(车站)核对施工维修计划；

(2)及时下达施工维修、接触网停送电调度命令；

(3)与施工维修单位办理运统 46 登、销记；

(4)确认施工销记后组织恢复正常行车。

第二节　主要岗位职责

一、列车调度岗位职责

(1)列车调度员是本调度区段行车工作的统一指挥者，履行《铁路运输调度规则》《高速铁路调度暂行规则》规定的职责。

(2)监视列车的运行情况，调整列车运行计划和到发线使用。

(3)发布列车运行调度命令、有关行车凭证和口头指示。

(4)指示助理调度依据施工、维修单位的登记及时拟定施工、维修调度命令，并授权下发。

(5)对列控限速调度命令的设置、取消及需要人工排列的进路，与助理调度执行“二人确认制度”。

(6)遇施工、维修时，与驻所联络员办理登、销记手续。遇设备故障、抢修时，核对“运统 46”登销记内容。

二、助理调度岗位职责

(1)接受列车调度员的领导。

(2)监视列车的运行情况，监控管辖各站列车进路和调车进路的排列情况。如设备不能自动动作时，进行人工排列进路和开放信号，与列车调度执行“二人确认制度”。

(3)系统无法实现自动预告时，与非 CTC 控制区的车站(车场)值班员办理预告手续。

(4)组织实施天窗施工及接触网停送电计划，依据施工日计划和施工、维修单位的登记，按照列车调度的指示和授权，及时拟定并发布施工、维修调度命令。

(5)担任调车领导人，及时编制调车作业计划，向车站和司机下达调车作业计划。

(6)完成列控限速的设置、取消工作。

(7)遇设备故障、抢修时，与驻所联络员办理登、销记手续。遇施工、维修时，核对“运统 46”登销记内容。

三、车务应急值守人员职责

(1)车站应急值守人员在车站行车监控室值守,正常情况下不参与行车工作。

(2)集控站转为车站控制时,根据列车调度员指示,担当车站值班员,指挥车站有关行车工作。

(3)在设备故障、施工维修、非正常行车等情况下,根据列车调度员指示,车务应急值守人员负责办理以下行车作业:

①向司机、运转车长等相关人员递交书面调度命令。

②组织相关人员现场准备进路。

③组织相关人员对故障设备进行检查、确认。

④对站内到发线停留车辆的防溜措施进行检查和确认。

⑤在特殊情况下与司机办理故障车、事故车有关随车运输票据和会送单据的交接、保管工作。

⑥组织应急救援,完成信息传递和其他需现场了解、检查确认的工作。

电务、工务人员根据车务应急值守人员指示,协助办理第②③⑥项内容。

四、电务应急值守人员职责

电务应急值守人员发现设备故障或遇行车设备施工、检修时,负责《行车设备检查登记簿》或《行车设备施工登记簿》的登、销记,并对故障设备进行检查、确认、处理。

第三节　基本操作规定

一、确认制度

(1)调度命令确认制度:助理调度按照列车调度的指示及时拟写施工及维修调度命令,但在发布之前须经列车调度员审核确认。

(2)人工排路确认制度:遇分散自律调度集中系统不能自动触发进路命令,需人工触发或人工排列进路时,需经双人确认后,进路命令才能执行。

(3)接发车股道确认制度:遇超限、超长列车及有特殊要求指定股道的列车运行时,列车调度员要按照列车属性和要求,正确设定接发车股道,助理调度员对设定的股道要进行认真确认。

(4)其他特殊情况的确认制度:遇线路封锁、接触网停电、区段分路不良时,需要列车调度员和助理调度员及时进行条件设置并对计划、进路认真确认。

二、调度命令

(1)列车调度员在发布调度命令和口头指示时,除严格按照《铁路技术管理规程(高速铁路部分)》及《铁路运输调度规则》有关规定办理外,对在途运行的列车,当无线通信系统良好时,可直接用其向有关列车司机发布和转达指挥列车运行的命令或口头指示。

(2)列车调度员遇使用无线通信系统无法向司机发布调度命令时,可使用列车调度电话发布，并与司机核对。

(3)列车调度员使用无线通信系统向列车司机发布调度命令时，列车司机接受命令确认无误后必须及时签认。若司机对调度命令内容有疑问时，须立即使用列车无线调度电话向列车调度员询问。

(4)列车司机通过无线通信系统接受调度命令后，应按命令要求，及时向有关人员传达。

三、接发车股道的设置

分散自律调度集中系统根据动车组固定股道等有关规定来设定列车的默认股道，列车调度应对默认股道进行确认，必要时进行人工调整。当系统无法找到合适的默认股道时，给列车调度报警提示，此时需人工指定股道，列车调度要按照列车属性和特殊要求来设定接发车股道。

四、分散自律调度集中自动排路的时机和条件

1. 接车进路自动触发的时机

接车进路办理可分为按时间触发和按空间触发两种条件，两者满足其一即可触发。

按时间触发：分散自律调度集中系统根据不同等级的列车，按接车计划提前接车若干时间触发接车进路。具体时间提前量可以根据各区段列车运行速度和各铁路局的要求进行配置。

按空间触发：分散自律调度集中系统根据不同等级的列车，按接车计划提前接车若干闭塞分区办理接车进路。相邻车站间闭塞分区数不足时，车站作为一个分区处理，具体提前闭塞分区数和时间根据各铁路局相关管理办法进行配置。

以下提供的办理时机表，仅供参考。

CTCS-2 级区段(运行速度 200～250 km/h)接车进路被自动触发时机，见表 7-1。

表 7-1　CTCS-2 级区段接车进路被自动触发的时机

进路 / 车种	地点触发(闭塞分区数量)		时间触发(min)	
	接车	通过	接车	通过
动车组列车	9	9	8	8
特快旅客列车	4	6	6	6
普通旅客列车	4	5	5	5
其他列车	3	4	4	4

CTCS-3 级区段(运行速度 300～350 km/s)接车进路被自动触发时机，见表 7-2。

表 7-2　CTCS-3 级区段接车进路被自动触发的时机

进路 / 车种	地点触发(闭塞分区数量)		时间触发(min)	
	接车	通过	接车	通过
动车组列车	15	15	9	9

CTCS-3 级区段其他类型列车很少，可参照 CTCS-2 级区段设置。

2. 发车进路被自动触发的时机

分散自律调度集中系统对发车进路被自动触发的时机应遵循下面的四个规定：

(1)遵循计划发车的先后顺序;

(2)对于到发列车,满足《铁路技术管理规程(高速铁路部分)》规定的前方闭塞分区空闲间隔条件或满足该列车时间触发要求后;

(3)对于始发列车,根据预计出发时间,提前若干时间办理,具体依据相关管理办法;

(4)列车停稳。

五、接发旅客列车线路的规定

接发旅客列车(以及比照旅客列车办理的其他列车)线路的规定如下:

旅客列车应接入固定线路。如变更接车线路时,列车调度员要及时下达计划,并提前通知车站。

特快旅客列车应在正线上通过,其他通过旅客列车原则上应在正线上通过。

原规定为通过的旅客列车由正线变更为到发线接车及特快旅客列车遇特殊情况必须变更基本进路时,有进路预告信息时,不必预告司机;无进路预告信息时,应预告司机;如来不及预告时,应使列车在站外停车后,再开放进站信号机,接入站内。

六、重型轨道车运行办法

(1)开行重型轨道车时,轨道车司机应将使用目的、运行地点、运行速度及其他注意事项,向车站值班员(列车调度员)提出申请,由列车调度员发布调度命令后执行。

(2)列车调度员同意重型轨道车开行时,须向有关车站及司机发布命令,命令内容包括开行车次及运行注意事项。

(3)重型轨道车在站内作业时,车站值班员(列车调度员)应将经由股道和注意事项向司机传达清楚,司机凭调车信号作业,并认真执行要道、还道制度和确认制度。摘挂车作业时,按本务机调车作业办理。在站停车时,由司机做好防溜工作。

(4)重型轨道车原则上在本段管内或施工区段内使用,经铁路局调度所批准。跨局运行时,需有铁路总公司令。

(5)重型轨道车在高速铁路运行,需按规定配备运行控制设备和机车综合无线通信设备(CIR)。

七、分路不良区段作业办法

轨道电路分路不良对行车安全有直接的影响,须在分散自律调度集中系统内部对分路不良区段加以明示,作为进路能否排列的检查条件之一。

(1)由相关人员在系统站场平面图上对分路不良区段进行明示化,并在运统46内登记。

(2)系统不能自动排列包含未确认空闲的分路不良区段的进路,但可以自动排列包含已确认空闲的分路不良区段的进路。当分散自律调度集中系统自动排列经由未确认空闲分路不良区段的进路或向分路不良股道接车的进路前,系统自动向行车人员给出报警提示,行车人员必须根据提示,确认分路不良区段空闲后并在系统中进行相应操作,系统才能自动排列。列车通过后,要重新确认分路不良区段是否空闲。

(3)调度集中区段,列车调度员办理经由未确认空闲的分路不良区段的进路时,必须严格执行以下规定:

①每次办理进路前，须经车站组织人工确认进路空闲。

②排列进路、开放信号并确认无误后，应将进路上分路不良区段的有关道岔实行单锁。

③调车作业时，须询问调车人员或司机机车车辆的具体位置，确认是否出清道岔轨道电路分路不良区段。

人工确认列车(机车车辆)全部出清分路不良的轨道区段前，严禁操纵该进路上的有关道岔及其设有联锁关系的其他道岔，并不得解锁分路不良区段的单锁。

④轨道电路分路不良的区段(股道、道岔)不能通过控制台锁闭进路、开放信号时，停止办理经过该区段的接发列车及调车作业。

⑤有车占用轨道电路分路不良的股道，不能显示红光带时，须封闭股道两端按钮。

八、进路的变更办法

进路被排出后又要进行变更进路，可能会造成车站作业的紊乱，产生不安全的因素。因此，进站或出站信号机开放后，其接车或发车进路不得随意变更。遇特殊情况必须变更时，须做到以下两点：

(1)变更接车进路时，设有接近锁闭的车站，当列车接近锁闭后，除危及行车安全外，不得变更接车进路。

(2)变更发车进路时，应先通知发车人员，停止发车后，方可取消发车进路。已向列车司机交付行车凭证时，应将行车凭证收回后方可取消发车进路。严禁先取消进路后通知发车人员。

九、引导接车办法

当进站接车进路信号机不能使用时，应使用引导信号接车。引导进路的办理分为以下三种方式。

1. 接车进路已锁闭后转为引导方式

接车进路已经锁闭，由于某种故障不能开放允许信号时，进路被实施了双重锁闭，即进路锁闭和引导锁闭。在解除锁闭时，需先解除引导锁闭，后解除进路锁闭。

2. 接车进路不能锁闭时办理引导进路方式

接车进路因轨道电路区段故障不能建立，但可按引导进路锁闭方式办理引导进路，开放引导信号。该方式对引导进路仅实施了引导锁闭；但故障区段不能实现引导锁闭，仍点亮红光带，故必须在开放引导信号前，将属于故障区段的道岔实行人工锁闭。若开放引导信号后或列车行进中轨道区段故障恢复，则该区段立即能实现引导锁闭，点亮白光带。

3. 全咽喉道岔引导总锁闭方式

该方式对引导进路实施了引导总锁闭。引导进路中的道岔失去表示或向非接车线路引导接车时，采用前两种引导方式无法开放信号，就采用这种方式，将全咽喉道岔锁在规定位置后，开放引导信号简称引导总锁闭。

前两种引导方式是将引导进路上的道岔锁在规定位置后，才开放引导信号，简称引导进路锁闭；可以实现敌对照查锁闭，不能向已经排列了敌对进路的股道开放引导信号，也不能向已办理了引导接车的股道再办理列、调车进路。而第三种为引导总锁闭的方式，开放引导信号后，道岔与信号没有联锁关系，即道岔位置是否正确、进路是否空闲及敌对进路是否办理等条件由人工确认，安全问题由人工保证。

进站信号机内方第一轨道电路区段良好时，当机车车辆第一轮对压入信号机内方时，引导信号自动关闭。

进站信号机内方第一轨道电路区段故障时，引导信号只能持续开放 14 s，需人工重复下达重开引导信号的命令保持信号开放，直到列车进入进站信号机内方。

列车沿引导进路通过后，进路仍处于锁闭状态，当助理调度与车站人员确认列车已全部进入股道后，方可使用总人解按钮解锁进路。

十、行车设备施工和检修

(1)遇分散自律调度集中设备需进行施工或检修作业时，电务人员与车站值班员或列车调度员联系，取得同意后方准进行施工或检修作业，并在《行车设备施工登记簿》内办理登、销记手续。

(2)在分散自律控制模式下，遇行车设备施工或检修时，列车调度员可根据需要指示车站转为非常站控模式。

(3)因运输特殊要求和《铁路技术管理规程(高速铁路部分)》规定，对车站的行车设备需进行联合检查时，由车站负责组织工务、电务等相关部门进行设备联合检查，将检查结果记录于《行车设备联合检查登记簿》内，并向列车调度员汇报，对发现的问题由相关单位或部门尽快解决。

第四节　非正常作业调度处理办法

1. 非常站控模式的处理

遇分散自律调度集中设备故障或设备“天窗”维修、施工时，列车调度指示车站转入非常站控。

在分散自律控制模式下，车站值班员发现危及行车安全的情况时，应立即按下非常站控按钮转为非常站控模式，并及时报告列车调度员。

集控站转为非常站控，且改按电话闭塞法行车时，应执行车机联控，车站值班员应主动呼叫司机。

在非常站控模式下，由车站值班员组织车站有关人员办理接发列车。

2. 办理反方向行车

反方向自动闭塞设备良好的区段，遇反方向接发列车时，列车调度员须按规定发布反方向运行的调度命令。列车占用区间的凭证为出站信号机显示的进行信号。列车调度员每次变更列车运行方向前，必须确认站间区间空闲。

3. 列车调度员遇特殊情况须取消发车进路时

出站信号开放或进入区间行车凭证已交付，如需取消发车进路，应及时与司机联系，确认列车尚未起动后，方可口头通知司机并取消发车进路。遇危及行车安全时，应立即关闭信号，并通知司机停车。

4. 列车由区间退行的接车办法

在分散自律控制模式列车退行时，列车司机应使用列车无线调度电话将情况及时向列车调度员报告。列车调度员须扣停后续列车，并确保退行距离内的闭塞分区空闲，方可发布调度命令。指派胜任人员在列车尾部注视运行前方，发现危及行车或人身安全时，应立即通知司机停车。司机选择隔离模式退行，退行速度不得超过 15 km/h。

若需退行至站内，列车调度员还应确认列车至后方站间已空闲，方可发布调度命令。开放进站信号将列车接入站内。

5. 列车冒进信号的处理

进、出站信号在开放状态关闭，造成列车冒进停车时，应及时通知车站、工务、电务部门检查，并登记运统 46，待确认线路正常、进路正确并销记后，用列车调度电话向司机说明情况。冒进进站信号机时，可将列车接入站内；冒进出站信号机时，可通知司机继续运行。

6. 发生道岔挤岔时的处理

当发生道岔挤岔时，应及时通知工务、电务部门检查处理，按照处理结果组织行车。

7. 轨道电路故障时的进路解锁

由于轨道电路故障导致进路不能正常解锁时，列车调度员须确认列车整列到达、通过或出站后，人工解锁遗留的进路光带。

8. 轨道电路停电恢复时的解锁

在分散自律模式下，轨道电路停电恢复时，列车调度员必须使用列车无线调度通信设备与司机联系，在确认站内列车和调车车列停稳后，按压上电解锁按钮一次性解锁。

9. 轨道电路因故出现红光带(包括出现后又消失)时的处理

在分散自律模式下，列车调度员接到或发现站内非列车占用红光带(包括出现后又消失)信息时，应立即停止使用该故障区段，并登记运统 46，通知工务、电务等部门处理。工务、电务部门未签认具备放行列车条件时，不得放行列车。如故障暂时无法恢复，待工务、电务部门签认具备放行列车条件后，按以下规定办理接发列车。

(1)站内无岔区段出现红光带不灭时

可开放引导信号时，办理引导接(发)车进路，列车凭引导信号进(出)站；引导信号不能开放(故障)时，人工操纵道岔、准备进路，列车凭调度命令进(出)站。

(2)道岔区段出现红光带不灭时

若道岔开通接发列车所需位置，比照站内无岔区段出现红光带办理；若道岔未开通接发列车所需位置，按道岔故障处理。

列车调度员发现及得到区间闭塞分区非列车占用红光带或区间通过信号机故障信息时，列车调度员应立即通知区间内已进入故障地点及后续的列车司机立即停车，通知工务、电务等部门进行处理。闭塞分区非列车占用红光带或区间通过信号机暂时无法恢复，具备放行列车条件时，待故障地点(发生两处及以上故障时，为前进方向第一故障点)前的列车运行至前方站，对区间内已进入故障地点及后续的列车，列车调度员确认列车至前方站间空闲后，通知列车司机故障闭塞分区(区间通过信号机故障时为该信号防护的闭塞分区)起止里程和防护该闭塞分区的通过信号机号码，逐列恢复运行至前方站(指示后续列车恢复运行前必须确认前列已完整到达前方站)。列车司机在该闭塞分区通过信号机(区间信号标志牌)前停车等候2 min后，速度最高不超过 20 km/h(装备 CTCS-3 级列控车载设备的动车组列车在 CTCS-3 级区段为不超过 40 km/h)，继续运行越过该闭塞分区，按次一通过信号机显示(列控车载设备显示)运行，司机应加强瞭望，在停车等候的同时，必须与列车调度员联系，如确认前方闭塞分区内有列车时，不得进入。

如接到司机或设备部门发现断轨等危及行车安全情况的汇报时，列车调度员应立即通知区间内有关列车司机立即停车。

10. 道岔故障需现场准备进路

遇站内道岔故障失去表示时，列车调度应立即停止使用该故障道岔，并登记运统 46，通知工务、电务部门处理。列车调度员负责非故障道岔的操纵、准备进路。

故障暂时无法恢复，具备放行列车条件后，有表示位置可正常办理接发列车，无表示位置原则上不得办理接发列车。必须办理时，列车调度员得到现场进路准备妥当、道岔加锁良好、作业人员已撤至安全地点的汇报后，确认进路正确，解除封锁取消限速后方可办理行车凭证准备接发列车。必要时应及时通知车站值班员转入非常站控模式。

道岔故障消除，经工务、电务部门签认设备恢复正常、交付使用后，方可恢复正常行车。

11. 进、出站(进路)信号机故障时的处理

确认进路准备妥当后，开放引导信号办理接发车作业，遇引导信号不能开放或无引导信号时，向司机发布调度命令办理接发车作业。

12. 谁办谁解的原则

分散自律控制下，进路解锁或取消的权限要符合谁办理谁解锁的原则。

13. 对电气化区段的车站停电及恢复供电线路的处理

电气化区段各站，对停电线路及恢复供电线路，列车调度员应及时在调度集中系统内进行设置和标注，并调整列车运行计划防止电力机车接入无电线路。

14. 列调工作站系统故障时的处理

列车调度员遇列调工作站系统故障时，可切换到其他功能良好的调度工作站上继续作业，并及时通知电务值班人员抢修。

(1)遇所有的列调工作站故障时，须立即通知各站转入非常站控模式，通过调度集中电话及时向各站下达列车运行调整计划，转入人工铺画列车运行图组织指挥行车，并通知电务值班人员抢修。

(2)车站组织作业时，可由车站自律机按原已收到的列车运行调整计划继续自动执行，直到列车运行调整计划执行完毕，此时车站值班员应加强监控，发现问题立即转入非常站控。

15. 车务终端故障时的处理

车站车务终端为双机热备机制，如遇一台车务终端故障，车站值班员在车务终端单机上继续作业，同时向列车调度员汇报，及时通知电务人员处理。如所有车务终端故障时，车站值班员应立即转入非常站控模式，向列车调度员汇报，并通知电务人员处理。

16. 调度所及车站 CTC 设备均不能正确显示列车占用状态

调度所及车站 CTC 设备均不能正确显示列车占用状态时，列车调度员应立即通知已进入区间的列车司机立即停车，通知电务部门进行处理。CTC 设备不能正确显示列车占用状态故障暂时无法恢复，具备放行列车条件时，通知车站转为非常站控，对已进入区间的列车，列车调度员确认列车至前方站间区间空闲后，通知列车司机逐列恢复运行(指示后列每列车恢复运行前必须确认前列已完整到达前方站)，司机按信号显示行车，逐列运行至前方站。

17. CTC 设备登记停用或者全站表示信息中断

当 CTC 设备登记停用或全站表示信息中断未及时恢复时，应将相关车站转为非常站控。

第八章　调度集中系统试验

随着我国高速铁路的快速发展，各铁路局对于TDCS/CTC系统愈加重视，尤其是高速铁路CTC系统，发生设备故障将严重影响高速铁路列车运行秩序，随之带来较大的社会影响。所以，当进行新线建设、施工改造时，CTC系统必须要经历一个完善的测试验证过程。一般，对于高速铁路CTC系统在投入试运营之前需要进行以下三个阶段的测试与试验：室内测试阶段、现场电务测试阶段和联调联试—综合运输试验阶段。本章节介绍上述三个阶段的测试验证内容及方法，同时也举例介绍一种CTC系统与联锁接口数据的自动测试工具。

第一节　室内测试

室内测试前由调度集中设备供应商根据站场平面图、联锁进路表、联锁码位表、列控提供的联锁接口表(ID编号)、侧线限速线路号及里程标系分配表、公里标表、车站编号及归属关系、区间信号机对位表、站号一览表、车站连接示意图、《站细》资料(站台示意图、电力臂示意图及分相中心、行车限制卡、RBC分相示意图、有源应答器资料)，以及调度台相关信息(屏数、分辨率、管辖范围、区段号等)制作车站及调度台数据，制作完成后，开展室内测试。

室内测试包括：站场数据测试、接口数据测试、《站细》数据测试等内容。由调度集中设备供应商先进行内部室内测试，测试完成后，电务段指派相应的测试人员到供应商或计算机联锁、列控中心接口厂家进行仿真测试，测试完成后调度集中供应商及电务段测试人员共同在测试报告中签字确认，确认后封盘，现场施工前检查版本的一致性。

根据工程项目实施的实际特点，室内测试阶段存在输入资料不齐全，接口不具备测试条件等情况，为此，可分阶段开展室内测试，也可根据工程进度的具体要求，将室内测试与现场仿真测试合并。

一、数据测试

数据测试包括与计算机联锁接口数据、与列控中心接口数据、与临时限速服务器接口测试、《站细》数据测试等，测试前由设备供应商搭建测试环境。

(一)与计算机联锁接口测试

1. 站场静态画面核对

检查CTC系统与计算机联锁站场静态界面的一致性，包括信号机位置、高柱、矮型、道岔位置、道岔定反位状态等。

2. 从联锁控显机给CTC的表示信息

道岔：定位、反位、单封、单锁、挤岔；

道岔区段：占用、锁闭、空闲；

轨道区段(区间轨、股道、无岔轨):占用、锁闭、封锁;

列车信号机:红灯、黄灯、绿灯、绿黄灯、双黄灯、黄闪黄、双绿、绿闪、黄闪、红闪、红白灯、点灯状态、灭灯状态;

调车信号机:调车白灯、闪光、蓝灯(动车所特有);

按钮状态:包括所有按钮的抬起与按下状态、单封状态;

闭塞表示灯;

零散表示灯等。

测试时,CTC系统转为车站操作方式,按照计算机联锁码位表,在CTC系统车务终端上对每一码位进行逐一确认,直至全部测试通过。

3. 从自律机发给联锁控显机的控制信息

按照计算机联锁码位表,在CTC系统车务终端上进行人工操作,对每一个输出码位进行测试确认,确认计算机联锁是否正确接收。主要包括如下内容:

道岔:道岔按钮(输出缺省码位);

道岔区段:道岔区段按钮(输出区段缺省码位);

无岔区段:无岔区段按钮(输出缺省码位);

信号机:调车按钮、列车按钮、通过按钮、引导按钮等;

区间闭塞:总辅助按钮、接车辅助按钮、发车辅助按钮、闭塞按钮、事故按钮、复原按钮;

按钮:道岔总定、道岔总反、道岔单锁、道岔单解、道岔单封、道岔封解、钮封按钮、钮解按钮、总人解按钮、总取消按钮、区段故障解锁按钮、坡道解锁按钮、引导总锁按钮、上电解锁按钮、溜放按钮、非进路调车按钮、非进路调车故障复原按钮、允许改方按钮、故障通知按钮、同意动岔/同意封闭按钮、灭/点灯按钮、尖轨心轨按钮。

4. 从自律机发出的控制命令

在车务终端上对所有的控制命令进行完全遍历测试,并记录测试结果。

(1)进路操作

按照进路表对每一条进路进行测试。对每一条进路要进行建立进路、取消进路、总人解进路、人工关闭进路信号、进路信号重开、办理引导操作,对照进路表检查进路开放的信号、锁闭的区段、道岔的位置是否正确。

建立进路的操作方法是用鼠标左键点击车务终端站场操作界面进路始端按钮、变更按钮和终端按钮。

取消进路的操作方法是点击工具条"总取消"按钮,然后点击要取消的进路的始端按钮。

总人解进路的操作方法是点击工具条"总人解"按钮,然后点击要取消的进路的始端按钮。

人工关闭进路信号的操作方法是点击工具条"总人解"按钮,然后点击要关闭信号的进路的任意一道岔区段或道岔。

信号重开的操作方法是在信号没有开放且进路锁闭的情况下,点击工具条"信号重开"按钮,然后点击要开放进路的始端按钮。

当遇到进路中包含防护道岔、超限绝缘检查时,需要验证此条件和联锁是否一致。

在基本进路测试完成后,需要重新生成长进路,并进行测试。

如遇到有长列车进路时,先在联锁上办理进路,根据联锁上的显示手工添加,并测试。

测试进路时,需注意防护道岔、超限绝缘检查条件的测试。

(2)道岔操作

在车务终端上对所有的道岔进行定操、反操、单锁、单解、单封、封解操作,检查道岔位置和状态,检查自律机能否正确输出,控显机能否正确送来变化的表示信息。

在车务终端上,道岔在定位,道岔名称显示为绿色;道岔在反位,道岔名称显示为黄色;道岔单锁,不管道岔单锁在定位或是反位,道岔岔芯部分均显示为绿色圆圈;道岔封锁,道岔岔芯部分均显粉色闪烁,道岔文字外方有红色方框。

道岔定操的操作方式是点击工具条“道岔总定”,然后点击要定操的道岔。道岔反操的操作方式是点击工具条“道岔总反”,然后点击要反操的道岔。道岔单锁的操作方式是点击工具条“道岔单锁”,然后点击要单锁的道岔。道岔解锁的操作方式是点击工具条“道岔解锁”,然后点击要单解的道岔。道岔单封和道岔封解的操作方式相同,点击工具条“封锁按钮”,然后点击要单封或封解的道岔,如果当前道岔处于无封锁状态,那么进行的就是单封操作,如果当前的道岔处于单封状态,那么进行的就是封解操作。

(3)区段故障解锁操作

在车务终端上对无岔区段和有按钮输出的道岔区段(通过查控制码位表得知哪些道岔区段有按钮输出)进行区段故障解锁操作,对于信号开放的进路上的区段,进行一次操作的结果是人工关闭信号机,在关闭信号的进路区段上进行一次操作的结果是使该区段解除锁闭。

区段故障解锁的操作方式是点击工具条“总人解”,然后点击要解除区段锁闭的道岔或无岔。

(4)信号机操作

①信号机按钮封锁操作

在车务终端上对所有的列车按钮、调车按钮进行钮封和钮解操作,检查自律机的控制码位和控显机的表示变化码位。按钮被封锁后显示为粉闪。

信号机钮封和钮解的操作方式相同,点击工具条“封锁按钮”,再点击要钮封或钮解的信号机按钮,如果当时按钮没有封锁,那么就是钮封操作;如果当前按钮的状态为封锁,那么就是钮解操作。

②列车信号机点灯、灭灯操作

在车务终端上对所有的列车信号机进行点灯/灭灯操作,检查自律机的控制码位和控显机的表示变化码位。信号机状态为点灯时,信号灯显示为圆形,信号机状态为灭灯时,信号灯显示为圆形上有叉。

(5)引导进路

在车务终端上对进站信号机和进路信号机进行引导进路的办理和取消操作,检查自律机能否正确的发出控制命令和控显机能否正确执行并送来变化的表示码位信息。

办理引导进路的操作方法是在车务终端上点击工具条“引导按钮”,然后点击要办理的信号机的引导按钮。

取消引导按钮的操作方法是在车务终端上点击工具条“总人解”,然后点击要取消的引导进路的信号机的引导按钮(注意,这里和一般的取消引导进路方法不同,一般方法是先点总人解按钮,后点列车按钮,而不是引导按钮)。

对于进站信号机内方第一区段故障的情况,引导信号开放时,引导按钮上方将出现倒计时定时器,从 15 开始递减,当数字为 0 时,信号关闭。在数字递减为 0 之前再次按下引导按钮,定时器的值复位，重新从 15 开始递减。

(6)引导总锁闭

在车务终端上进行引导总锁和解除引导总锁操作，检查自律机能否正确的发出控制命令和控显机能否正确执行并送来变化的表示码位信息。

引导总锁和解除引导总锁的操作方式相同，在车务终端上点击工具条“引导总锁”，然后点击站场平面上的“X 引导总锁”或“S 引导总锁”。如果当前的该咽喉处于引导总锁状态，那么本次操作就是解除引导总锁；如果该咽喉没有引导总锁，那么该次操作就是引导总锁操作。

咽喉区的引导总锁状态是通过站场平面上的“X 引导总锁”或“S 引导总锁”的按钮状态来判断。如果按钮是显示为红颜色，表示按钮按下，当前为引导总锁状态，不是红颜色，表明没有引导总锁。

在引导总锁状态下，先在联锁控显机上验证能否进行其他操作，然后再在车务终端上验证 CTC 的操作。

引导总锁闭的操作方法和没有引导总锁时引导进路的办理方法完全相同，只是操作的结果不同，引导总锁闭只开放引导信号，不锁闭进路。

(7)功能按钮

功能按钮的操作方法是点击车务终端工具条“功能按钮”，然后在站场图上点击要进行操作的按钮。

①停电恢复按钮

在轨道停电或联锁机启动时使用，也称为“上电解锁”。

②区间闭塞按钮

自动闭塞区间包括“总辅助”“接车辅助”“发车辅助”。

半自动闭塞区间包括“闭塞”“事故”“复原”。

其中，“总辅助”按钮为非自复式按钮。

③允许改方按钮

区间反向行车时，需按下允许改方按钮来改变区间方向，该按钮为非自复式按钮。

④总取消/清除按钮

为了清除不成对的进路按钮和按下不能抬起的自复式按钮，可以通过功能按钮＋站场图上的总取消按钮(或清除按钮与联锁厂家相关)来实现，是手工复位站场按钮的方法。

⑤非进路调车按钮

办理非进路调车时，按下非进路调车按钮操作。

⑥尖轨/心轨按钮

尖轨/心轨按钮均为非自复按钮，道岔故障时使用。

(8)坡道解锁

在车务终端上对有延续进路的车站进行坡道解锁测试。测试方法是，在车务终端上点击工具条“坡道解锁”，然后点击要提前解锁的延续进路的始端列车按钮。

测试时，对应轨道须为占用状态，如果点击的列车按钮对应的股道未占用，自律机会返回出错信息，不输出坡道解锁控制命令。

5. 计数器

所有带铅封的按钮旁边都有一个计数器，每按下一次按钮，计数器的值就会加一。按下带铅封按钮时，看计数器的数值是否会增加。

6. CTC 设备和联锁通信状态

通信测试包括连接测试和稳定性测试。

连接测试中，通过串口线将自律机和联锁表控机连接起来，看双方能否建立连接，断开串口线，双方能否及时显示通信已经中断。

稳定性测试中，观察一段时间内通信中断的次数、通信中断后能否很快恢复等内容。

(二)与列控中心接口测试

1. 接口输入资料

(1)车站归属关系表：该表主要规定中继站 TCC 与车站 TCC 的从属关系，对站场画面的范围界定及自律机配置都需要此表。举例见表 8-1。

表 8-1　车站归属关系

车站名称	归属站	
沧州西		
中继 13	沧州西	
中继 14		
中继 15		
中继 16		
中继 17		
中继 18		

(2)线路地面设备信息表：表 8-2 规定了列控的 TCC 编号，配置自律机时必须用到的。

表 8-2　线路地面设备信息

序号	车站名称	TCC 编号	
		十进制	十六进制
1	北京南高速场	126533889	78AC101
2	中继 1	126534145	78AC201
3	中继 2	126534401	78AC301
4	中继 3	126534657	78AC401
5	中继 4	126534913	78AC501
6	廊坊	126535169	78AC601
7	中继 5	126535425	78AC701
8	中继 6	126535681	78AC801
9	中继 7	126535937	78AC901
10	京津线路所	126536193	78ACA01

(3)出入口排序表：数据制作时需要根据此表输入各出入口的列控编号，表中的序列即为对应站场数据中出入口的列控编号。举例见表 8-3。

表 8-3　出入口排序

序号	发车口(信号机)	防护断丝信号 1	防护断丝信号 2	防护断丝信号 3	防护断丝信号 4
1	X				
2	XN				
3	S				
4	SN				

(4)闭塞分区和信号机排序表：此表格用于 CTC 数据制作时输入区间闭塞分区的列控编号(若存在区间信号机也需要区间信号机排序表，CTC 数据制作时将区间信号机的序号需要作为设备编号输入)，同时也可以由此表得知车站 TCC 和中继站 TCC 的从属关系。举例见表 8-4。

表 8-4 闭塞分区和信号机排序

沧州西站闭塞分区对位表					
序号	闭塞分区名称	归属站	序号	闭塞分区名称	归属站
1	02049	沧州西	15	01941	中继 13
2	02067	沧州西	16	01959	中继 13
3	02085	沧州西	17	01977	中继 13
4	S1LQ	沧州西	18	01995	中继 13
5	02088	沧州西	19	02013	中继 13
6	02070	沧州西	20	02031	中继 13
7	02172	沧州西	21	02050	中继 13
8	02152	沧州西	22	02032	中继 13
9	02132	沧州西	23	02014	中继 13
10	X1LQ	沧州西	24	01996	中继 13
11	02129	沧州西	25	01978	中继 13
12	02147	沧州西	26	01958	中继 13
13	02165	沧州西	27	01940	中继 13
14	01923	中继 13	28	02183	中继 14

2. 测试内容

(1)确定闭塞分区的排序正确性(表示);

(2)确定区间信号机的排序正确性(表示);

(3)确定发车口排序的正确性(表示)。

(4)确定列控区间占用逻辑检查确认指令的正确性(控制)。

3. 测试方法

由调度集中与列控设备供应商共同搭建测试环境,并确认 CTC 与列控通信正常后,即可开始进行接口测试,通常可按如下步骤测试。

(1)核对区间信号机表示

测试时需要列控厂家在其设备上对相应的区间信号机分别设置“红”“绿”“绿黄”“黄”四种状态,CTC 系统在车务终端上核对此区间信号机的表示信息,并填写测试表格。

由于 CTC 原始数据仅输入信号机的列控排序编号,而非针对信号机的每种表示输入不同数据,故测试时使用四种表示状态可足够验证输入的列控排序是否正确。

(2)核对区间闭塞分区占用、空闲、失去分路

测试时需要列控厂家在其设备上对相应的闭塞分区分别设置“占用”“空闲”“失去分路”状态,CTC 系统在车务终端上核对此闭塞分区的表示信息,并填写测试表格。

(3)核对区间闭塞分区的低频信息

对于需要显示分区低频信息的区段测试时,需要列控厂家在其设备上对相应的闭塞分区分别设置低频码序,分别设置“L5”“HU”“U”三种状态,CTC 系统在车务终端上观察此闭塞分区的低频信息,并将鼠标移至低频三角上查看显示的发码文字,并填写测试表格。

由于 CTC 原始数据仅输入闭塞分区的排序表,而非针对每个低频码输入不同的数据,故测试时使用三个发码状态就足够验证输入的列控排序是否正确。CTCS-2 级高速铁路无低频码的无需核对。

(4)核对出入口的方向

测试时需要列控厂家在其设备上对相应的车站出入口进行改方操作,分别设置“接车”“发车”两种状态,CTC系统在车务终端上观察此出入口的低频三角的方向是否与列控一致,并填写测试表格。CTCS-2级高速铁路有区间通过信号机区段无需核对。

(5)核对列控区间占用逻辑检查确认指令

测试四种控制指令:闭塞分区确认无车占用、区间逻辑状态总解锁、区间逻辑检查开启、区间逻辑检查关闭。

①闭塞分区确认无车占用:测试时需要列控厂家在其设备上逐个对闭塞分区设置“失去分路”状态,CTC系统在车务终端上对该闭塞分区进行确认无车占用操作,命令下达后观察闭塞分区是否恢复为空闲,并填写测试表格。

②区间逻辑状态总解锁:测试时需要列控厂家在其设备上针对某个出入口,设置该出入口对应所有闭塞分区为“失去分路”状态,CTC系统在车务终端上对该出入口进行区间逻辑状态总解锁操作,命令下达后观察该出入口对应的闭塞分区是否全部恢复为空闲,并填写测试表格。

③区间逻辑检查开启/关闭:CTC系统在车务终端上对某个出入口进行区间逻辑检查开启和关闭操作,命令下达后观察该出入口对应的区间逻辑检查表示灯状态,并填写测试表格。

4. 测试记录

测试期间,对于所测试的每一项都要在测试表格中进行记录。测试完成后电务段测试工程师、CTC设备厂家配合人员共同签署确认。

(1)列控中心表示核对测试表格样例(表8-5)

表8-5 列控中心表示核对测试表格

车站名称　　　　　　　　TCC编号:

闭塞分区数目:　　　　　信号机数目:　　　　　方向口数目:

试验正确用:√　　不正确用:×　　无条件测试用:△　　非测试项用:—

测试人员:　　　　　　　　　　　　　　　　　　　　日期:

设备 \ 测试项目		信号机状态				闭塞分区状态						出入口状态	
		绿	绿黄	黄	红	占用	空闲	失去分路	L5	HU	U	接车	发车
信号机	××信号机					—	—	—	—	—	—	—	—
	××信号机					—	—	—	—	—	—	—	—
	××信号机					—	—	—	—	—	—	—	—
	……					—	—	—	—	—	—	—	—
闭塞分区	××G	—	—	—								—	—
	××G	—	—	—								—	—
	××G	—	—	—								—	—
	……	—	—	—								—	—
出入口	X	—	—	—		—	—	—	—	—	—		
	XN	—	—	—		—	—	—	—	—	—		
	S	—	—	—		—	—	—	—	—	—		
	SN	—	—	—		—	—	—	—	—	—		
	……	—	—	—		—	—	—	—	—	—		

（2）列控中心控制指令测试表格样例

表 8-6　列控中心控制指令测试表格

车站名称　　　　　　　　　TCC 编号：

闭塞分区数目：　　　　　　方向口数目：

试验正确用：√　　不正确用：×　　无条件测试用：△　　非测试项用：—

测试人员：　　　　　　　　　　　　　　　　　　　　　　　　　　　　日期：

设备	测试项目	闭塞分区确认无车占用	区间逻辑状态总解锁	区间逻辑检查开启	区间逻辑检查关闭
闭塞分区	XXG		—	—	—
	XXG		—	—	—
	XXG		—	—	—
	……		—	—	—
出入口	X	—			
	XN	—			
	S	—			
	SN	—			
	……	—			

（三）与临时限速服务器接口测试

1. 接口输入资料

CTC 系统与临时限速服务器接口所需资料与 TCC 接口所需资料相同，不再赘述。

2. 测试内容

该测试需要涵盖所有临时限速服务器所管辖范围内的所有区段，包括正线限速、侧线限速、区间限速。对于存在多套公里标系的连接时，需要针对不同公里标的分界处进行着重验证。特别是分界里程标的“＝”“＜1 米”和“＞1 米”情况。还需要特别注意本调度台管辖边界“＝”“＞1 米”“＜1 米”的情况。

3. 测试方法

测试时，可在列控实验室搭建测试环境进行接口测试，也可以通过模拟软件进行模拟测试，目的是保证列控接口数据的一致性。

（1）CTC 调度台拟定限速调度命令，车站 CTC 车务终端应能正常收到并签收，调度台应能收到调度命令被成功签收的回执。

（2）输入选中线路合理的公里标系数及公里标值，通过校验后，应能自动勾选受令处所的 TSRS 服务器，下达后，调度命令受令处所的 TSRS 服务器应显示为绿色“√”。

（3）临时限速界面应能显示出下达的限速命令，包括限速命令号、正线显示线路名称、线路编号、限速起止公里标值、限速值信息；侧线显示车站名称、线路编号及限速值。

（4）激活校验、发送按钮可以顺利将限速命令发送到 TSRS 服务器，并有相应回执状态。

（5）CTC 车务终端站场图上应显示相应的限速命令的黄框，且黄框应在限速范围处显示。对于正线限速，光标移动至黄框处，显示的限速命令号码、限速命令起止里程标、限速速度值等信息应与限速命令拟定值一致；对于侧线限速，相应侧线限速表示灯应为黄色，光标移动至黄色表示灯时，应显示有限速命令号、侧线线路编号及限速值信息显示，并且与拟定限速命令值一致。

(6)调度台调监画面应显示相应的限速命令的黄框,黄框应在限速范围处显示。正线限速,光标移动至黄框处,显示的限速命令号码、限速命令起止里程标、限速速度值等信息应与限速命令拟定值一致;侧线限速,相应侧线限速表示灯应为黄色,光标移动至黄色表示灯时,应有限速命令号、侧线线路编号及限速值信息显示,并且与拟定限速命令值一致。

4. 测试记录

测试完成后,记录所测正线线路的限速命令编号、限速范围、速度值信息,侧线的线路编号、速度值信息,区间的线路编号,速度值信息。

(四)《站细》数据测试

《站细》数据测试一般由设备供应商软件人员在现场搭建测试环境,供电务人员进行测试核对,运输人员在运输试验时进行验证。

二、室内测试软件

室内测试软件必须经过测试并发布,其版本应与用于现场的实际软件版本一致。由于CTC设备供应商已完成软件测试及发布,室内软件测试基本在数据测试完成后在室内或现场进行电务测试。

第二节 现 场 测 试

现场电务测试的前提是已完成室内测试和CTC设备供应商的集成测试,软件、数据均已灌装在实际的CTC系统内,相关接口设备如计算机联锁系统、列控系统、GSM-R接口、与临时限速服务器接口、与RBC接口等均已更换软件和数据。现场测试由一般由电务部门负责,自行制定测试方案和测试表格,调度集中设备厂家技术人员提供测试配合。现场测试包括车站测试和中心测试两部分。

一、车站测试

1. 站场显示一致性测试

通过联锁系统条件办理信号开放、进路建立、轨道占用以及道岔操作等查看并确认车务终端本站站场显示与联锁控显机显示一致。

2. CTC车站模式转换验证

通过联锁控显机"非常站控"按钮和CTC车务终端"模式转换"按钮的切换,验证"非常站控"与"车站控制"模式间转换试验是否正常。

通过车务终端值班员和信号员进路操作授权间切换,验证车站授权操作是否正常。

3. CTC操作功能验证

通过车务终端排列信号进路、扳动道岔、按钮封锁等操作,并结合联锁进路表具体内容,逐一核对信号进路办理、信号显示和按钮操作显示等内容。

通过电务维护机操作验证各轨道分路不良设置和取消是否正常。

4. 车站邻站一致性验证

查看并确认车务终端邻站站场显示是否正确,邻站显示是否匹配。

邻站若为CTC车站,则需要在CTC控制模式下进行发车进路排列试验。

5. 调度命令签收

通过中心调度台下达测试调度命令，查看并确认车务终端调度命令下达提示、签收、打印和调阅等功能是否正常。

6. 阶段计划签收

通过中心调度台下达测试阶段计划，查看并确认车务终端阶段计划下达提示、签收、显示和调阅等功能是否正常。

7. 行车日志功能验证

通过中心调度台下达测试阶段计划，在联锁上模拟列车占用状态等列车运行状况，查看并确认车务终端邻站预告、车次报点等功能是否正常。

二、中心测试

站场显示一致性测试是指通过车站联锁系统办理信号开放、进路建立、轨道占用以及道岔等操作，查看并确认调度终端画面中车站站场显示与联锁控显机显示是否一致；查看并确认调度台调监显示画面是否布局合理。

1. CTC 车站模式转换验证

通过助调终端操作信号进路、道岔操作、按钮封锁等，并结合联锁进路表具体内容，逐一核对信号进路办理、信号显示和按钮操作显示等内容，确认车站与中心功能操作一致性。

2. CTC 操作功能验证

通过助调台"模式转换"按钮和 CTC 车站车务终端"模式转换"按钮的切换，验证"中心控制"、"车站调车"与"车站控制"以及"非常站控"模式间转换试验是否正常。

3. 调度命令下达

通过中心调度台下达测试调度命令，查看并确认调度命令下达提示、签收、回执、打印和调阅等功能是否正常。

4. 阶段计划下达

通过中心调度台下达测试阶段计划，查看并确认阶段计划下达提示、签收、回执显示等功能是否正常。

5. 临时限速功能验证

根据临时限速服务器管辖范围(含站内正线限速、侧线限速和区间限速)，通过中心调度台下达临时限速命令，查看并确认临时限速命令的下达、执行状态是否正常，查看确认调度台、车站车务终端调监黄光带显示位置及限速值是否准确。

6. CTCS-3 级列车信息显示功能验证

通过中心调度台 RBC 显示画面，查看并确认调度台、车站车务终端调监画面中 CTCS-3 级列车移动授权显示、车次号显示和位置信息是否正常。

7. GSM-R 无线传输系统功能验证

通过接口设备状态显示和日志记录以及通信对应设备状态显示等信息，查看并确认无线车次号接收是否正常。

通过调度台调度命令界面下达测试机车的无线调度命令，查看并确认无线调度命令发送和签收等功能是否正常。同时车务终端查看并确认转发无线调度命令功能是否正常。

结合运输试验或动车试验，验证无线进路预告功能是否正常。

8. 其他功能验证

查看并确认对应施工车站接入通信前置机软件界面显示和运行状态是否正常；

查看并确认对应施工车站接入 TSR 接口通信机后，软件运行状态是否正常；

查看并确认对应施工车站接入 RBC 接口通信机后，软件运行状态是否正常；

查看并确认对应施工车站接入应用服务器后，软件运行状态是否正常；

查看并确认 TD 接口通信服务器运行状态是否正常；

查看并确认铁路总公司接口通信服务器运行状态是否正常，同时联系确认对方接口侧信息显示正常；

验证铁路总公司中心复示终端站场图、运行图复视功能是否正常；

查看并确认网络拓扑软件界面显示状态是否正常；

查看其他系统接口功能是否正常(若涉及局间分界口、本局分界口车站)。

三、测试记录

测试完成后，电务段相关测试人员会对所有需要测试的内容进行记录，对于测试发现的问题反馈给调度集中供应商查找原因并跟踪解决。

1. TDCS/CTC 系统临时限速实验表(站内侧线)(表 8-7)

表 8-7 TDCS/CTC 系统临时限速实验表(站内侧线)

<table>
<tr><td colspan="7">版本号：</td></tr>
<tr><td rowspan="2">序号</td><td colspan="5">调度中心、车务终端一致性核对</td><td rowspan="2">备注</td></tr>
<tr><td>侧线限速区</td><td>限速等级</td><td>限速下达正确</td><td>限速取消正确</td><td>与其他侧线限速区覆盖情况</td></tr>
<tr><td></td><td></td><td></td><td></td><td></td><td></td><td></td></tr>
<tr><td></td><td></td><td></td><td></td><td></td><td></td><td></td></tr>
<tr><td></td><td></td><td></td><td></td><td></td><td></td><td></td></tr>
<tr><td></td><td></td><td></td><td></td><td></td><td></td><td></td></tr>
<tr><td></td><td></td><td></td><td></td><td></td><td></td><td></td></tr>
<tr><td colspan="7">注：表格内检查项目用如下代号填写：“√”表示正确，“×”表示错误，“△”表示无此条件。</td></tr>
</table>

2. CTC 系统站内信号机操作及表示信息核对表(表 8-8)

表 8-8 CTC 系统站内信号机操作及表示信息核对表

<table>
<tr><td colspan="22">站名：　日期：　试验主持人：　调度中心：　车务终端：　车站联锁：</td></tr>
<tr><td colspan="22">版本号：</td></tr>
<tr><td rowspan="2">序号</td><td colspan="20">调度中心、车务终端、车站联锁一致性核对</td><td rowspan="2">备注</td></tr>
<tr><td>信号机名称</td><td>位置</td><td>显示方向</td><td>钮封操作及显示</td><td>钮解操作及显示</td><td>开灯操作及显示</td><td>灭灯操作及显示</td><td>L</td><td>LU</td><td>U</td><td>UU</td><td>USU</td><td>H</td><td>列车信号断丝</td><td>HB</td><td>LL</td><td>B</td><td>A</td><td>调车信号断丝</td><td>按钮按下显示红色(出站信号机包括列车)</td></tr>
<tr><td></td><td></td><td></td><td></td><td></td><td></td><td></td><td></td><td></td><td></td><td></td><td></td><td></td><td></td><td></td><td></td><td></td><td></td><td></td><td></td><td></td><td></td></tr>
<tr><td></td><td></td><td></td><td></td><td></td><td></td><td></td><td></td><td></td><td></td><td></td><td></td><td></td><td></td><td></td><td></td><td></td><td></td><td></td><td></td><td></td><td></td></tr>
<tr><td></td><td></td><td></td><td></td><td></td><td></td><td></td><td></td><td></td><td></td><td></td><td></td><td></td><td></td><td></td><td></td><td></td><td></td><td></td><td></td><td></td><td></td></tr>
<tr><td></td><td></td><td></td><td></td><td></td><td></td><td></td><td></td><td></td><td></td><td></td><td></td><td></td><td></td><td></td><td></td><td></td><td></td><td></td><td></td><td></td><td></td></tr>
<tr><td></td><td></td><td></td><td></td><td></td><td></td><td></td><td></td><td></td><td></td><td></td><td></td><td></td><td></td><td></td><td></td><td></td><td></td><td></td><td></td><td></td><td></td></tr>
<tr><td colspan="22">注：表格内检查项目用如下代号填写：“√”表示正确，“×”表示错误，“△”表示无此条件；未列入表格中的其他灯位状态须利用备注栏进行核对。</td></tr>
</table>

3. CTC 系统站内轨道电路操作及表示信息核对表(表 8-9)

表 8-9 CTC 系统站内轨道电路操作及表示信息核对表

站名：	日期：		试验主持人：		调度中心：			车务终端：		车站联锁：	
版本号：											
序号	调度中心、车务终端、车站联锁一致性核对										备注
	区段名称	位置	绝缘节	空闲表示	占用表示	锁闭表示	正常解锁表示	封锁表示	取消封锁	故障(人工)解锁操作及表示	

4. CTC 系统其他功能按钮和表示信息核对表(表 8-10)

表 8-10 CTC 系统其他功能按钮和表示信息核对表

站名：	日期：	试验主持人：		调度中心：		车务终端：	车站联锁：
版本号：							
序号	调度中心、车务终端、车站联锁一致性核对		备注	序号	调度中心、车务终端、车站联锁一致性核对		备注
	各种表示信息名称(按钮按下及点灯)	表示信息正确			各种功能按钮名称(按钮按下及点灯)	功能正确	
注：表格内检查项目用如下代号填写："√"表示正确，"×"表示错误，"△"表示无此条件。							

5. CTC 系统控制模式试验表(表 8-11)

表 8-11 CTC 系统控制模式试验表

站名：	日期：	试验主持人：		调度中心：		车务终端：		车站联锁：
版本号：								
分散自律向非常站控转换				非常站控模式，车务终端(调度中心)控制不起作用				
转换正常	提示报警	状态表示	不影响已办理的列车和调车进路，不形成预排进路	道岔不能操动	信号不能开放	方向不能改变	闭塞不能办理	车务终端其他所有操作不起作用
非常站控向分散自律转换				分散自律模式，车站联锁控制台不起作用				
转换正常	提示报警	状态表示	不影响已办理的列车和调车进路，不形成预排进路	道岔不能操动	信号不能开放	方向不能改变	闭塞不能办理	除非常站控按钮其他所有操作不起作用

续上表

<table>
<tr><td colspan="9">站名：　　日期：　　试验主持人：　　调度中心：　　车务终端：　　车站联锁：</td></tr>
<tr><td colspan="9">版本号：</td></tr>
<tr><td colspan="4">分散自律车站调车模式下</td><td>分散自律模式转向非常站控模式不检查任何条件</td><td colspan="4">非常站控模式转向分散自律模式检查条件</td></tr>
<tr><td>车务终端不得解锁调度中心办理的列车进路或关闭列车信号</td><td></td><td>调度中心不得解锁车站办理的调车进路或关闭调车信号</td><td></td><td></td><td>分散自律系统不正常不能转换</td><td></td><td>有正在执行的按钮操作不能转换</td><td></td></tr>
<tr><td colspan="9">注：表格内检查项目用如下代号填写：“√”表示正确，“×”表示错误，“△”表示无此条件。</td></tr>
</table>

6. CTC系统区间信号表示信息核对表(表8-12)

表8-12　CTC系统区间信号表示信息核对表

<table>
<tr><td colspan="20">站名：　　日期：　　试验主持人：　　调度中心：　　车务终端：　　车站联锁：</td></tr>
<tr><td colspan="20">版本号：</td></tr>
<tr><td rowspan="2">序号</td><td colspan="18">调度中心、车务终端、车站联锁一致性核对</td><td rowspan="2">备注</td></tr>
<tr><td>信号机名称</td><td>位置</td><td>显示方向</td><td>L5</td><td>L4</td><td>L3</td><td>L2</td><td>L</td><td>LU</td><td>U</td><td>HU</td><td>HUS</td><td>U2S</td><td>USU</td><td>UU</td><td>H</td><td>列车信号断丝</td><td>反方向一致性核对</td></tr>
<tr><td></td><td></td><td></td><td></td><td></td><td></td><td></td><td></td><td></td><td></td><td></td><td></td><td></td><td></td><td></td><td></td><td></td><td></td><td></td><td></td></tr>
<tr><td></td><td></td><td></td><td></td><td></td><td></td><td></td><td></td><td></td><td></td><td></td><td></td><td></td><td></td><td></td><td></td><td></td><td></td><td></td><td></td></tr>
<tr><td></td><td></td><td></td><td></td><td></td><td></td><td></td><td></td><td></td><td></td><td></td><td></td><td></td><td></td><td></td><td></td><td></td><td></td><td></td><td></td></tr>
<tr><td></td><td></td><td></td><td></td><td></td><td></td><td></td><td></td><td></td><td></td><td></td><td></td><td></td><td></td><td></td><td></td><td></td><td></td><td></td><td></td></tr>
<tr><td></td><td></td><td></td><td></td><td></td><td></td><td></td><td></td><td></td><td></td><td></td><td></td><td></td><td></td><td></td><td></td><td></td><td></td><td></td><td></td></tr>
<tr><td colspan="20">注：表格内检查项目用如下代号填写：“√”表示正确，“×”表示错误，“△”表示无此条件。</td></tr>
</table>

7. CTC系统区间轨道电路表示信息核对表(表8-13)

表8-13　CTC系统区间轨道电路表示信息核对表

<table>
<tr><td colspan="16">站名：　　日期：　　试验主持人：　　调度中心：　　车务终端：　　车站联锁：</td></tr>
<tr><td colspan="16">版本号：</td></tr>
<tr><td rowspan="2">序号</td><td colspan="6">调度中心、车务终端、车站联锁一致性核对</td><td rowspan="2">备注</td><td rowspan="2">序号</td><td colspan="6">调度中心、车务终端、车站联锁一致性核对</td><td rowspan="2">备注</td></tr>
<tr><td>区段名称</td><td>位置</td><td>占用</td><td>空闲</td><td>封锁表示</td><td>取消封锁</td><td>区段名称</td><td>位置</td><td>占用</td><td>空闲</td><td>封锁表示</td><td>取消封锁</td></tr>
<tr><td></td><td></td><td></td><td></td><td></td><td></td><td></td><td></td><td></td><td></td><td></td><td></td><td></td><td></td><td></td><td></td></tr>
<tr><td></td><td></td><td></td><td></td><td></td><td></td><td></td><td></td><td></td><td></td><td></td><td></td><td></td><td></td><td></td><td></td></tr>
<tr><td></td><td></td><td></td><td></td><td></td><td></td><td></td><td></td><td></td><td></td><td></td><td></td><td></td><td></td><td></td><td></td></tr>
<tr><td></td><td></td><td></td><td></td><td></td><td></td><td></td><td></td><td></td><td></td><td></td><td></td><td></td><td></td><td></td><td></td></tr>
<tr><td colspan="16">注：表格内检查项目用如下代号填写：“√”表示正确，“×”表示错误，“△”表示无此条件。</td></tr>
</table>

8. CTC 系统与车站联锁关系核对表(表 8-14)

表 8-14 CTC 系统与车站联锁关系核对表

<table>
<tr><td colspan="15">站名：　　日期：　　试验主持人：　　调度中心：　　车务终端：　　车站联锁：</td></tr>
<tr><td colspan="15">版本号：</td></tr>
<tr><td rowspan="2">序号</td><td colspan="13">调度中心、车务终端、车站联锁一致性核对</td><td rowspan="2">备注</td></tr>
<tr><td>进路号码</td><td>始端按钮</td><td>变通按钮</td><td>终端按钮</td><td>正常开放信号</td><td>重复开放信号</td><td>取消进路解锁</td><td>人工限时解锁</td><td>正常解锁</td><td>引导进路办理</td><td>引导进路取消</td><td>坡道延续进路办理</td><td>坡道延续进路人工</td></tr>
<tr><td></td><td></td><td></td><td></td><td></td><td></td><td></td><td></td><td></td><td></td><td></td><td></td><td></td><td></td><td></td></tr>
<tr><td></td><td></td><td></td><td></td><td></td><td></td><td></td><td></td><td></td><td></td><td></td><td></td><td></td><td></td><td></td></tr>
<tr><td></td><td></td><td></td><td></td><td></td><td></td><td></td><td></td><td></td><td></td><td></td><td></td><td></td><td></td><td></td></tr>
<tr><td colspan="15">注：表格内检查项目用如下代号填写："√"表示正确，"×"表示错误，"△"表示无此条件。问题记在备注栏内。</td></tr>
</table>

9. CTC 系统引导信号等其他试验表(表 8-15)

表 8-15 CTC 系统引导信号等其他试验表

<table>
<tr><td colspan="8">站名：　　日期：　　试验主持人：　　调度中心：　　车务终端：　　车站联锁：</td></tr>
<tr><td colspan="8">版本号：</td></tr>
<tr><td rowspan="3">序号</td><td rowspan="3">信号机名称</td><td colspan="5">调度中心、车务终端、车站联锁一致性核对</td><td rowspan="3">备　注</td></tr>
<tr><td rowspan="2">开放引导信号</td><td rowspan="2">取消引导信号</td><td colspan="2">进路内第一区段红光带</td><td rowspan="2">计数正确</td></tr>
<tr><td>开放引导信号</td><td>引导信号倒计时到零前能补信号</td></tr>
<tr><td></td><td></td><td></td><td></td><td></td><td></td><td></td><td></td></tr>
<tr><td></td><td></td><td></td><td></td><td></td><td></td><td></td><td></td></tr>
<tr><td></td><td></td><td></td><td></td><td></td><td></td><td></td><td></td></tr>
<tr><td colspan="8">注：表格内检查项目用如下代号填写："√"表示正确，"×"表示错误，"△"表示无此条件。</td></tr>
</table>

10. 分散自律调度集中系统轨道区段分路不良试验表(表 8-16)

表 8-16 分散自律调度集中系统轨道区段分路不良试验表

<table>
<tr><td colspan="24">站名：　　日期：　　主持试验人：　　调度中心：　　车务终端：　　厂家：</td></tr>
<tr><td rowspan="4">序号</td><td rowspan="4">道岔/轨道区段名称</td><td rowspan="4">分路不良设置情况</td><td colspan="2" rowspan="2">无岔区段或股道</td><td colspan="6">岔前</td><td colspan="6">岔后定位</td><td colspan="6">岔后反应</td><td rowspan="4">备注</td></tr>
<tr><td colspan="3">分路不良闪烁，需强制执行</td><td colspan="3">确认空闲后，可直接执行</td><td colspan="3">分路不良闪烁，需强制执行</td><td colspan="3">确认空闲后，可直接执行</td><td colspan="3">分路不良闪烁，需强制执行</td><td colspan="3">确认空闲后，可直接执行</td></tr>
<tr><td rowspan="2">分路不良闪烁，需强制执行</td><td rowspan="2">确认空闲后，可直接执行</td><td rowspan="2">道岔不动，排列进路</td><td rowspan="2">定→反</td><td rowspan="2">反→定</td><td rowspan="2">道岔不动，排列进路</td><td rowspan="2">定→反</td><td rowspan="2">反→定</td><td rowspan="2">道岔不动，排列进路</td><td rowspan="2">定→反</td><td rowspan="2">反→定</td><td rowspan="2">道岔不动，排列进路</td><td rowspan="2">定→反</td><td rowspan="2">反→定</td><td rowspan="2">道岔不动，排列进路</td><td rowspan="2">定→反</td><td rowspan="2">反→定</td><td rowspan="2">道岔不动，排列进路</td><td rowspan="2">定→反</td><td rowspan="2">反→定</td></tr>
<tr></tr>
<tr><td></td><td></td><td></td><td></td><td></td><td></td><td></td><td></td><td></td><td></td><td></td><td></td><td></td><td></td><td></td><td></td><td></td><td></td><td></td><td></td><td></td><td></td><td></td><td></td></tr>
<tr><td></td><td></td><td></td><td></td><td></td><td></td><td></td><td></td><td></td><td></td><td></td><td></td><td></td><td></td><td></td><td></td><td></td><td></td><td></td><td></td><td></td><td></td><td></td><td></td></tr>
<tr><td></td><td></td><td></td><td></td><td></td><td></td><td></td><td></td><td></td><td></td><td></td><td></td><td></td><td></td><td></td><td></td><td></td><td></td><td></td><td></td><td></td><td></td><td></td><td></td></tr>
<tr><td colspan="24">注：表格内检查项目用如下代号填写："√"表示正确，"×"表示错误，"△"表示无此条件。</td></tr>
</table>

11. 高速铁路CTC系统站内列车占用丢失报警功能试验表(表8-17)

表8-17 高速铁路CTC系统站内列车占用丢失报警功能试验表

<table>
<tr><td colspan="10">站名：　日期：　试验主持人：　调度中心：　车务终端：　临站车务终端：</td></tr>
<tr><td colspan="10">版本号：</td></tr>
<tr><td rowspan="3">序号</td><td colspan="8">调度中心、车务终端一致性核对</td><td rowspan="3">备注</td></tr>
<tr><td rowspan="2">站内股道或区段</td><td>列车在站内股道占用后红光带消失，且相邻区段15 s内无占用红光带，则产生报警</td><td>列车在站内股道占用后红光带消失，相邻道岔区段15 s内虽然有红光带，但道岔不开向该股道，也产生报警</td><td>列车进站时，股道相邻区段占用红光带消失后，15 s内股道无占用红光带，则产生报警</td><td>列车在进站信号机外方接近区段占用红光带消失后，15 s内接车进路无占用红光带，则产生报警</td><td>列车在股道占用后红光带消失，股道另一端为非电气集中区，不报警</td><td rowspan="2">调度台报警</td><td rowspan="2">报警内容包括：语音报警“××次列车占用丢失”，弹出报警窗“××次列车占用丢失”，车次号变大闪烁</td></tr>
<tr><td>本站车务终端</td><td>本站车务终端</td><td>本站车务终端</td><td>本站车务终端</td><td>本站车务终端</td></tr>
<tr><td></td><td></td><td></td><td></td><td></td><td></td><td></td><td></td><td></td><td></td></tr>
<tr><td></td><td></td><td></td><td></td><td></td><td></td><td></td><td></td><td></td><td></td></tr>
<tr><td></td><td></td><td></td><td></td><td></td><td></td><td></td><td></td><td></td><td></td></tr>
<tr><td></td><td></td><td></td><td></td><td></td><td></td><td></td><td></td><td></td><td></td></tr>
<tr><td colspan="10">注：表格内检查项目用如下代号填写：“√”表示正确，“×”表示错误，错误现象记在备注栏内，“△”表示无此条件。</td></tr>
</table>

12. TDCS/CTC系统区间列车占用丢失报警功能试验表(表8-18)

表8-18 TDCS/CTC系统区间列车占用丢失报警功能试验表

<table>
<tr><td colspan="15">站名：　日期：　试验主持人：　调度中心：　车务终端：</td></tr>
<tr><td colspan="15">版本号：</td></tr>
<tr><td rowspan="3">序号</td><td colspan="13">调度中心、车务终端一致性核对</td><td rowspan="3">备注</td></tr>
<tr><td rowspan="2">轨道区段</td><td colspan="2">列车出站时，站内最后一个区段红光带消失，15 s内未占用第一离去区段，第一离去报警</td><td colspan="2">列车在闭塞分区占用后红光带消失，连续15 s前方闭塞分区无占用红光带，则产生列车占用丢失报警</td><td colspan="2">列车在闭塞分区占用后红光带消失，连续15 s前方闭塞分区无占用红光带，即使后方闭塞分区有红光带也产生列车占用丢失报警</td><td colspan="2">对于列车紧追踪情况，后车占用红光带消失后连续15 s，前方闭塞分区虽然占用但为不同列车车次，也产生列车占用丢失报警</td><td colspan="2">对于列车紧追踪情况，前车占用多个闭塞分区，后车占用红光带消失后连续15 s，前方闭塞分区虽然占用但不是后车车次时，产生列车占用丢失报警</td><td rowspan="2">调度台报警</td><td rowspan="2">报警内容包括：语音报警“××次列车占用丢失”，弹出报警窗“××次列车占用丢失”，车次号变大闪烁</td></tr>
<tr><td>本站车务终端</td><td>邻站车务终端</td><td>本站车务终端</td><td>邻站车务终端</td><td>本站车务终端</td><td>邻站车务终端</td><td>本站车务终端</td><td>邻站车务终端</td><td>本站车务终端</td><td>邻站车务终端</td></tr>
<tr><td></td><td></td><td></td><td></td><td></td><td></td><td></td><td></td><td></td><td></td><td></td><td></td><td></td><td></td><td></td></tr>
<tr><td></td><td></td><td></td><td></td><td></td><td></td><td></td><td></td><td></td><td></td><td></td><td></td><td></td><td></td><td></td></tr>
<tr><td></td><td></td><td></td><td></td><td></td><td></td><td></td><td></td><td></td><td></td><td></td><td></td><td></td><td></td><td></td></tr>
<tr><td colspan="15">注：表格内检查项目用如下代号填写：“√”表示正确，“×”表示错误，错误现象记在备注栏里，“△”表示无此条件。</td></tr>
</table>

13. TDCS/CTC 系统临时限速试验表(一个闭塞分区)(表 8-19)

表 8-19 TDCS/CTC 系统临时限速试验表(一个闭塞分区)

站名： 日期： 试验主持人： 调度中心： 车务终端： 车站联锁：

版本号：

序号	调度中心、车务终端一致性核对						备注
	起止公里标	归档公里标	限速区段	限速等级	限速下达显示正确	限速取消正确	

注：表格内检查项目用如下代号填写："√"表示正确，"×"表示错误，"△"表示无此条件。

14. TDCS/CTC 系统临时限速试验表(两个以上闭塞分区结合)(表 8-20)

表 8-20 TDCS/CTC 系统临时限速试验表(两个以上闭塞分区结合)

站名： 日期： 试验主持人： 调度中心： 车务终端： 车站联锁：

版本号：

序号	调度中心、车务终端一致性核对					备注	说明
	限速区段范围	归档公里标	限速等级	限速下达正确	限速取消正确		
							下行 2 个闭塞分区
							下行 3 个闭塞分区
							下行 4 个闭塞分区
							下行 5 个闭塞分区
							下行 6 个闭塞分区
							下行 7 个闭塞分区
							跨公里标系试验一条
							下行本站管内一条线
							跨站间下行试验一条
							上行 2 个闭塞分区
							上行 3 个闭塞分区
							上行 4 个闭塞分区
							上行 5 个闭塞分区
							上行 6 个闭塞分区
							上行 7 个闭塞分区
							上行 8 个闭塞分区
							上行本站管内一条线
							跨站间上行试验一条
							断链区段须按照列控要求试验

注：表格内检查项目用如下代号填写："√"表示正确，"×"表示错误，"△"表示无此条件。

第三节　联调联试(综合运输试验)

联调联试的前提条件是电务试验已经完成,电务试验发现的问题已经克服。该阶段一般运输部门参与安排线路实际空载跑车,中心调度员及车站车务人员上岗,通过调度台给各站下达接发车作业计划、车站按照计划接发车。运输人员尽可能将所有调度台及车站各项功能试验完毕,《站细》数据确认完毕。

一、车站主要试验

(一)非常站控模式下测试内容

1. 站场信息

(1)通过车站站型和线路实际运行列车走行情况,核对确认站场信息显示与实际列车运行占用或出清以及站场进路状态等开关量信息显示一致。

(2)通过车站调监画面显示确认邻站调监画面中本站站场显示是否正确,同时确认本站的邻站站场显示是否同邻站自身站场显示一致,并且确认车站调监画面有无缺站或显示异常等问题。

2. 车次号

通过车站的调监画面显示,核对确认正常运行列车车次跟踪是否正常,车次属性显示是否正常。

3. 行车日志

(1)通过调度中心下达列车阶段计划,核对阶段计划的签收和信息显示是否正确。

(2)通过试验列车进行邻站预告、同意接车和发车等功能验证,确认对应的预告点、同意接发车时刻是否可以正常显示至对应的行车日志栏,同时验证对应的邻站预告的车站是否正确。

(3)根据实际运行列车分别验证本站或邻站的列车自动报点功能是否正常。

4. 列车占用丢失报警

车站根据站场情况分别模拟列车在区间和股道上的占用丢失条件,以此核对确认列车占用丢失报警功能的正确性。

5. 其他功能

若车站存在其他特殊功能模块,需根据具体功能进行针对性试验验证。

(二)模式转换测试

(1)通过联锁控显机"非常站控"按钮和CTC车务终端"模式转换"按钮的切换,验证"非常站控"与"车站控制"模式间转换试验是否正常。

(2)通过CTC车务终端"模式转换"按钮的切换,验证"车站控制"与"车站调车"、"中心控制"模式间转换试验是否正常。

(三)进路操作

(1)在车站控制模式下,根据调度中心下达的运行计划,进行进路按钮操作排列进路,同时根据列车种类、接车线路等《站细》规定的内容进行逐项验证。

(2)在车站控制模式下,根据调度中心下达的运行计划,进行进路序列人工触发进路,同时根据列车种类、接车线路等《站细》规定的内容进行逐项验证。

(3)在车站控制模式下,根据调度中心下达的运行计划,进行进路序列“自触”进路,同时根据列车种类、接车线路等《站细》规定的内容进行逐项验证。

(4)在车站调车模式下,对列车按钮是否可以操作进行验证,同时操作排列调车进路,核对确认列车计划和调车进路冲突检查是否正常。

(5)执行按钮或区段、轨道的封锁,核对解封锁操作要求。

(6)通过车务终端操作对应的“功能按钮”验证对应的按钮和进路操作是否正常。

(四)分路不良

通过电务维护机设置分路不良区段,并通过模拟或试验列车运行,以此验证分路不良功能的正确。

二、中心调度台主要试验

(一)非常站控模式下测试内容

1. 站场信息

通过调监站场和线路实际列车走行情况,确认调度台管内各站场信息显示与实际列车运行占用或出清以及站场进路状态等显示一致。

2. 车次号

通过调监画面显示,确认正常运行列车车次跟踪是否正常,车次属性显示是否正常。

3. 运行图

(1)通过调度中心下达列车阶段计划,核对阶段计划的涉及车站站名、数量显示以及签收后回执状态是否正确。

(2)根据实际运行列车验证列车自动报点功能是否正常。

4. 列车占用丢失报警

各车站根据站场情况分别模拟列车在区间和股道上的占用丢失条件,以此核对确认列车占用丢失报警功能的正确性。

5. 其他功能

若调度台存在其他特殊功能模块,需根据具体功能进行针对性试验验证。

(二)电力臂功能

(1)根据电力臂管辖范围,进行电力臂显示一致性核对。

(2)对相应电力臂进行有电、无电操作,同时进行模拟电力和非电力机车的开行,以此试验电力臂卡控功能的正确。

(三)分路不良功能

(1)通过车站设置对应车站站场区段的分路不良操作,核对调监显示分路不良正确性。

(2)通过排列经过分路不良区段的进路,并模拟列车运行,进路解锁,验证分路不良功能的正确性。

(四)CTCS-3级列车信息显示功能验证

通过中心调度台RBC显示画面,查看并确认调度台、车站车务终端调监画面中CTCS-3

级列车移动授权显示、车次号显示和位置信息是否正常。

（五）模式转换

(1)通过助调台“模式转换”按钮的切换，验证“车站控制”与“车站调车”、“中心控制”模式间转换试验是否正常。

(2)通过车站联锁控显机“非常站控”按钮和助调台“模式转换”按钮的切换，验证“非常站控”与“车站调车”或“中心控制”模式间转换试验是否正常。

（六）CTC 进路操作

(1)在中心控制模式下，根据调度中心下达的运行计划，进行进路按钮操作排列进路，同时根据列车种类、接车线路等《站细》规定的内容进行逐项验证。

(2)在中心控制模式下，根据调度中心下达的运行计划，进行助调台进路序列人工触发进路，同时根据列车种类、接车线路等《站细》规定的内容进行逐项验证。

(3)在中心控制模式下，根据调度中心下达的运行计划，进行助调台进路序列“自触”进路，同时根据列车种类、接车线路等《站细》规定的内容进行逐项验证。

(4)在车站调车模式下，分别对列车、调车按钮操作验证，同时操作排列列车进路，核对确认列车计划和调车进路冲突检查是否正常。

(5)对按钮或区间、股道进行封锁、解锁操作，核对是否符合要求。

(6)通过助调台操作对应的“功能按钮”验证对应的按钮和进路操作是否正常。

（七）临时限速

根据临时限速服务器管辖范围(含站内正线限速、侧线限速和区间限速和)，通过中心调度台下达临时限速命令，查看并确认临时限速命令的下达、执行状态是否正常，查看确认调度台、车站车务终端调监黄光带显示位置是否准确。

三、试验内容

1. TDCS/CTC 系统供电臂单元核对及卡控报警功能(表 8-21)

表 8-21　TDCS/CTC 系统供电臂单元核对及卡控报警功能

序号	供电单元号	所含车站、区间(场、折返段、线路所)	限制行车内容	站场对应		排路卡控报警	备　注
				有电状态	无电状态		
							如果是改造车站，建议只试验改造车站。邻站数据未发生变化不建议试验

注：表格内检查项目用如下代号填写：“√”表示软件设置、调监显示与路局公布行车限制卡提供表格一致，“×”表示不一致，“△”表示无此条件。

2. 高速铁路 CTC 系统车站应用功能测试表(表 8-22)

表 8-22　高速铁路 CTC 系统车站应用功能测试表

序号	功能描述	说　明	测试结果	备　注
1	分散自律控制转换为非常站控	在联锁终端上操作,车务终端上和中心工作站上有显示,非常站控按钮为非自复式带铅封计数器按钮。(无条件,封锁等 CTC 设置的标记自动失效,会有不完整控制命令遗留,安全问题由人保证)		
2	报警提示	车务终端、电务维护终端上均应有报警		
3	非常站控转换为分散自律控制	在联锁操作,车务终端上有显示,此时联锁控制台不能办理操作(切换时,不能有两种模式的组合命令形成)		
4	系统判断转回条件	有正在执行的按钮操作或自律机异常时,此时不具备转换条件,"允许转回"灭灯		
5	"允许转回"黄灯不亮时,能否转	不能进行转换		
6	日班计划接收、签收、调阅	接收行调台发来的调度命令格式的日班计划,以调度命令方式浏览、查询		
7	运行调整计划接收、浏览	接收行调台发来的运行调整计划,以运行图方式和时刻表方式浏览、查询,可以浏览相邻各 2 个站的计划		
8	实际图的请求、接收、浏览	可以向中心申请本站和相邻站的实际图,接收后以运行图和时刻表的方式查询、浏览		
9	调度命令接收、打印	接收行调台、值班主任台编写的调度命令,按特定模板方式显示,提供人工签收、转发机车的功能,转发机车时,有机车自动回执和司机签收回执		
10	调度命令查询	可以按时间和命令号查询、浏览接收到的调度命令,是否转发机车有标志		
11	发送限速命令	给列控中心发送限速命令		
12	按钮设置	停电恢复、道岔单操、区段解锁、调车进路办理		
13	调车进路人工直接办理	调车进路须输入预计作业时分,受列车计划限制;办理方式:调车始端+调车终端(+变更)+进路选择功能钮+确认		
14	调车进路人工直接取消	谁办谁解,办理方式:调车始端+总取消功能钮+确认		
15	调车进路人工直接解锁	1 层密码,办理方式:调车始端+总人接功能钮+确认		
16	调车信号重复开放办理	办理方法:进路始端按钮+信号重复开放功能按钮+确认		
17	道岔单操办理	办理方法:道岔按钮+总定功能按钮+确认、道岔按钮+总反功能按钮+确认		
18	轨道电路停电恢复办理	自律机收到界面的操作命令后,送给联锁整个咽喉一次解锁		
19	区段故障解锁办理	提供办理方式,人工确认后使用,谁办谁解		
20	基本联锁关系检查	不符合基本联锁关系的操作命令不予下发,并提示原因		
21	控制命令响应时间	命令完整下发后到正确执行完后,时间符合标准		
22	表示信息响应时间	车站控制台有显示后到车务终端显示出来,时间符合标准		
23	进路指令表	在操作显示界面上可以随时人工请求查看自律机中最新的列车进路指令表,能够标识出进路的状态(未执行、已锁闭、已执行等)		

续上表

序号	功能描述	说　明	测试结果	备　注
24	《站细》条件检查	调车作业的提前停止检查，接客车时的调车作业限制		
		车站各股道能否接超限车是否正确		
		车站各股道能否接客车是否正确		
		车站相邻股道已有超限车，能否同时接发超限车是否正确		
		车站高低站台显示是否正确		
		车站辙岔号小于12号道岔曲股时不能接客车进路卡控，提示信息和可以强制执行是否正确		
25	分路不良标示、空闲确认操作	在电务维护终端由电务人员标记分路不良，分路不良的区段是否空闲，由车务人员确认空闲		
26	分路不良空闲未确认	分路不良空闲未确认时，无法排列进路，但可以强制执行		
27	区间有封锁	区间有封锁时，无法完成向发车方向口办理发车进路		
28	站内股道有封锁	股道有封锁时，无法完成向该股道方向办理接车进路		
29	站内或区间无电设置	设置某处无电时，无法完成电力接车的接车或发车		
30	行车日志自动生成	根据实际报点信息自动生成行车日志(运统二/三)，按运输要求格式，可以提供修改(人工报点)、报印、查询等功能		
31	调车作业单的接收、转发、查询	可以接收中心助调台编制的通知单并可查询显示、打印(带站场平面图)，不能修改、可转发到机车		
32	本站调车作业单的编制	按现场实际调车单格式内容输入调车作业计划，每钩计划至少应包含序号、作业股道、作业方法、辆数、备注等内容，调车单可以先编好缓存起来，需要时再调出下达		
33	调车作业单的查询	已下达或缓存的调车单可以方便地进行查询		
34	调车作业单所需进路的生成	编好的作业单可预下达到车站自律机中，对应的进路可以由自律机根据现场实际自动生成，并返回到对应的调车单界面上，同时返回根据钩作业时分生成的每条进路的预计执行时间；也可由人工在编制调车单时提前输入，一起下达到自律机中执行		
35	自动生成的调车进路的人工调整、确认	对于较复杂的车站，自律机自动生成的进路可能会与编制人的意图不符，系统应能提供出对应某条进路的全部可能变更选项，供人工选择；点中调车单中的进路时，在对应的站场图上有对应的光带，方便编制人确认。进路经确认后下达到自律机，作为将要执行的调车计划进路		
36	站存车信息输入、查询、发送	方便地输入、修改、列表查询站存车信息，并可发送给相关调度台和车站		
37	列车编组信息接收	按T/D结合统一格式显示TMIS的运统1，接收显示行调整台转发的运统1信息		
38	新的编组信息输入、发送	按T/D结合统一格式显示TMIS的运统1，可输入、修改在本站变化的编组信息，发送到相关站段和调度台		
39	列车小编组信息显示	方便地输入、修改列表查询小编组信息，并可发送给相关调度台和车站		

续上表

序号	功能描述	说　明	测试结果	备　注
40	双机故障切换验证	关闭一台车务终端，系统功能正确，发送新的运行调整计划、调车作业计划并执行，记录此期间应该有的变化。打开关闭的车务终端，待正常启动后，将其切换为主机并接管显示器和键盘鼠标，观察下列数据的同步：运行调整计划、调车作业计划均应为新发的内容，进路指令表也为新的内容，行车日志已经更新		
41	双机故障切换时间	关闭一台车务终端，另一台同步接管，时间符合标准		
42	车站设备状态实时监视	设备连接图方式，分层显示，反映本站设备的网络连接情况，包括输入输出板的各位状态		
43	操作控制记录日志	列表方式		
44	故障报警日志	列表方式		
45	行车信息实时监视	相邻各5个站，包含车次号信息		
46	车站调车→中心控制	助调直接转换，不需要车站同意		
47	车站控制→车站调车	调度中心助调申请，车站值班员同意		
48	车站控制→中心控制	助调申请，车站值班员同意		
49	车站调车→车站控制	车站值班员申请，助调同意		
50	中心控制→车站调车	助调直接转换，不需要车站同意		
注：表格内检查项目用如下代号填写："√"表示正确，"×"表示错误，"△"表示无此条件。				

3. CTC《站细》功能试验(表8-23)

表8-23　CTC《站细》功能试验

股道编号	线路性质	接发车类型	是否接发超限列车	相邻股道是否可同时接发超限列车	站台设置（高、低）	是否允许接动车组	《站细》一致性核对	备　注
							√	
							√	
							△	
							×	
注：表格内检查项目用如下代号填写："√"表示软件设置与《站细》提供表格一致，"×"表示不一致，"△"表示无此条件。								

4. 调度命令功能(表 8-24)

表 8-24　调度命令功能

序号	测试项名称	测试内容	测试结果	备　注
		核实受令处所车站是否完整		
1	调度命令编写	调度命令标题与调度命令模板的正确调用		
2		调度命令内容的编写,模板字体与新增内容字体的选择		
3		受令单位的选择,单选、多选和全选		
4		抄送处所的填写		
5		行调和助调一方草拟命令,一方发送命令是否正确		
6		接受的命令能够转发,对于转发的命令应该使用本台的新调度命令号		
7	调度命令保存	对已编写的调度命令是否能正确保存		
8		已保存的调度命令能在“缓存命令”一栏中正确显示		
9		用已保存的调度命令下发给车站		
10	调度命令查询	查询暂存的调度命令		
11		查询车站发给调度台的调度命令		车站为模拟车务终端,下同
12		查询已经下发给车站的调度命令		
13		查询中转箱中邻台发的调度命令		
14		检查中转箱、待发箱、发令箱、储令箱中的调度命令内容是否和实际一致		
15		在查询一栏中,可以根据时间范围、调度命令号、发令单位或者命令中的关键字进行查询		
16		对所要查询的调度命令,能否正确显示		
17		选择“只显示已签收”选项,可以选择查阅所有的调度命令或者只是签收过的调度命令		
18	调度命令下发	对已经编写好的调度命令,分别选择单站、多站和所有车站、其他调度台进行下发		
19		需要值班主任授权情况下,发送调度命令(短命令 100 字内,及长命令 1 500～2 000 字各测一条)		
20		调度命令发给邻台(包括跨分界口)(短命令 100 字内,及长命令 1 500～2 000 字各测一条)		
21		以上两种情况下,检查是否有自动回执和人工回执,并能显示车站签收情况(签收或拒签)		
22		调度台代签功能		
23	调度命令号码管理	调度命令是否能自动滚号		
24		使用已用过的调度命令号有警告提示		
25		行调和助调交叉发送调度命令,号码是否正确		
26	无线调度命令	选择通过 GSM-R 服务器或是地面中转站发送给机车		
27		根据车次号查询机车号		

续上表

序号	测试项名称	测试内容	测试结果	备　注
28	无线调度命令	增加或删除相应的无线车次信息		
29		无线机车的自动回执和人工回执显示是否正确，并能显示机车的签收情况		
30	无线调度命令群发	增加、删除或者修改需要发送无线调度命令的中转车站		
31		根据需要对所要发送的无线机车的方向（上下行）、时间范围进行设置		
32		在群发管理中，可以查询正在执行的、等待执行的和已经执行过的无线调度命令		
33		所有收到中转站发送的无线调度命令的机车，都应实时的显示出来，并显示所有机车的签收情况		
34	调度命令分类	缓存命令中显示已保存的调度命令		
35		接收命令中显示收到的调度命令		
36		发送命令中显示已经发送的调度命令，但未全部签收完		
37		已发命令中显示已经发送并且全部签收完的调度命令		
38	常用词汇编辑	常用词汇添加、删除和保存		
39		常用词汇字体选择		
40	调度命令模板编辑	调度命令模板的增加、删除、修改和保存		
41		调度命令模板中添加组		
42		经过编辑的调度命令模板，能否被正确调用		
注：表格内检查项目用如下代号填写："√"表示正确，"×"表示错误，"△"表示无此条件。				

5. 计划及运行图功能（表 8-25）

表 8-25　计划及运行图功能

序号	测试项名称	测试内容	测试结果	备注
		核对阶段计划受令处所是否与管辖范围一致		
1	运行线的调整	运行线的添加、拖动和删除		
2		运行线车次的修改		
3		运行线机车号和机车类型的修改		
4		运行线股道的人工修改		
5		运行线正晚点统计功能		
6		查询台运行线与行调台保持一致		
7	运行线的生成	根据日班计划可以自动铺画		
8		根据基本图可以自动铺画，根据基本图车次号手工加车		
9		根据径路加车（F2）		
10		根据径路批量加车（F4）		
11		手工画线加车，左键功能		
12		手工画线加车，右键功能		
13		以上方法加车，运行线线形是否正确		

续上表

序号	测试项名称	测试内容	测试结果	备注
14	CTC计划股道的自动选择	各种方法增加运行线后，选择股道是否正确(CTC站)		
15		运行线通过变停开，停开变通过，选择股道是否正确		
16		对于计划内股道已经占用的情况，能否选择其他股道		
17		对于计划内股道全部占用的情况，能否按照配置选择空股道或者同向股道		
18	区间封锁	选择区间封锁后，是否能拖动调整以及删除		
19		区间封锁后，加线是否能自动避让		
20	文字标注	绘制、删除、修改事故注解、文字标注等信息		
21	下达计划合法性检查	能否接超限列车		
22		非客车股道能否接客车		
23		技术停点和停车站条件		
24		电力机车条件		
25		高站台条件		
26	计划时效性检查	下发新计划后原计划被更新，但已经排列进路的计划仍然有效		
27		当列车办理到达进路完成后修改计划下达，功能是否正确		
28		进路序列里修改股道后能否再运行图上自动修改		
29		计划线转实际后不能被拖动		
30	下达计划完整性检查	下发包含多个车次的阶段计划给车站，检查车站是否完全收到		
31		删除运行线后下达计划		
32		运行线中间站停运后下达计划(下达车站位于停运车站后)		
33		运行线中间站始发后下达计划(下达车站位于始发车站前)		
34		运行线下达后，移动出下达范围后下达		
35		如上操作，行调台终端重新启动后下达		
36		自律机重启或切换请求计划		
37	计划对自动排路的控制	各种类型的运行线接车进路的办理时机是否正确		
38		按计划排路和避让关系排路功能是否正确		
39	自动报点和人工报点	能自动生成实际图		
40	运行图站中心里程核对	LKJ站中心里程		
41	接触网停电	供电臂设置成有电或者无电时是否有相应的变化		
42		设置股道无电		
注：表格内检查项目用如下代号填写："√"表示正确，"×"表示错误，"△"表示无此条件。				

6. 系统控制及站场图功能(表 8-26)

表 8-26　系统控制及站场图功能

序号	测试项名称	测试内容	测试结果	备注
1	区段画面显示	正确显示电力机车		
2		正确显示高低站台		
3		正确显示限速标识		
4		正确显示分路不良标识		
5		正确显示电力臂有电、无电		
6		正确显示列车的早晚点信息		
7		正确显示 CTCS-3 级信息终端,与 RBC 发送的时机、速度、MA 距离、位置数据相同		
8		正确显示 RBC 传输的 MA 虚框,确认信息延伸准确		
9	控制命令响应时间	时间符合标准		
10	表示信息响应时间	时间符合标准		
11	重要报警信息	设备故障		
12		进路无法自动办理		
13	进路指令表	能查看最新的列车进路指令表		
14		同时能够标识出进路的状态(等待、完成、出清)		
15	进路序列的删除和人工触发	在进路序列表中可以对已有的进路序列删除或对未触发的进路进行人工触发		
16		能察看进路序列明细		
17		查询机仅具有只读权限		
18	计划排不出进路时的处理	提示自动排路失败		
19	区间封锁、股道封锁	提示自动排路失败		
注:表格内检查项目用如下代号填写:"√"表示正确,"×"表示错误,"△"表示无此条件。				

7. TD 结合功能(表 8-27)

表 8-27　TD 结合功能

序号	测试项名称	测试内容	测试结果	备注
1	日班计划	从 TMIS 获取日班计划信息,并在日班计划运行图中自动铺画		
2		在图定加车中,可以根据日班计划中指定的范围来生成运行线		
3		从 TMIS 获取调整计划信息,签收后更新实际运行图		
4		根据日班计划加入的运行线,在右侧属性栏中可以查询		
5		客调命令信息、军特运信息、甩挂车信息、车站营业信息和超限禁会信息		

续上表

序号	测试项名称	测试内容	测试结果	备注
6	施工计划	可以从 OPMS 获取施工计划，并可以查询施工计划详细信息，施工揭示命令和施工调度命令		
7		选择符号上图，可以在实际运行图和日班计划图中自动生成施工符号		
8		可以将施工命令转存到调度命令管理系统的缓存箱中，并且可以直接调用和下发		
9		在施工计划表中，选择任意一条施工命令，调度命令管理界面中会自动与之关联		
注：表格内检查项目用如下代号填写："√"表示正确，"×"表示错误，"△"表示无此条件。				

8. CTC 系统运输相关规则功能（表 8-28）

表 8-28　CTC 系统运输相关规则功能

<table>
<tr><th>序号</th><th>测试项名称</th><th colspan="2">测试内容</th><th>测试结果</th><th>备注</th></tr>
<tr><td>1</td><td>未知列车的处理</td><td colspan="2">铺画的列车不在车次编订范围内时，该计划线自动设为未知列车，线条为绿色，自律机不自动排路。需要人工修改列车属性里的列车类型和区间点，系统方可修改线形和自动排路</td><td></td><td></td></tr>
<tr><td>2</td><td rowspan="5">股道自动选择的规则</td><td colspan="2">图定车使用图定股道</td><td></td><td></td></tr>
<tr><td>3</td><td rowspan="4">非图定车或不按图定径路走的车，被选股道必须满足以下条件</td><td>通过时强制使用正线</td><td></td><td></td></tr>
<tr><td>4</td><td>到开、始发、终到时，不自动选择正线</td><td></td><td></td></tr>
<tr><td>5</td><td>股道必须空闲，即不能已被另一列车的计划使用</td><td></td><td></td></tr>
<tr><td>6</td><td>下达计划时，系统会自动检查股道合法性</td><td></td><td></td></tr>
<tr><td>7</td><td rowspan="7">影响自动排路的计划线重要参数</td><td colspan="2">列车的接入/交出方向（右键菜单修改计划参数对话框）</td><td></td><td></td></tr>
<tr><td>8</td><td colspan="2">调整阶段计划，对支线方向和多方向的列车及反方向运行的列车方向进行确定设置</td><td></td><td></td></tr>
<tr><td>9</td><td colspan="2">技术停点：设置了技术停点的客车可接入无站台股道</td><td></td><td></td></tr>
<tr><td>10</td><td colspan="2">按计划发车：不选择此项则默认避让前一列车</td><td></td><td></td></tr>
<tr><td>11</td><td colspan="2">最小停站时间：此参数会影响发车进路的预计办理时间</td><td></td><td></td></tr>
<tr><td>12</td><td colspan="2">超限列车，只能接入超限列车固定的股道</td><td></td><td></td></tr>
<tr><td>13</td><td colspan="2">牵引/附挂机车类型，定义电力机车</td><td></td><td></td></tr>
<tr><td>14</td><td rowspan="4">《站细》规定的股道条件和自触标记自动设置</td><td colspan="2">对计划到开、终到或始发的客车，股道必须有客运设备（技术停点除外）</td><td></td><td></td></tr>
<tr><td>15</td><td colspan="2">对计划通过的客车，股道必须是正线（客车侧线通过必须人工办理）</td><td></td><td></td></tr>
<tr><td>16</td><td colspan="2">对电力机车，股道（进路）与出入口必须有接触网且处于供电状态</td><td></td><td></td></tr>
<tr><td>17</td><td colspan="2">对超限车，必须计入《站细》规定的超限车固定股道</td><td></td><td></td></tr>
<tr><td>18</td><td rowspan="2">人工修改自触标记</td><td colspan="2">人工抑制自触后，系统不会再自动设置自触标记</td><td></td><td></td></tr>
<tr><td>19</td><td colspan="2">人工取消进路后，系统默认为人工抑制自触</td><td></td><td></td></tr>
</table>

续上表

序号	测试项名称	测试内容		测试结果	备注
20	接车进路自动排列的时机和条件	时间触发	高速动车组		
21			动车组		
22			Z、T 客车		
23			普通客车		
24			货车		
25		地点触发	高速动车组		
26			动车组		
27			Z、T 客车		
28			普通客车		
29			货车		
30		时间与地点两条件满足任一个，均自动办理进路			
31	通过进路的自动处理	通过的列车计划，在进路序列中分为接车进路和发车进路，可分别办理。自动办理时按以下规则	接车进路不能办理则发车进路也不能办理		
32			接车可办理，发车不能办理时，办理接车进路		
33			接发车都可办理时，先办发车进路后办接车进路		
34	列车停稳的判断条件	列车完全进入股道后，按规定延时后，系统判断为已停稳			
35	行车约束条件	满足办理时机条件后，CTC 系统还将检查以下行车约束条件，以下检查全部通过后，才会发送控制命令至联锁系统	信号联锁条件：包括检查封锁、敌对进路、道岔单锁位置		
36			分路不良条件：分路不良区段必须已确认空闲		
37			线路性质：需满足《站细》规定的股道与出入口的客货、超限、电力等属性		
38			交叉进路：需检查是否有与其交叉的进路需同时办理		
39			超限车规定：两相邻轨道不能同时接超限车		
40	自动排路中的进路办理顺序	CTC 系统严格按照计划时间顺序办理进路			
注：表格内检查项目用如下代号填写：“√”表示正确，“×”表示错误，“△”表示无此条件。					

第四节　自动测试工具

高速铁路 CTC 系统功能验证包括室内测试、现场测试、运输试验等大量的测试工作。在测试时如果能够基于测试的内容及软件特点开发出一些自动化的测试工具必将起到事半功倍的效果。本节介绍一种测试工具，即 CTC-AutoTest。

CTC-AutoTest 自动测试工具主要由调度集中设备供应商进行内部与计算机联锁接口数据测试使用。此工具通过读取 CTC 数据中的进路信息，自动向车务终端发送排列进路或取消进路的命令，并将车务终端返回的表示信息与数据中的进路信息进行比对，实现对进路的自动排列，以及进路中信号机、道岔、轨道区段设备的表示信息自动测试功能，并将最终比对结果显示在程序界面上，保存在日志中供数据测试人员参考，可大幅提高测试效率。

自动测试工具接口方式如图 8-1 所示。

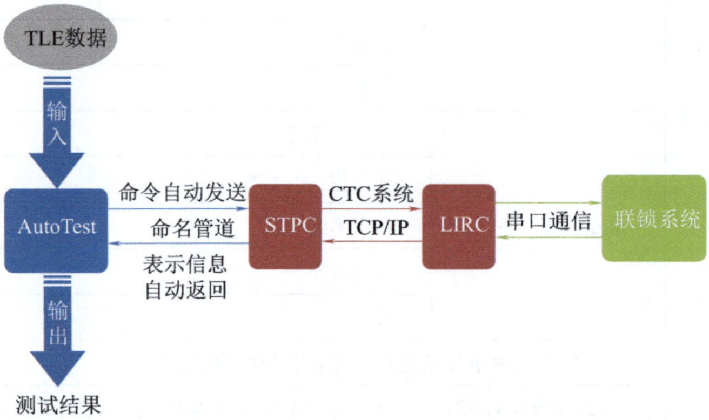

图 8-1　自动测试工具接口示意图

CTC-AutoTest 工具针对 CTC 数据进路类型测试覆盖面较为广泛，分为：基本调车进路、基本列车进路、长调车进路、长列车进路、长延续进路。测试者可根据实际测试需求选择不同进路类型测试。同时，此工具支持测试者自由定义部分进路测试，操作灵活简便，其界面参数设置如图 8-2 所示。CTC-AutoTest 工具从测试者角度出发，增加了继续上次测试功能，给测试者带来便利。

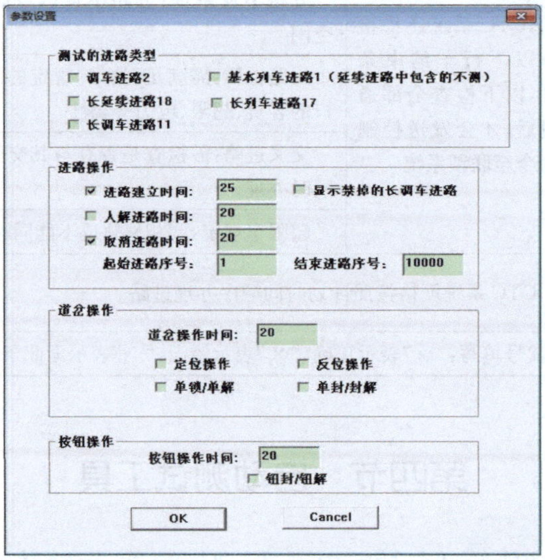

图 8-2　CTC-AutoTest 工具参数设置示意图

自动测试工具可以大大提高测试效率、降低人员劳动强度、提高测试准确度，所以目前各 CTC 设备供应商正在不断开发出更多的自动测试工具，将来必然完全取代人工测试，有效提高 CTC 系统的开通效率和运行可靠性。

第九章　调度集中系统管理、维护和培训

CTC 系统管理维护应遵照铁路总公司颁布的《铁路列车调度指挥系统(TDCS)、调度集中系统(CTC)维护管理办法》规定的原则和方法,本章就该规定进行进一步说明。由于 CTC 系统和 TDCS 在管理层面基本一致,所以本节内容除特别指定外,均包括 TDCS/CTC 系统。同时,为了更好完成设备维护和培训工作,需要采用必要的技术手段,本章还介绍相关配套系统的技术要求。

第一节　调度集中系统管理

TDCS/CTC 系统由中国铁路总公司(以下简称总公司)、铁路局、车站三级构成,综合铁路信号、计算机、网络通信和现代控制技术,具有点多线长、布局成网、分散维护和集中管理的特点。CTC 系统直接涉及行车安全,必须自成体系,单独成网,独立运行,严禁与其他系统直接联网。对外提供信息和增加标准用户外终端时,应经总公司批准。CTC 系统应采用网络安全技术,在与其他系统交换信息时,应采用安全可靠的网络隔离设备和措施,确保系统网络安全和信息安全。

一、组织机构与职责

(一)组织机构

TDCS/CTC 系统维护管理实行总公司、铁路局、电务段三级管理。其中总公司运输局电务部是全路 TDCS/CTC 系统的业务主管部门;电务部电务试验室负责总公司 TDCS/CTC 中心系统的维护管理,并指导全路 TDCS/CTC 系统维护工作;铁路局电务处是铁路局 TDCS/CTC 系统的业务主管部门;电务段是 TDCS/CTC 系统的维护单位,应设置专业技术主管人员。

铁路局 TDCS/CTC 中心机房所在地应设立 TDCS/CTC 维护机构,维护机构一般设置在电务段,也可设置在铁路局。

(二)工作职责

总公司运输局电务部负责制定 TDCS/CTC 系统技术政策、技术标准及规章制度,负责全路 TDCS/CTC 系统网络的规划。

总公司电务部电务试验室职责:

1. 负责总公司 TDCS/CTC 中心系统的日常维护和管理;

2. 指导和协调铁路局 TDCS/CTC 系统维护工作;

3. 审核铁路局对总公司及相邻局间通道变更、扩大 TDCS/CTC 标准用户和信息交互范

围的申请，并报主管部门审批；

4. 负责总公司 TDCS/CTC 中心设备质量鉴定，提出设备质量提高计划和预算申请；

5. 组织协调铁路局处理 TDCS/CTC 系统故障。

铁路局电务处 TDCS/CTC 维护管理工作职责：

1. 负责 TDCS/CTC 系统技术业务管理，贯彻执行总公司的技术政策、技术标准和规章制度，结合铁路局实际制定 TDCS/CTC 系统维护管理实施细则；

2. 负责管内 TDCS/CTC 系统安全运行、网络 IP 分配、入网管理和技术改造等相关工作，协调用户需求，定期发布 TDCS、CTC 系统运用通报；

3. 制定维护作业纪律，规范维护作业流程，监督、检查维护工作执行情况；

4. 组织制定 TDCS/CTC 系统大修、更新改造计划，并开展相关工作；

5. 组织或重点参加基建、更新改造和大修 TDCS/CTC 系统项目的实施及竣工验收工作；

6. 定期组织电务段进行 TDCS/CTC 设备运用质量检查、分析和交流工作；

7. 组织处理系统疑难故障，协调有关厂商、设计和相关部门共同做好系统维护工作；

8. 受理 TDCS/CTC 系统软、硬件变更申请，按规定组织开展软、硬件变更工作；

9. 检查和督促维护单位做好 TDCS/CTC 数据维护工作；

10. 负责部门间、相邻路局间的协调工作。

TDCS/CTC 维护机构工作职责：

1. 负责铁路局 TDCS/CTC 中心和高速铁路 CTC 中心机房设备及调度台终端设备的日常维护和管理；

2. 受理调度台及车站通知的 TDCS/CTC 设备故障，及时组织处理，并按规定上报。与总公司或相邻路局有关的故障及时通知有关单位共同处理；

3. 配合总公司和相邻路局对 TDCS/CTC 系统的测试、调试、数据信息核对及故障处理；

4. 对 TDCS/CTC 中心系统设备进行质量检查和年度检查，提出设备质量提高计划；

5. 规范中心机房管理，负责 TDCS/CTC 中心设备安全；

6. 负责 TDCS/CTC 中心设备数据维护。

电务段 TDCS/CTC 维护管理工作职责：

1. 负责管内 TDCS/CTC 设备维护管理，执行总公司和铁路局的技术政策、技术标准和规章制度，结合电务段实际制定 TDCS/CTC 维护管理规定；

2. 负责编制、提报管内 TDCS/CTC 设备的更新改造、大修、中修和维修工作计划并组织实施；

3. 负责提报管内 TDCS/CTC 网络、通道需求和变更申请；

4. 组织制定 TDCS/CTC 年月表维修工作计划，指导和协调车间的 TDCS/CTC 维护生产工作；

5. 定期进行设备检查，组织系统设备鉴定，并提出设备质量提高计划；

6. 按规定组织开展 TDCS/CTC 软、硬件变更工作，做好系统试验验证工作；

7. 参与管内 TDCS/CTC 工程建设及竣工验收工作，组织有关厂商、设计和相关部门做好设备维护和故障处理；

8. 组织协调相关单位共同查找处理跨段、跨专业间的故障及其他各类疑难故障；

9. 配合总公司和铁路局对管内设备进行检查、测试及数据信息校对等工作。

二、技术管理

TDCS/CTC 技术管理包括对系统范围(用户范围、功能范围)的管理、设备和技术资料的管理、软件和数据的管理等。

(一)系统范围的管理

TDCS/CTC 系统用户范围主要包括铁路局调度所、车站运转室,站调楼、机务派班室等。TDCS/CTC 系统软、硬件变更应按规定程序办理。系统接入、扩容和局部改造时,应由铁路局组织系统供应商、设计等单位进行方案审查。

须报总公司运输局电务部审批的情况包括:铁路局对总公司及相邻路局间通道变更;扩大 TDCS/CTC 用户范围;超出 TDCS/CTC 技术标准范围扩展功能;其他系统使用 TDCS/CTC 信息。

(二)技术资料和设备台账管理

TDCS/CTC 系统设备必须纳入管理的技术资料包括 IP 地址表、设备说明书、技术手册、使用手册、维护手册以及各种图纸等;同时还必须逐台建立台账,设备台账应准确反映设备类型、数量、安装位置、使用年限、更换时间、生产厂商、出厂时间及编号等信息。

1. 维护单位对资料和设备台账管理的职责和范围

各级维护管理单位应建立健全相关技术资料和设备台账。

铁路局电务处负责:按线或段分别建立设备台账(主要项目有系统型号、设备组成、建设年、大修年和联网等情况);局管内 IP 地址表、站码;设备使用说明书、硬件及软件技术手册、使用手册、维护手册和设备技术标准;竣工图(包括系统结构图、网络构成图、设备布置图、设备原理图和通道网络图等)。

电务段负责:按线建立设备台账(主要项目有系统型号、设备组成、建设年、大修年和联网等情况);段管内 IP 地址表、站码;设备使用说明书、硬件及软件技术手册、使用手册、维护手册和设备技术标准;竣工图(包括系统结构图、网络构成图、设备布置图、设备原理图、通道网络图和采集信息配线表等);软件台账、密码台账、系统软件流程图及各软件模块流程图;系统维护工具软件(包括修改数据的方法说明);管内各车站、区间信号平面图;故障处理流程图、原始记录资料;设备质量鉴定资料、各种测试和试验资料;备品备件、仪器仪表和工器具管理台账。

TDCS/CTC 维护机构负责:按线建立设备台账(主要项目有系统型号、设备组成、建设年、大修年和联网等情况);局管内 IP 地址表、站码;设备使用说明书,硬件及软件技术手册、使用手册、维护手册和设备技术标准;竣工图(包括系统结构图、网络构成图、设备布置图、设备原理图、通道网络图和采集信息配线表等);软件台账、密码台账、系统软件流程图及各软件模块流程图;系统维护工具软件(包括修改数据的方法说明);管内各站、区间信号平面图;故障处理流程图、原始记录资料等;设备质量鉴定资料、各种测试和试验资料;备品备件、仪器仪表和工器具管理台账。

2. 资料和设备台账管理的一般规定

设备发生变动或系统功能改变时,应及时作好资料归档,每年应结合秋季设备鉴定对相关资料进行全面清理。

新建、大修或技术改造 TDCS/CTC 设备和通道标准必须满足 TDCS/CTC 技术标准，配备的设备不得低于 TDCS/CTC 技术标准中规定的基本配置。

凡其他信号设备基建、大修和更新改造涉及 TDCS/CTC 系统时，必须同步设计、同步施工、同步开通。

TDCS/CTC 系统工程设计应由具有相应资质的单位设计，施工应依据施工图纸施工。

新建、大修或更新改造的 TDCS/CTC 工程，建设单位负责组织系统供应商、施工单位和设备接管单位共同对 TDCS/CTC 设备进行验收，验收不合格的一律不得交付使用。

TDCS/CTC 设备投入使用前，建设单位、施工单位、系统供应商必须向设备接管单位移交竣工资料(包括使用说明、维护手册和图纸等)、配套的系统或设备技术资料、备品备件、仪器仪表、维修工器具和交通工具等。技术资料应规范、完整并装订成册，不少于 6 份。TDCS/CTC 工程验交后，建设单位应在 3 个月内移交竣工图。

TDCS/CTC 设备正式投入运行前，应组织进行接口数据仿真试验和系统功能验证。系统功能验证包括电务功能验证和运输功能验证。各种试验、验证资料需参加人员签字确认并由设备管理单位存档备查。

电务段负责审核用户操作手册并移交使用部门和主管部门。

三、设备管理

各级维护管理单位应建立设备管理制度，采用现代化管理手段，加强设备管理，保证其正常使用。各级维护管理单位根据设备使用年限、设备现状和运输需要，编制设备大修、更新改造建议计划。TDCS/CTC 设备实行预防修和故障修的维修方式，保证设备正常运用。其中 TDCS/CTC 系统核心服务器、磁盘阵列、核心路由器、核心交换机、车站自律机、车站综合处理机、电源、网络安全设备、数据库和系统核心软件等设备可实行委托修。返厂修的 TDCS/CTC 设备或器材修理时间不得超过 30 天，因特殊情况超过规定期限时，TDCS/CTC 系统供应商应提供相应的备品。返厂修后的设备或器材至少应保修 6 个月。

(一)备品备件以及维修工具

备品备件应按使用总数的 10%配备，中心机房关键器材应考虑备用。建立备品备件管理制度和台账，明确备品型号及数量、存放地点及位置等，定期进行检查，确保其处于良好状态。

TDCS/CTC 系统维护所需的仪器、仪表和工具配备及管理应按标准配备，分别由维护机构、车间和工区管理，并同步建立仪器、仪表和工具设备保管制度。具体见表 9-1。

表 9-1 TDCS/CTC 系统维护所需仪器、仪表、工具记录表

序号	名称	维护机构	车间	工区
1	便携式计算机	1	1	1
2	通道测试仪	1	1	1
3	网线测试仪	1	1	1
4	光纤测试仪	1	1	
5	网线压接工具	1	1	1
6	V.35 环回头	1	1	1

续上表

序号	名称	维护机构	车间	工区
7	光驱	1	1	1
8	专用U盘	1	1	1
9	刻录机	1	1	
10	吸锡烙铁	1	1	1
11	网络性能分析仪	1	1	
12	接地电阻测试仪	1	1	
13	万用表	1	1	1
14	UPS		1	
15	UPS电池容量测试仪		1	
16	2 M误码测试仪	1	1	
17	光功率计	1	1	
18	常用工具包	1	1	1

(二)硬件维护管理

TDCS/CTC设备应定期进行UPS充放电试验，确保外电网断电后铁路局中心UPS持续供电不小于30 min，车站UPS持续供电不少于10 min。

硬件设备在保修期内由系统供应商免费维修；TDCS/CTC设备及器材实行使用寿命管理，超过使用寿命期限的设备、器材不得继续上道使用。维护单位应确保防雷设施可靠，安装符合规范，并配合通信部门完成系统通道的维护。

(三)设备维护分界

设备维护分界指两个维护单位分管设备间的分界，包括硬件连接状态和协议连接状态。硬件设备连接按分管负责的原则明确责任主体，协议连接按数据流上层对下层负责的原则明确责任主体。以下列出的是主要的系统分界，TDCS/CTC系统与其他系统维护分工分界由铁路局根据实际情况自行制定。

采用光纤通道时分界：以通信专业在信号机房内设置的光纤活动连接器为分界点，其光纤活动连接器(含)至通信机房的光缆由通信专业负责维护。通信尾纤活动连接器(不含)至TDCS/CTC间的ODF架及跳纤等设备由信号专业负责维护。

采用2 M电路时分界：以通信专业在信号机房内设置的接线端子为分界点，通信接线端子(含)至通信系统间2 M跳线由通信专业负责维护。通信接线端子(不含)至TDCS/CTC间DDF架及跳线等设备由信号专业负责维护。

与GSM-R分界：GSM-R服务器网闸及TDCS/CTC设备一侧由信号专业负责维护，网闸MDF/EDF架至通信设备引入线缆(含线缆接头)由通信专业负责维护。

与运输信息集成平台分界：以TDCS/CTC中心机房接口服务器网络安全光纤交换机为界，网络安全光纤交换机及TDCS/CTC设备一侧由信号专业负责维护，引入光纤(含接头)及运输信息集成平台设备一侧由信息专业负责维护。

与450 MHz区段无线调度命令、无线车次号系统分工界面：以TDCS/CTC机柜防雷元件为界，防雷元件及 TDCS/CTC 设备一侧由信号专业负责维护，接入线缆及通信设备一侧由通信专业负责维护。

四、运用管理

（一）电务维护管理

1. 各级维护管理单位应根据每年设备鉴定结果和有关规定，编制年度 TDCS/CTC 维修和测试工作计划，年度维修和测试工作计划要按月均衡编制。

2. 维护机构、电务段根据秋鉴安排对管内 TDCS/CTC 设备进行质量鉴定，并将鉴定结果汇总报上级主管部门。

3. TDCS/CTC 系统设备及相关设备的施工、检修等作业，应提前申请要点，按规定办理登（销）记手续，并提前通知有关维护和使用单位协调配合。作业完成恢复使用前，应进行相关功能测试，验证良好后方可交付使用。

4. 未经电务主管部门许可，任何部门和个人不得拆卸、移动或改换 TDCS/CTC 设备，不得将 TDCS/CTC 设备挪作他用，不得利用 TDCS/CTC 设备从事无关工作，不得使用非 TDCS/CTC 软件。

5. 通信部门进行检修需停用通信通道并影响 TDCS/CTC 系统使用时，由检修单位按规定提出要点申请，并及时通知 TDCS/CTC 维护单位和使用单位。

6. TDCS/CTC 设备维护单位应将系统主、备用通道倒换试验纳入年度维修测试计划，每年不少于一次，由 TDCS/CTC 设备维护单位协调有关单位统一组织，并按规定提出要点申请。

（二）运输使用管理

1. 各使用部门应严格按照 TDCS/CTC 系统操作说明书规定的操作程序使用 TDCS/CTC 终端设备并保证其完整性。

2. 严禁在系统中运行其他程序、擅自将系统退出、进行与工作无关的操作、修改使用中的程序和随意拆卸硬件设备。

3. 严禁在 TDCS/CTC 系统各类终端使用 U 盘、移动硬盘等移动介质，严禁一机多网、接入外联设备等现象。

4. TDCS/CTC 系统设备所用打印机及绘图仪的纸张、色带、硒鼓和墨盒等耗材由各使用单位负责提供并更换。

（三）软件维护管理

1. 软件台账管理

TDCS/CTC 软件由系统供应商提供，并负责终身维护。软件日常维护以系统供应商提供的软件维护手册为依据。

TDCS/CTC 应用软件必须妥善保管，不得擅自修改，防止出现数据或软件丢失、扩散和病毒侵害；各级维护管理单位应建立 TDCS/CTC 软件台账：包括软件名称、版本号、来源、字节数、日期和用途等内容。系统供应商应建立软件版本管理制度，保证提供的备份软件与现场实际使用一致。

2. 软件日常维护

维护单位应按照维护手册进行软件的日常维护，包括测试、备份、日志文件清理、定期刷新存储等。在进行软件测试时，必须注意系统运行环境与软件开发测试环境应分开管理，严禁在运行系统中直接进行软件测试。

各种系统和应用软件应做好物理备份，系统及应用软件备份一般不少于3套，由维护机构、电务段技术科和车间分别保管。备份软件必须与实际使用的一致，软件修改投入实际使用后，备份软件必须按时更新，并至少保存一套更新前实际使用的原有应用软件。备份软件由系统供应商负责提供。备份的有效软件必须标明软件的使用地点、设备名称、路径、设备软件版本号和更新日期等信息。

3. 数据管理

TDCS/CTC数据管理是保证系统正常运行的基础工作。数据提供单位应对其准确性负责，系统供应商和管理单位应对其一致性负责。当CTC车站《站细》数据修改工作不能与新《站细》启用同步完成时，应停用CTC控制功能。

各级维护管理单位建立健全数据管理台账，系统数据发生变动，应及时做好数据资料的归档整理。数据修改由系统供应商和维护单位负责。当数据修改影响上一级或相应系统使用时，应同步进行修改。涉及TDCS/CTC改造时，各级维护管理单位应安排专人对相关数据进行验证。

TDCS/CTC数据变更应根据设计或有关处室发布的工程数据文件进行，严格按照铁路局统一部署启用新的工程数据，需要提前准备的工作，应要点进行，不得提前启用新的数据。

数据提供单位、电务段每年应组织对TDCS/CTC车站的数据资料进行一次清理核对，涉及数据发生变化时，应及时组织修改。

数据变更涉及总公司、相邻路局以及其他部门和专业时，至少提前48 h填写《TDCS/CTC数据更新联系单》，通知相关部门和单位，届时做好数据同步修改。

4. 网络及IP地址管理

TDCS/CTC系统IP地址由总公司统一规划，铁路局在管辖范围内进行合理分配和管理，各电务处、各电务段应设专人管理。对于增设或修改IP地址应按照以下程序执行：

系统供应商应在工程安装、调试前15天，填写IP地址新增修改申请表，并附带网络拓扑图向电务处申请新IP地址，申请包括工程名称、新增终端、站机数量、位置及IP地址需求。电务处审查核实后，在5个工作日内批复。

TDCS/CTC设备开通后1周内，维护机构、电务段应及时将新增终端IP地址纳入台账。

5. 局间分界口维护管理

当分界口数据、局间通道和局间通信方式等需要发生变化时，铁路局应提前联系邻局进行协商，同步调整。当分界口发生故障时，相邻铁路局TDCS/CTC维护机构均应积极组织力量进行处理解决。

五、安全管理

TDCS/CTC系统应保证相对封闭性，与其他系统交换信息时，应采用安全可靠的隔离设备和措施。TDCS/CTC系统应构建由安全管理中心支持下的计算环境安全、区域边界安全、通信网络安全构成的三重防护体系结构。TDCS/CTC设备应实行密码管理，建立密码台账，定期修改密码并做好记录。同时TDCS/CTC系统机房应严格准入制度，非工作人员未经批准不得进入机房。同时铁路局应建立人员安全管理制度，签署岗位安全和保密协议，规范维护人员录用、选拔、离岗和培训考核制度。

对于日常安全管理来讲，重点是存储介质管理和病毒防控。

（一）存储介质管理

TDCS/CTC 系统应采用物理方式断开光驱、软驱，屏蔽 USB 接口，对于必须使用的存储介质应加强管理。

1. 各种数据存储介质和调试用计算机在接入网络前必须经专用计算机查杀病毒，确认无病毒后，方可使用。维护机构、电务段应配备专用的 U 盘（或移动硬盘）用于系统有关数据、软件的拷贝，数据、软件的复制只能在系统维护终端上进行，复制前必须对专用存储介质进行杀毒。

2. 维修更换带有存储介质的故障部件，应统一收回、存放和保管。

3. 必须外送维修的存储设备，应与相关维修单位签订信息安全协议，限定维修单位不得进行故障修复以外的活动，未经允许，不得将存放在存储设备上的信息迁移、复制到其他设备。

4. 存储设备报废之前，应销毁存储介质上所存储的信息。

（二）计算机病毒防控

TDCS/CTC 系统使用大量通用计算机、操作系统、应用软件，时刻面临病毒威胁，管理部门应采用必要措施防止病毒对系统的影响。防止病毒应重在事前预防，即 TDCS/CTC 系统更换计算机主机、硬盘或重装系统后，应当先查毒，再做系统备份，并安装安全计算环境，试运行正常后，再投入联网运行。发现病毒后应及时清除，同时逐级上报。处理不了应采取断开网络措施，防止病毒在网络中传播。

六、故障处理和应急处理

TDCS/CTC 系统管理还需要制定相应的应急措施和应急制度，制定和完善应急预案，明确应急处置机构和职责。系统维护、故障处理或软件升级时，应及时备份 TDCS/CTC 软件和数据。TDCS/CTC 设备故障，根据是否影响 TDCS/CTC 设备运行，分别按设备障碍和设备故障统计。

铁路局电务处负责日常故障处理和应急处置的协调管理工作，定期组织开展演练。当设备故障时，电务处、电务段应及时组织处理，并做好故障记录，应包括故障时间、地点、设备名称、故障现象和原因等内容，实行闭环管理。

TDCS/CTC 系统设备及相关设备故障处理应按规定办理登（销）记手续，及时组织处理，涉及 TDCS/CTC 中心设备故障应及时报告电务处负责人组织处理。恢复使用前，应进行相关功能测试，验证良好后方可交付使用。

TDCS/CTC 系统远程登录的传输设备日常应处于断开状态，必须接入时需报请 TDCS/CTC 中心负责人同意并做好记录。系统供应商远程连接只能读取相关报警信息及日志记录，不得进行其他操作。远程登录所用计算机必须是专用计算机，在连入系统之前须查杀病毒。

第二节　调度集中综合维护系统

CTC 系统是一个功能复杂的广域网分布式控制系统，在调度中心分布着供调度员使用的大量终端设备，同时后台还部署支撑前台应用的数据库服务器、应用服务器、通信服务器、接口服务器等不同型号和架构的设备；在车站部署自律机、车务终端、信号员终端等专用机或工控机，此外整个系统存在着大量不同型号的交换机、路由器等网络接口设备。由于设备数量非常庞大，依靠传统的人工巡视方式已经无法有效维护，急需一种专用高效的技术手段集中监控设备运行状态，快速故障定位，从而帮助维护人员提高维护效率。本节介绍 TDCS/CTC 综合维护系统主要技术要求。

一、综合维护系统的概述

综合维护系统应采用先进的计算机软件、硬件、网络以及数据存储、数据分析等技术，结合 CTC 系统结构和应用特点，满足其维护要求。

接口标准化方面，综合维护系统作为 CTC 的配套子系统，应遵守总公司颁布的 TDCS/CTC 相关标准和技术指导文件，充分考虑与既有已开通 TDCS/CTC 系统的兼容性，并且在保证运行安全的前提下实现监控数据的采集交换。综合维护系统相关的接口、数据应采用统一的数据定义、编码、协议，满足扩展性和互联互通需要。

兼容性方面，综合维护系统在功能上应兼容各种列控制式的高速铁路和普速线路，系统可以适用于 TDCS/CTC 系统的铁路局中心系统以及各车站系统的平台维护；在应用功能、操作界面、处理流程、数据编码、外部接口等方面应整体考虑，采用动态可扩展的体系结构，可以按需配置操作权限和维护范围。

系统可靠性、安全性和容量方面，综合维护系统设计应保证业务处理的可靠性、准确性、一致性，系统可以 7×24 h 连续运行，软件数据容量、处理性能应能满足未来发展的升级要求。综合维护系统应提供操作用户身份认证、访问控制、日志管理、操作员权限管理等手段，并且采用有效技术手段与既有 TDCS/CTC 系统相结合，综合维护系统在技术上应保证不对既有 TDCS/CTC 造成任何不良影响。

二、综合维护系统结构

综合维护系统在平台结构上也分为铁路总公司、铁路局、电务段、车站四个层级组成，分别为各个层级的电务维护人员提供相应维护设备和差异功能，如图 9-1 所示。

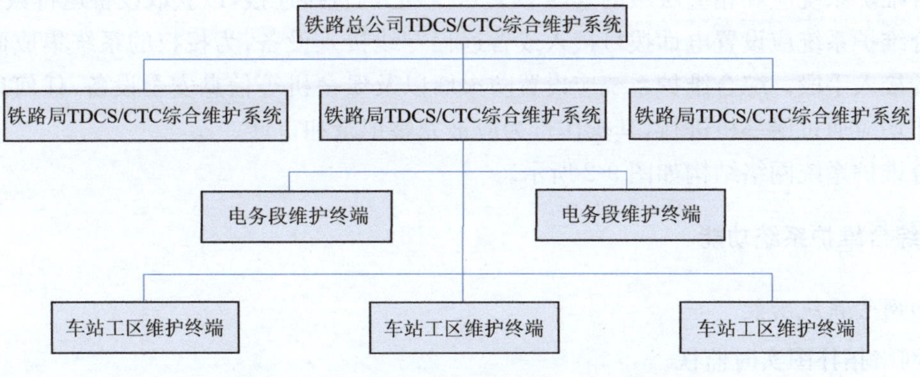

图 9-1 TDCS/CTC 综合维护系统总体架构

铁路总公司和铁路局应设置 TDCS/CTC 维护中心系统，建立 TDCS/CTC 综合维护数据库，实现两级建库四级维护的维护平台。不同层级之间应按照电务管理体系，实现资源申请与分配、维护指令下达、系统运行状态上报、故障处理情况上报等数据交换功能。

(一)铁路总公司 TDCS/CTC 综合维护系统

总公司 TDCS/CTC 综合维护系统应设置数据库服务器、全路综合维护应用服务器、总公司调度中心综合维护应用服务器、网管服务器、路局维护信息接入服务器、维护终端、维护网络设备等设备。

总公司 TDCS/CTC 综合维护系统应具备对总公司调度中心设备的维护功能,同时还应具备全路网络 IP 地址分配、MQ 队列等全局命名管理功能。

总公司 TDCS/CTC 综合维护系统应具备接收铁路局核心设备运行状态上报、重大故障及处理情况上报、施工停用情况上报等功能。

(二)铁路局 TDCS/CTC 综合维护系统

铁路局 TDCS/CTC 综合维护系统应设置数据库服务器、铁路局维护应用服务器、软件和数据管理服务器、网管服务器、铁路局维护终端、维护网络设备等设备。

铁路局 TDCS/CTC 综合维护系统应具备本局管内的 TDCS/CTC 设备运行监视、网络通道监视、系统故障分析、系统故障处理、制定和实施维修计划、运行日志集中存储以及软件数据版本管理功能,同时应建立本局故障案例库,并实现故障处理流程的电子化。

铁路局 TDCS/CTC 综合维护系统应具备接收管内各级维护终端的故障处理情况上报、设备巡检情况上报、施工停用情况上报等功能。

铁路局 TDCS/CTC 综合维护系统应为 TDCS/CTC 设备集成商提供远程维护接口,在办理必要手续的情况下,可以由设备集成商进行受限的远程维护操作。

电务段应在调度室及相关分管岗位设置 TDCS/CTC 维护终端,各车站电务值班员应设置 TDCS/CTC 维护终端。

(三)综合维护系统网络

综合维护系统建议采用相对独立的组网结构,不同层级之间以及维护终端与中心之间建议通过专门的维护网络设备和通道连接。

综合维护系统应和相应层级的 TDCS/CTC 核心网直接连接,以获取设备运行数据。

综合维护系统应设置电话拨号接入或者远程专线接入设备,为授权的系统集成商提供远程维护的接入手段。综合维护系统应设置防火墙以及堡垒机等信息安全设备,任何远程接入维护操作均应通过堡垒机进行,其操作行为应被完整记录和审计。

综合维护系统网络结构如图 9-2 所示。

三、综合维护系统功能

(一)网管系统功能

1. 网络拓扑图实时监视

网管系统应能以拓扑图分层级显示局间(铁路局与铁路总公司间)广域网、对外连接(TDMS/TSRS/RBC 等)广域网、调度所中心局域网、分线别的车站基层广域网、查询网的网络连接、设备和通道状态。

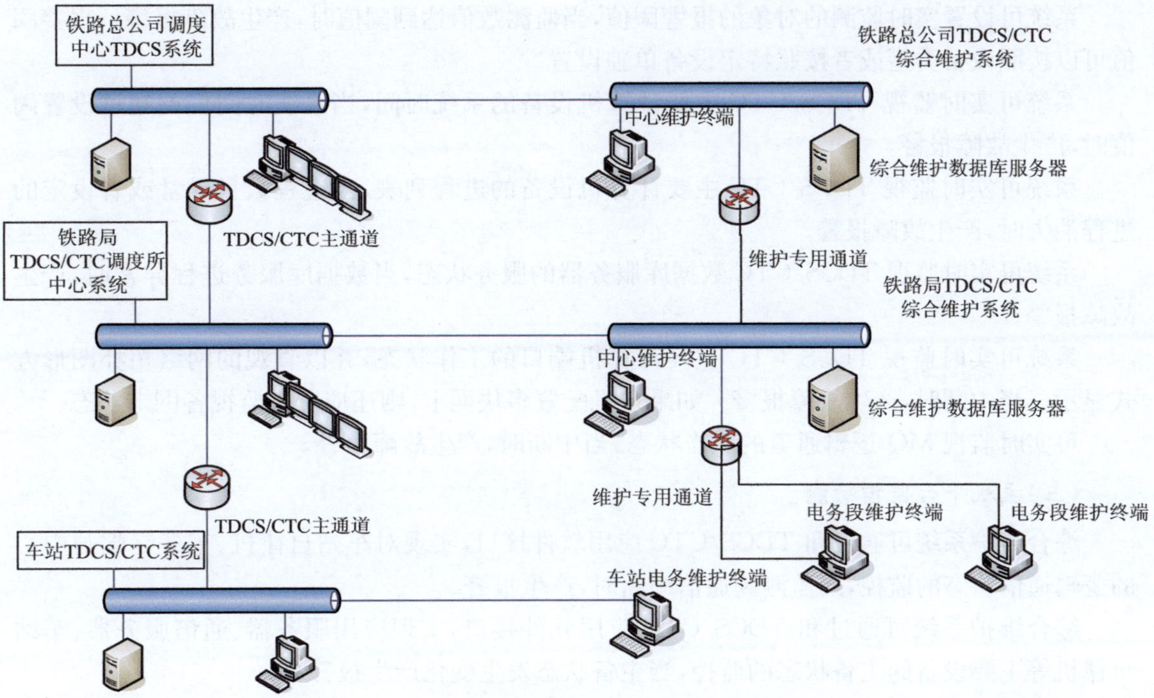

图 9-2 TDCS/CTC 综合维护系统网络结构

网管系统应自动识别 TDCS/CTC 目前所有网络设备、网络安全设备及厂家产品类型，支持 SNMP、ICMP、ARP 等多种发现网络拓扑模式，并可动态搜索全网的拓扑图。

网管系统拓扑图应能充分体现网络设备运行状况、线路流量、带宽使用率。

拓扑图上支持设备定位(按 IP/名称)查询、端口连接情况、故障告警查看、端口分析、数据流量分析等相关的软件功能操控。支持网络设备面板图、背板图的逻辑图显示。

2. 网络报警和分析

网络监视拓扑图上应能通过图形进行报警标注，当设备有报警时，设备图标应明显标记，当告警消除时，标记会随着消失。

系统可以生成一段时间、设备范围的网络故障分析报表，具体内容包含网络设备、网络链路故障的详细报表和统计分析报表，能从中体现出设备和链路在一段时间内的运行状况。

支持全网流量监控和性能趋势分析，以辅助确定网络瓶颈所在。系统应以丰富的图、文报表的方式，分析网络设备的历史工作情况：业务流量趋势分析，设备端口收发流量、流速趋势分析，设备端口错包率、丢包率趋势分析；并生成相应报表。

3. IP 资源管理

系统应支持对网络 IP 地址的规划及管理，并可实现 IP 地址自动定位功能。

系统可实现 IP 地址的申请、分配流程以及相应设备的在线/离线状态查询。

(二)主机平台监控功能

系统可实时监测 TDCS/CTC 主要设备的 CPU、内存、存储空间使用率，并可以图标形式直观显示。

系统可设置实时监测的对象的报警阈值，当监测数值达到阈值时，产生故障报警。报警阈值可以按照设备类型或者按照特定设备单独设置。

系统可实时监视 TDCS/CTC 主要计算机设备的系统时间，当系统时间偏差超过设置阈值时，产生故障报警。

系统可实时监视 TDCS/CTC 主要计算机设备的进程列表，当进程数目异常或者设定的进程消失时，产生故障报警。

系统可实时监视 TDCS/CTC 数据库服务器的服务状态，当数据库服务进程异常时，产生故障报警。

系统可实时监视 TDCS/CTC 主要计算机端口的工作状态，并以直观的网络拓扑图形方式显示。当中断时，产生故障报警。如果主机配置多块网卡，则还应分别监视各网卡状态。

可实时监视 MQ 逻辑通道的工作状态，当中断时，产生故障报警。

(三)主机平台监控功能

综合维护系统可通过和 TDCS/CTC 应用软件接口，实现对车站自律机、车务终端与中心的逻辑通信状态的监控，当监测到通信中断时，产生报警。

综合维护系统可通过和 TDCS/CTC 应用软件接口，实现应用服务器、通信服务器、车站自律机等主要设备的主备状态的监控，当主备状态发生变化产生报警。

综合维护系统可通过和 TDCS/CTC 应用软件接口，实现对应用服务器、通信服务器、车站自律机等主要设备的内部数据处理能力状态的监控，当处理能力不足时产生报警。

综合维护系统可通过和 TDCS/CTC 应用软件接口，实现对异常外部接口数据、异常用户操作的监控，并进行记录和报警。

(四)报警方式

系统所有报警和操作日志可保存至后台大型数据库，并可随时调阅查询。

系统产生报警的方式包括窗口文字提示和语音，并易于识别。

系统报警应按照原因、影响范围进行分级、分类处理。

系统应可纳入设备的天窗维修时间，在天窗内相关设备不进行故障检测和报警。

(五)设备管理

系统可动态增加、修改、删除被监控的设备，并且每台设备可以输入各种管理信息：设备型号、生产厂家、上线时间、上次故障和维修时间、安装机柜位置、电源网络配线端子等信息。

系统可实现 TDCS/CTC 主要设备的配置信息自动收集和备份功能。

系统可以随时分类查询、打印设备台账信息。

(六)维护管理

系统支持维护人员的身份和权限管理功能，只有高权限的人员才能对设备参数进行修改。

系统支持维护人员的登录功能，可记录维护人员的所有操作步骤和操作时间，完成电子化巡视功能。

维护人员对故障报警进行处理后，可以在系统中填入处理过程、处理方法和处理结果，并可自动形成案例库，供随时调阅。

系统可按照设备相关参数，辅助生成定期维护维修计划。

（七）案例库管理和故障智能分析

综合维护系统应具备故障案例库自动生成功能，包括每个案例的发生时间、相关设备、故障现象、影响范围、故障原因、处理方法、处理人、软件版本等。

案例库应可按照设备、时间、故障现象、故障原因等进行关键字检索，并可生成各种报表进行故障趋势分析。

TDCS/CTC 综合维护系统应具备常见故障的智能分析功能，根据故障现象结合案例库和逻辑推理自动判断故障可能原因，并提供建议的故障处理方法。

第三节　仿真培训技术设备

调度集中系统应配置仿真测试系统，具备软件和数据的仿真测试功能，并可对电务维护人员、运输使用人员进行操作演练和仿真培训。仿真测试系统的硬件平台应与在用系统完全兼容，可以直接承载运行调度集中应用软件，实现软件、数据的测试验证功能。仿真测试系统应具备调度集中全部功能的操作和模拟功能，仿真测试系统的软件操作界面、配置数据应和实际环境在用系统完全一致。仿真测试系统应具备调度集中外部接口设备的模拟功能，包括计算机联锁系统、列控系统、无线车次校核系统等外部设备的模拟功能。仿真测试系统应具备列车运行模拟功能，可按照系统排列的进路模拟运行，并自动产生相应的轨道区段占用、移动授权等相关模拟信息。仿真测试系统可具备故障模拟功能，可按照人工设定产生相应故障现象，包括轨道电路故障、道岔故障、信号机故障、列车故障等。仿真测试系统应独立组网，不得与运用中的设备连接。

一、仿真培训总体要求

（一）CTC 基本功能复现

系统应能实现列车调度台 CTC 的全部功能，包括列车运行调整计划编制和下达、调度命令拟写和下达、临时限速设置、车站控制模式转换、进路控制、按钮操作、与相关系统接口等 CTC 功能。应满足以下要求：

1. 调度台及车站车务终端日常操作工况，软件界面、操作方式与实际调度台及车站车务终端完全一致。

2. 模拟调度区段内所有的车站设备及操作情况。系统可自动代替车站值班员完成配合操作，或者由培训教师完成配合操作。

3. 对于进路控制、按钮操作等模拟作业，系统可按照真实逻辑进行技规、《站细》以及联锁关系检查，并正确执行。

4. 系统可用于教学，提供模拟操作步骤提示。

（二）模拟列车运行和故障场景

1. 系统可模拟列车实际运行（包括正常运行和非正常运行）、各种故障等非正常场景（包括固定、移动设备故障及自然灾害等），并提示处理程序和方法。

2. 系统可显示模拟列车运行的移动红光带，并可自动进行车次号跟踪。可根据预定的列车开行计划，或者根据定制的仿真场景，自动生成虚拟的列车，按规定的速度、方向运行，并可根据需要对演练进度进行时钟调节。

3. 系统应能模拟 CTCS-3 级、CTCS-2 级、CTCS-0(1)级等条件下的相关信号系统，可以对联锁系统、轨道电路、区间闭塞、无线闭塞中心、列控系统、无线车次号校核系统、无线调度命令传输系统等进行仿真，模拟提供防灾系统报警、供电 SCADA 等信息，并可对实际运行中可能发生的各种状况进行相应故障设置。

(三)支持多种仿真场景

系统既支持多调度台的集成演练方式又支持单调度台的独立演练方式，可以满足调度员培训及技术比武要求。在多调度台集成演练方式下，不同的调度台按照不同的管辖区段和邻台关系联合演练，系统应为这些调度台提供同一个仿真环境；在单调度台独立演练方式下，不同的调度台分别按照自己管辖的区段进行独立演练，不同调度台之间没有任何关系，并且不能互相影响，系统应为这些调度台分别提供完全独立的多个仿真环境。

(四)支持真实场景再现

系统支持从实际 CTC 系统的生产环境中截取真实的场景数据，然后录入到仿真系统中作为仿真场景运行。截取的真实场景数据包括实际运行图、现场信号设备状态、列车位置和运行状态、施工封锁状态等。系统可将实际系统中的典型场景存储到仿真系统的场景库中，并可以按照要求进行适当裁剪，然后在需要时调入到仿真系统中，满足特定环境下培训和演练的要求。

二、关键技术

(一)自律机仿真

系统采用虚拟技术，使得多个车站的虚拟自律机运行于同一台服务器，并且各自的运算、数据、接口独立，互相完全没有影响。虚拟自律机的功能与实际自律机完全一致，具体包括：车次自动跟踪、自动报点、自动按图排路、人工排路、行车规则冲突检查、信号联锁冲突检查、列车紧跟踪报警、列车占用丢失报警、进路自动预告等。

(二)外部接口仿真

系统应配备完整的与 CTC 系统接口的外部系统仿真软件，模拟实际设备功能，按照与实际运用一致的协议、方式向 CTC 系统提供接口数据。这些模拟软件应采用虚拟技术可以在同一台计算机模拟运行多个设备。

1. 联锁系统的仿真

系统配备联锁系统仿真软件，按照标准接口协议和自律机通信，并可响应自律机发来的控制指令，按照联锁规则产生信号设备的状态变化，反馈至自律机。联锁系统仿真软件可以按照既有进路表和信号逻辑实现列车及调车进路选路、进路锁闭和信号开放、进路式或总锁式引导接发车、进路正常取消或人工延时解锁、道岔单操/单锁/封闭、区段故障解锁、信号机/股道封闭、坡道延续进路处理、站间/场间联系操作、设备故障报警等功能。

2. 列控系统的仿真

系统配备列控系统仿真软件，按照标准接口协议和 CTC 系统通信，可响应 CTC 系统发来的限速指令，并可将限速状态反馈至 CTC 系统。对于 CTCS-2 级/CTCS-3 级高铁线路，列控系统仿真软件还应模拟产生区间状态信息。仿真软件可以完整地实现 TSRS(列控中心)有关临时限速调度命令的工作流程，包括拟令、下达、签收、执行、取消以及临时限速状态的查询，并且在站场画面上显示临时限速黄色光带等功能。

3. RBC 的仿真

系统配备 RBC 仿真软件，按照标准接口协议和 CTC 系统通信，并可向 CTC 系统发送列车运行状态、位置、速度和移动授权信息。RBC 仿真软件可以自动按照列车模拟运行状态产生相关信息。

4. 无线车次号校核、无线调度命令传送系统及车载 CIR 的仿真

系统配备无线车次号校核/无线调度命令传送系统和车载 CIR 仿真软件，按照标准接口协议和 CTC 系统通信，可接收显示 CTC 系统的无线调度命令、无线进路预告等信息，可以按照列车模拟运行状态自动产生相关地点、时间的无线车次校核信息。

5. 其他系统接口

系统应具备与 TDMS 等系统互联的接口，实现有关计划管理功能。

(三)列车运行仿真

系统配备列车运行仿真软件，可模拟调度区段内列车的动态运行情况，自动按顺序产生列车占用、出清等状态，驱动联锁系统仿真软件产生相应的站内码位变化信息、驱动列控系统仿真软件产生相应的区间码位变化信息、驱动无线车次校核仿真软件产生无线车次校核信息、驱动 RBC 仿真软件产生移动授权信息，从而实现列车运行的全仿真环境。CTC 系统可以以此为基础实现车次号自动跟踪、无线进路预告以及自动排路等功能。

列车运行仿真软件严格按照调度员人工或者自动排路形成的进路移动列车，并且可以按照模拟设定的速度前进，其加减速应符合列车牵引计算要求。当遇到信号关闭、轨道电路红光带、线路封锁等情形，或者人工干预时，列车将停止运行，等候调度员按照规定流程处理后才能恢复列车运行状态。

系统可根据基本图或者预定的典型场景，在仿真系统内自动批量生成虚拟的动态列车，并在线路上按预定的速度、方向运行，也可以由教练台人工操作产生新的列车，或与动车模拟驾驶系统互联取得列车运行数据，并能对其发出行车指令。

(四)故障场景仿真

系统可以通过特定场景配置文件或者通过教练台人工设置的方式，在仿真环境中设置故障条件，系统可根据故障条件限制列车的模拟运行状态以及不符合信号规则的进路办理指令。可以设置的故障包括(但不限于)如下：

信号设备故障：区间、站内红光带、信号机故障(灯丝断丝)、道岔故障、区间方向电路故障、列控系统故障或者停用、联锁系统停用、区间闭塞设备停用、列控车载设备故障或者停用、CTC 设备故障或者停用等。

其他灾害故障：断轨、坍塌或者落物、风雨灾害、接触网故障或者停电、机车车辆故障、线路封锁施工等。

故障条件可以在正确作业流程执行后取消，或者根据教练台指令人工取消，或者设置的时间参数自动取消。在故障取消之前，系统应可根据故障类别和实际联锁关系限制列车运行或者信号开放。

三、系统结构

模拟系统应配置若干套 CTC 系统仿真环境，以支持多调度台协同模拟演练和调度台比武

演练两种方式。每个仿真环境包括 CTC 系统仿真运行所必需的后台服务器和数据，包括应用服务器、通信服务器、车站自律机以及联锁、列控、RBC、无线车次校核、无线调度命令和列车运行等模拟软件。

协同演练方式下，仿真环境一般按线路设置，一套仿真环境包含整个线路所有数据，适用于多个演练调度台按照多个调度区段同时进行协同演练。

比武演练方式下，模拟系统仅包含部分区段数据，适用于单个调度区段进行独立演练。当多个模拟调度台同时进行独立演练时，可以分别启动多个仿真环境。即可以多个模拟调度台同时独立地进行同一个调度区段的、完全相同场景的演练，但互不干扰。

模拟调度台可以在教练台培训教师的控制下，选择不同的调度区段，连接到不同的仿真环境。

(一)协作仿真环境系统结构

在协作演练方式下，不同调度台连接到同一套 CTC 系统模拟环境中，调度台间互相影响，实现协同指挥，系统功能逻辑示意如图 9-3 所示。

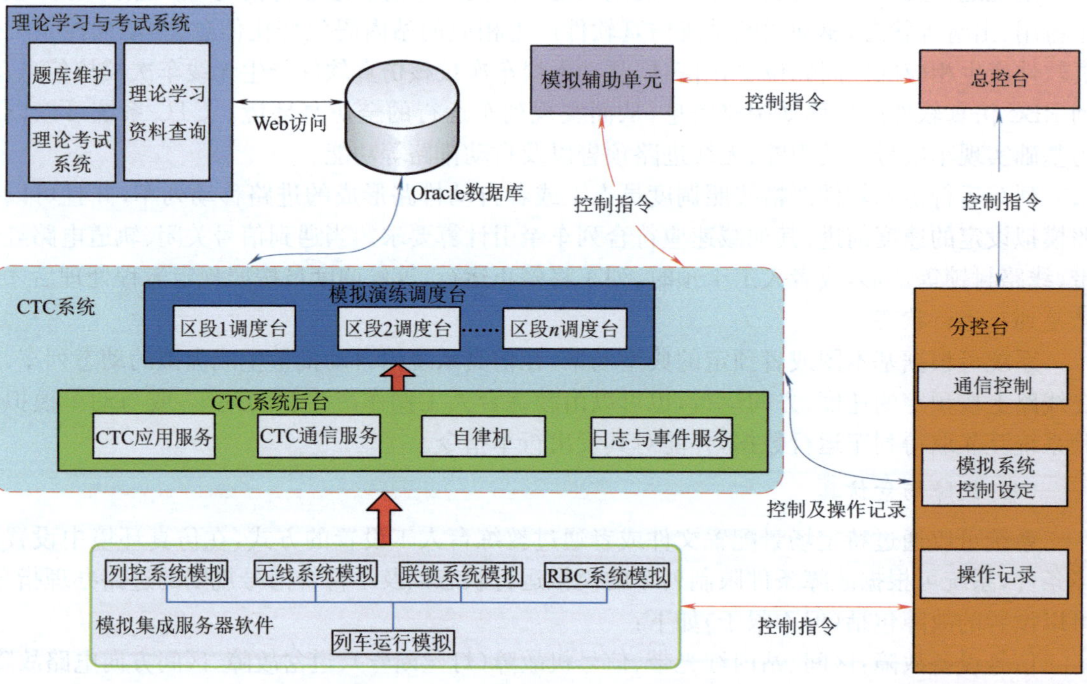

图 9-3　协作仿真系统功能逻辑示意图

(二)比武仿真环境系统结构

在比武演练方式下，不同调度台连接到不同 CTC 系统模拟环境中，调度台间完全独立，实现多个模拟调度台同时独立地进行同一个调度区段的、完全相同场景的演练，系统功能逻辑示意如图 9-4 所示。

(三)系统设备构成及配置要求

模拟系统包括数据库服务器、应用服务器、自律机模拟服务器、接口服务器、通信服务器、模拟集成服务器、模拟辅助单元、调度员演练终端、教练台终端等，以及构成高速局域网系统的网络设备。

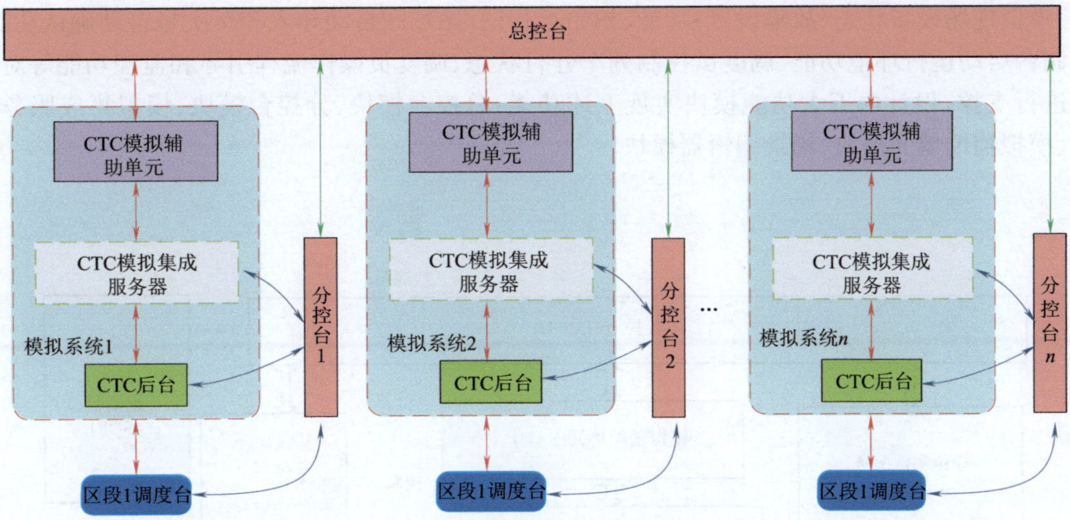

图 9-4 比武仿真环境系统结构

（四）系统规模和部署

1. 系统规模

模拟系统按照实际情况配置设备数量，并预留调度台、线路数据扩充能力。

模拟 CTC 系统数量应等于模拟调度台数量，保证所有调度台能同时进行同一个区段的模拟操作。一套模拟 CTC 系统至少应包括一个调度区段的数据和后台软件，协同模式下，一套模拟 CTC 系统应至少包括两个调度区段的数据和后台软件，一般应包括一条线路的完整 CTC 数据和后台软件。

2. 系统硬件部署

系统使用独立局域网，系统硬件部署如图 9-5 所示。

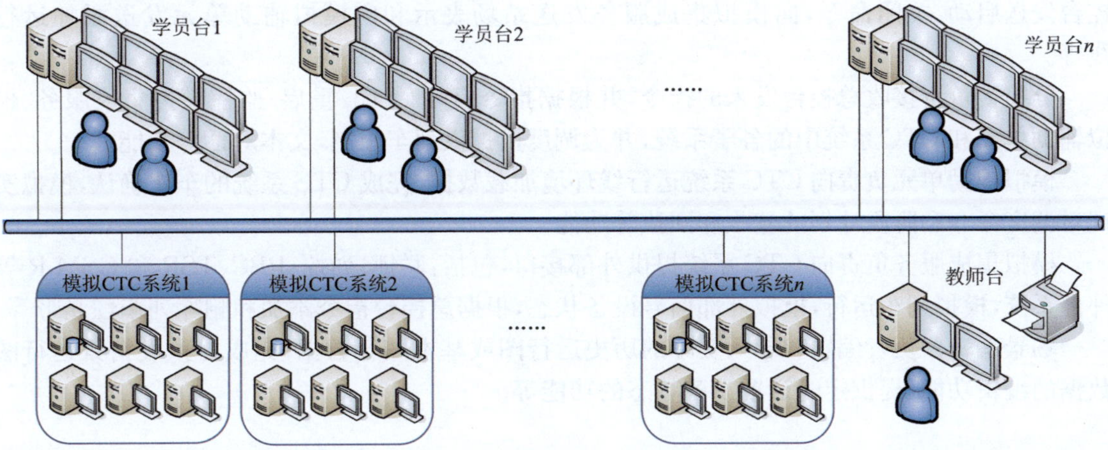

图 9-5 模拟系统硬件部署

四、软件组成

系统软件模块组成如图 9-6 所示，其中系统核心为模拟外部接口功能、模拟列车运行功能、模拟现场设备状态(故障设置)功能、初始运行图/站场图自动导入和车次号自动确认功能、控制台启动运行环境功能、调度员控制列车开行状态、调度员操作流程引导和监控功能等对系统进行支撑,设计由五大功能模块实现上述功能:总控台模块、分控台模块、模拟集成服务模块、模拟辅助单元模块、场景编辑器模块。

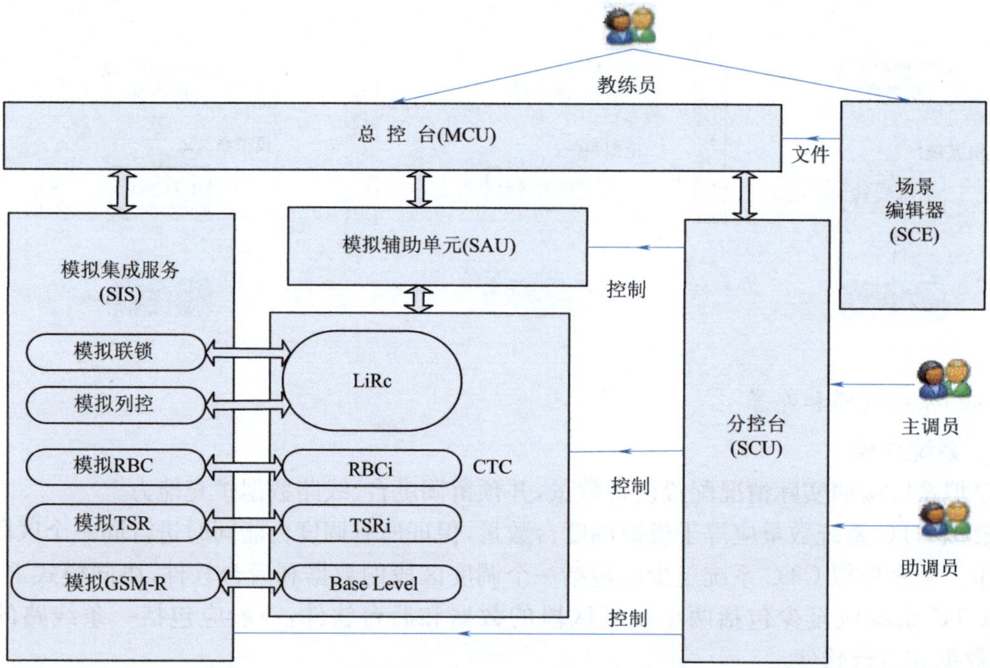

图 9-6　模拟系统的软件模块组成

总控台作为本系统内部的核心软件负责部署并设置需要模拟运行的场景环境,完成向分控台发送启动/关闭命令,向模拟集成服务发送站场表示和向模拟辅助单元发送添加运行线等。

分控台负责接收总控台发来的指令,并根据指令启动/关闭/重启/监控模拟集成服务、模拟辅助单元和 CTC 系统中的各子系统,并为调度员提供列车控制,文本对话等功能。

模拟辅助单元负责向 CTC 系统运行线环境加载数据、完成 CTC 系统的车次确认,模拟实现对调度命令和阶段计划的签收和回执等功能。

模拟集成服务负责向 CTC 系统提供外部接口,包括:联锁、列控、RBC、TSR 和 GSM-R 等外部系统,模拟列车运行,模拟外部信号设备状态,根据总控台指令添加和删除列车红光带等。

场景编辑器负责编辑和导入实际的历史运行图或基本图等数据,完成对预设情景运行图数据的编辑功能,提供定时设置设备状态的功能等。

第十章　调度集中工程应用

高速铁路建设对于促进我国的经济发展起到了重要作用，使得我国铁路运输行业的客运压力大大缓解，从时间范畴上缩短了城市之间的距离。目前CTC系统已经作为一项成熟的高速铁路必备设备，并大规模应用。本章节主要针对调度集中系统在几条重要线路上的工程应用情况作详细介绍，包括：胶济线调度集中工程、武广高速铁路调度集中工程和京沪高速铁路调度集中工程，并以武汉高速铁路中心的调度集中工程为例，对调度集中中心建设作简要介绍。

第一节　胶济线调度集中

胶济线青岛至济南全长384 km，年运输旅客1 227万人，发送货物3 762万t。全线为双线（其中淄博至临淄、即墨至高密为四线区段）区段，电气化改造后，旅客列车平均时速提高到120 km以上，每天运行列车100对左右。全线车站采用DS6-K5B型计算机联锁设备，区间采用ZPW-2000A型自动闭塞设备，全线建设有GSM-R无线通信平台。

一、胶济线调度集中基本情况

胶济线于2005年7月开始建设分散自律调度集中系统，采用卡斯柯信号有限公司自主研发的FZk-CTC型设备，于2006年8月正式开通使用。

(一)胶济线调度集中系统车站配置

胶济线电化改造后只保留40个车站/场，分散自律调度集中系统涉及的车站如图10-1所示。

胶济正线车站（图中绿色的车站）是调度集中系统的控制站，包括青岛、港湾、四方、沙岭庄、沧口、娄山、城阳、即墨、蓝村、青岛西上行场、青岛西下行场、胶州、姚哥庄、高密、蔡家庄、昌邑、安丘、潍坊东、潍坊、潍坊西、昌乐、谭家坊、青州、普通、临淄、东风、金岭镇、湖田、淄博、马尚、周村东、王村、章丘、平陵城共计34个站。

与胶济正线衔接的车站（图中红色的车站）与调度集中系统有关联，配套建设有TDCS系统。

对CTC系统控制车站，系统采用中心调度集中总机和车站分散自律机进行控制，实现车站信号设备远程控制和调度中心按图排路控制；对TDCS车站，系统实现同一调度中心的集中指挥。

(二)胶济线调度台管辖范围划分

胶济线调度集中系统调度台划分如图10-2所示。

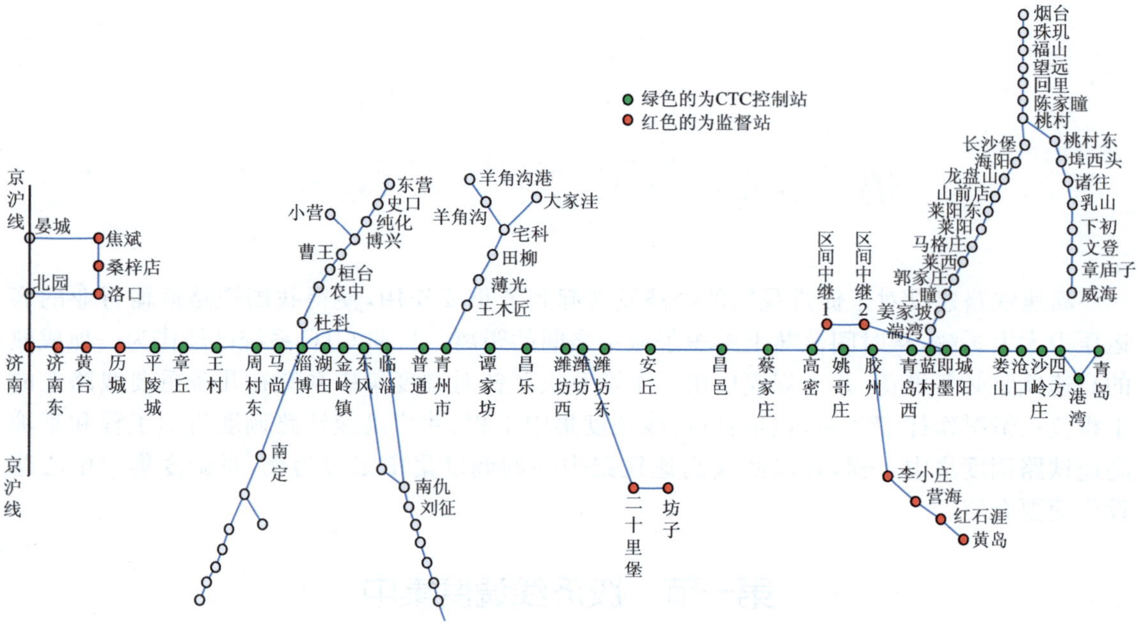

图 10-1　胶济线分散自律调度集中车站配置

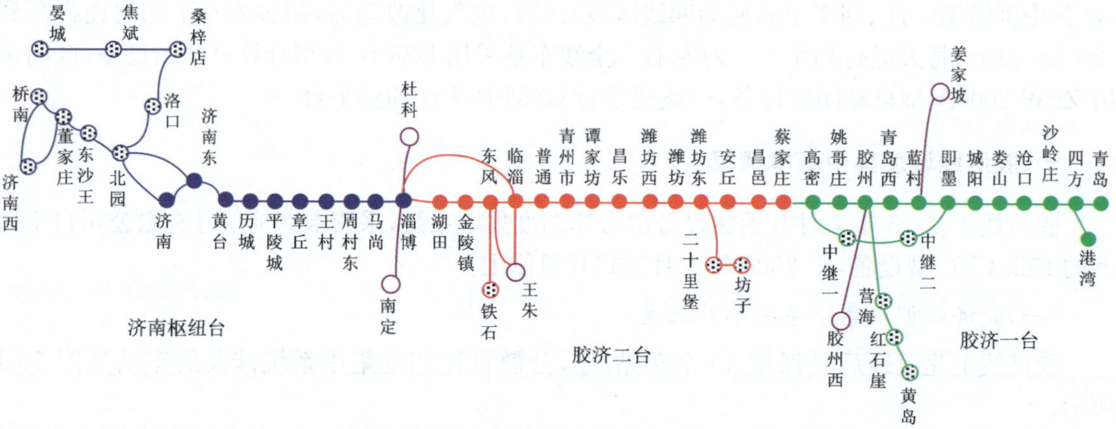

图 10-2　胶济线调度台管辖范围划分

1. 济南枢纽台

管辖范围包括：淄博、马尚、周村东、王村、章丘、平陵城 6 个 CTC 控制站及历城、黄台、济南东、济南、北园、东沙王庄、董家庄、桥南、晏城、焦斌、桑梓店、洛口、济南西（Ⅰ场下到、Ⅲ场下发、Ⅵ场上出场）13 个 TDCS 指挥车站，共计 19 个车站。

2. 胶济二台

管辖范围包括：高密（不含）、蔡家庄、昌邑、安丘、潍坊东、潍坊、潍坊西、昌乐、谭家坊、青州、普通、临淄、东风、金岭镇、湖田、淄博（不含）14 个 CTC 控制车站，以及坊子支线的二十里堡、坊子站及铁石 3 个 TDCS 指挥车站，共计 19 个车站。

3. 胶济一台

管辖范围包括：青岛、四方、港湾、沙岭庄、沧口、娄山、城阳、即墨、蓝村、青岛西上行场、青岛西下行场、胶州、姚哥庄、高密 14 个 CTC 控制站，胶黄线黄岛、营海、红石崖线路所 3 个 TDCS 车站，2 个区间中继站，共计 19 个车站。

4. 无人值守站设置

无人值守车站是没有车站值班员等行车岗位的车站，根据胶济线的实际情况，无人值守车站选择的原则是四等以下的客货运量很小的车站，选定姚哥庄、蔡家庄、昌邑、谭家坊、马尚、平陵城 6 个车站。

5. 站调中心的设置

在青岛、青岛西、淄博、东风四个区段站/编组站设置站调中心，配合调度中心实现分散自律调度集中的大站集中控制。

6. 维修中心的设置

调度中心机房所在地(济南铁路局调度中心)设置集中维修中心。针对无人值守车站，设置青州、高密、章丘三个应急维修中心。

二、胶济线调度集中系统构成

胶济线分散自律调度集中系统由调度中心系统、车站系统和网络通信系统三部分构成。

(一)调度中心系统

调度中心系统包括调度中心应用系统、总机房设备、维修子系统。

1. 调度中心应用系统

调度中心应用系统主要提供路局调度所各相关工种的操作界面和培训功能。主要设备包括：列车调度员工作站、助理调度员(兼操作员台)、综合维修工作站、值班主任工作站、计划员工作站、统计员工作站、培训工作站、$n+1$ 备份工作站和必要的打印机和绘图仪等。

(1)列车调度员工作站

实时监控管辖范围内列车运行状态；

制定、调整和下达列车阶段计划，查阅实际运行图；

调度命令的下达和维护；

与相邻区段列车调度员进行信息交换。

(2)助理调度员工作站(兼操作员台)

无人车站的少量调车作业计划的编制；

调整以及调车工作的指导工作；

根据列车调度员安排的运行调整计划和调度员的口头指令进行车站的列车进路自动排路的监督工作，必要时采取相应的人工干预措施；

根据 CTC 系统提供的车站操作界面，直接遥控车站的进路和其他信号设备。

(3)综合维修工作站

综合维修调度员在列车调度员的领导下，通过此工作站完成车站设备日常维护、天窗修、施工以及故障处理方面的登销记手续办理，并具有设置临时限速，区间、股道封锁等功能。

(4)值班主任工作站

了解调度集中区段的列车实际运行图情况；

了解车站接发车作业情况和调车作业情况；

发布调度命令及其他管理信息等。

(5)计划员工作站

了解调度集中区段的列车实际运行图情况；

了解车站接发车作业情况和调车作业情况；

发布日班计划及其他管理信息等。

(6)培训工作站

主要用于为调度所各级行车指挥人员提供系统岗位技术培训。

(7)$n+1$ 备份工作站

当列车调度台工作站、助理调度员工作站或综合维修工作站出现故障时，可以以此备份工作站临时作为故障工作站使用。

2. 总机房设备

(1)数据库服务器

CTC 与 TDCS 共享数据库服务器，用于存储全局的关键性数据，如运行图计划、列车到发点、表示信息等。

(2)应用服务器

应用服务器主要用于 CTC 系统基本图、日班计划、阶段计划、实绩运行图、调车作业计划及其他各项数据的存储；处理 CTC 内部数据与业务流程，包括列车阶段计划的维护及冲突检测和调整、调车作业计划及调车作业勾进路的生成等，是 CTC 系统的核心处理设备。

(3)通信前置服务器

通信前置服务器主要用于完成调度中心系统与车站系统的数据交换和通信隔离。

(4)接口服务器

接口服务器主要用于同其他各相关系统间的数据交换和资源共享。

3. 调度集中维修子系统

(1)系统维护工作站

系统维护工作站主要用于对 CTC 系统的调度中心及车站的计算机设备、网络通信设备的运行状态进行监视。对故障设备进行报警、记录和回放进路的排列出清、现场计算机设备和网络设备的诊断和维护等，配置数据的修改，基本图的导入等系统维护工作。

(2)网管工作站

网管工作站主要用于网络诊断报警、提供网络拓扑图状态、通道的流量和网络连接等信息，便于系统网络故障的快速定位。

(二)车站系统

分散自律调度集中系统采用分散自律的理念，即调度中心将行车计划下达至车站、由车站系统根据列车运行调整计划、《站细》《行车组织细则》《铁路技术管理规程(高速铁路部分)》完成进路选排、冲突检测、控制输出。车站系统结构如图 10-3 所示。

1. 自律机 LiRC

自律机是分散自律型调度集中系统的车站核心设备，采用专用智能进路控制计算机 LiRC。自律机采用双机热备工作方式。主要用于：

(1)接收存储调度中心的列车运行计划、调车作业计划等；

(2)可以自动按计划进行进路排列，驱动联锁系统执行排列进路指令；

(3)接收调度中心和本地值班员(信号员)的直接控制操作指令(按钮命令)，经与列车计划以及联锁关系检查后，确认无冲突后驱动联锁系统执行排列进路指令；

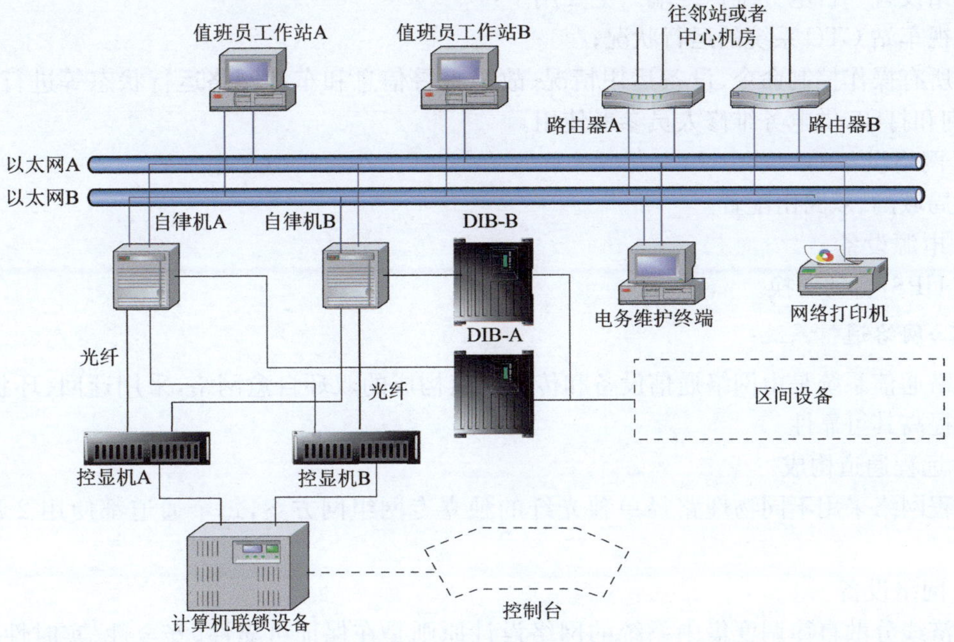

图 10-3　车站系统结构

(4)对信号设备的表示信息进行分析，确认进路的完整性和信号的正确性，并能对不正常情况进行处理并给出相应报警信息提示；

(5)对车次号进行安全级管理；

(6)实时接收车站信号设备状态表示信息，列车及调车作业的跟踪，收集行车运行实际数据，并上传至调度中心；

(7)接收邻站的实际和计划运行图以及设备状态信息；

(8)接收调度中心和本站值班员对进路的人工干预指令，并调整内部处理流程。

2. 采集板(DIB 板)

采用带有 CPU 的智能采集板 DIB 板。用来进行区间信号机和区间轨道电路的采集。

3. 车站值班员工作站

每站设置两台车站值班员工作站，双机冗余。主要用于：

(1)基本图、日计划、班计划、阶段计划、车站调车计划、调度命令的调阅与签收；

(2)本站及邻站站场显示，区间运行状态显示；

(3)本站车次号的输入、修改和确认；

(4)行车日志的自动记录、存储、打印；列车编组和站存车的输入及上报；

(5)以运行图方式显示本站及临站阶段计划；

(6)调车计划的编制和打印；

(7)监视和控制本站自律机的计划执行和进路办理情况；

(8)本站非正常情况的报警。

4. 电务维护终端

每站设置一台电务维护终端。主要用于：

监视车站 CTC 系统的运行状况；

对所有操作控制命令、设备运用情况、故障报警信息和车站网络运行状态等进行分类存储、查询和打印，供电务维修人员参考使用。

5. 网络设备

双局域网、双路由配置。

6. 电源设备

双 UPS，自动切换。

（三）网络通信系统

网络通信系统是由网络通信设备和传输通道构成的双环自愈网络，采用迂回、环状、冗余等方式提高其可靠性。

1. 远程通道构成

远程网络采用不同物理路径单独光纤的独立专网组网方案，每个通道都使用 2 M 数字通道。

2. 网络设备

胶济线分散自律调度集中系统的网络设计原则是在保证可靠性、安全性、实时性的前提下，尽量采用标准、通用的网络设备。

调度中心采用两台高性能 1 000 M 交换机构成中心冗余局域网的主干，服务器、工作站等计算机设备均配备两块 1 000 M 网卡与交换机连接，调度中心还采用两台中高端 CISCO 路由器与车站基层广域网连接。同时为了保证中心局域网的安全，路由器和交换机之间加装防火墙设备。

车站系统采用两台高性能集线器构成车站局域网主干，车站调度集中自律机、值班员工作站等设备均配备两个以太网口进行网络连接，配备两台路由器和车站基层广域网连接。

3. 网络安全防护

调度集中网络通信系统是基于 TCP/IP 协议的网络系统，与其他专用网络协议 IPX/SPX、Apple Talk 相比，具有较高的开放性和互联性，使整个系统具有很好的可扩展性，同时也提出了更高的网络安全防护要求。

调度集中系统对网络的安全防护要求，包括网络结构和介质安全，防雷害、抗干扰能力，防黑客、抗病毒能力等。对于网络介质而言，所有应用网络均为双路冗余备份，保证系统的可靠性和可用性。除了双通道冗余之外，还要求网络具有高度的安全性，网络既要能防止被黑客非法入侵，也要能防止病毒在网络上蔓延，防止关键数据被非法复制、窃听等。

胶济线调度集中系统的网络安全防护主要包括：边界访问安全（防火墙需求）和防御黑客入侵（入侵检测系统）以及病毒传播防护。

同时，与其他系统联网时，不采用 TCP/IP 协议，而使用带光电隔离的 RS-232、RS-422、RS-485 等通信接口相连。

三、胶济线调度集中系统工程建设

2005 年 7 月，铁道部运输局主持召开胶济线调度集中工程推进会，要求加快工程建设，济南铁路局成立胶济线调度集中工程领导小组，经过日夜奋战，到 2005 年 12 月，完成了车站设备的安装调试，结合探索创新运输模式，开始进行系统调试试验工作，边试验边完善。试验工作按照“积极稳妥、从简到繁、有序推进、确保安全”的原则，分七个阶段进行。

(一)单站按图排路控制功能试验阶段

时间：2005 年 12 月 29 日—2006 年 1 月 7 日。

验证分散自律调度集中的主要功能。调度台选择济南枢纽台，车站选择章丘站。试验内容为：

(1)调度集中控制模式的相互切换试验及 1 h 货运列车的按图排路试验；

(2)3 h 客货运列车按图排路试验；

(3)CTC 按图排路试验，试验期间 24 h 共计接发了 32 对客车，51 对货车。

(二)多站按图排路控制功能试验阶段

时间：2006 年 1 月 12 日—20 日。

分别对蔡家庄和昌邑、安丘和潍坊东、潍坊和潍坊西、昌乐和谭家坊、青州市和普通二个车站按图排路控制功能，对临淄、金岭镇、湖田 3 个车站按图排路控制功能，对昌乐、谭家坊、青州市、普通 4 个车站按图排路控制功能进行了试验。

(三)多站、多出口车站及作业较复杂车站按图排路控制功能试验阶段

时间：2006 年 2 月 14 日—23 日。

对高密(三个方向)，即墨(三个方向)，姚哥庄、胶州(四个方向)，淄博(五个方向)，湖田站、蓝村站(三个方向)按图排路控制功能试验，检验多站、多出口车站及较复杂作业车站按图排路控制功能。

(四)单区段综合试验阶段

时间：2006 年 3 月 8 日—10 日。

(1)试验胶济二台管辖所有车站按图排路功能。胶济二台全区段试验是第一次在繁忙干线运用调度集中系统指挥行车的试验，试验期间完全采用 CTC 系统为主、调度员为辅的新型调度集中指挥方式。全面真实的测试了调度集中在实际运用中的各项功能。所有的列车运行、车站股道的安排，都是通过计划的调整来实现。调度员通过对计划的调整实现了对一个调度区段的所有列车的指挥控制。

(2)胶济一台及胶济二台联合试验(重点试验台间站信息互传功能)。检验了整台管辖所有车站按图排路功能和台间信息互传功能。

(五)胶济线全区段综合试验阶段

时间：2006 年 5 月 16—19 日。

对胶济线三个调度区段联合运输综合试验。胶济线全线三个调度区段 CTC 运输综合实验完全是使用 CTC 系统进行调度指挥控制，实验总体效果良好，证明了在胶济线可以应用调度集中系统指挥运输。

(六)胶济线全区段全天候试验阶段

时间：2006 年 6 月 16 日—7 月 31 日。

每天 8:00—17:00 进行 CTC 分散自律模式试验，17:00—8:00 进行站控模式试验。调度员基本掌握了 CTC 各项功能，对经常发生情况的功能按钮的操作已基本掌握。车站值班员也

具备功能按钮的操作技能，并能及时处理一些临时出现的问题。

(七)动车组综合试验

时间：2006 年 6 月 25 日—7 月 21 日。

试验地段在胶济线娄山至蔡家庄间，正线全长 83.196 km，区段内有娄山、城阳、即墨、高密、蔡家庄，5 站 4 区间。

胶济线动车组综合试验是在分散自律调度集中(CTC)控制模式下进行的，试验验证了以下功能：

(1)分散自律调度集中(CTC)系统技术条件规定的功能；

(2)调度集中系统在繁忙干线、客货混跑的适应性；

(3)调度集中系统指挥 200 km/h 动车组运行适应性；

(4)调度集中系统与 CTCS-2 级等系统的接口性能；

(5)调度集中系统下达临时限速调度命令、设置临时限速功能。

对与调度集中系统相关联的 GSM-R 系统也进行了测试。从试验的效果看，胶济线调度集中系统各项功能能够适应当前运输指挥的需求，满足行车设备的安全性、稳定性、可靠性、可操作性需要。

2006 年 8 月 1 日 8:00，胶济线调度集中系统开始投入 7×24 h 不间断运用。

四、胶济线调度集中系统特点

胶济线是全路繁忙干线中第一条全线装备分散自律调度集中(CTC)系统的线路，自 2005 年 7 月开始工程建设，经过一系列创新完善和试验验证，实现了 CTC 技术条件规定的功能，满足行车调度需求。该工程的建设，为中国铁路运输组织、运营管理、调度指挥提供了许多创新的理念。

1. 在繁忙干线列车高密度运行条件下，实现了列车进路按图排路，列车运行信号按计划自动控制。通过实际验证，充分说明分散自律调度集中系统可以实现更高列车运行密度条件下的信号自动控制。

2. 实现在繁忙干线列车作业和调车作业的统一管理。中心通过编制列车计划、合理安排股道，实现列车作业的有序合理运行。车站通过编制调车作业计划，实现调车作业。中心和车站均具备调车计划编制功能，使列车和调车作业更合理、有序。

3. 将大型编组站及区段站纳入调度集中控制，提出调度集中控制下的大型车站作业模式，如图 10-4 所示。

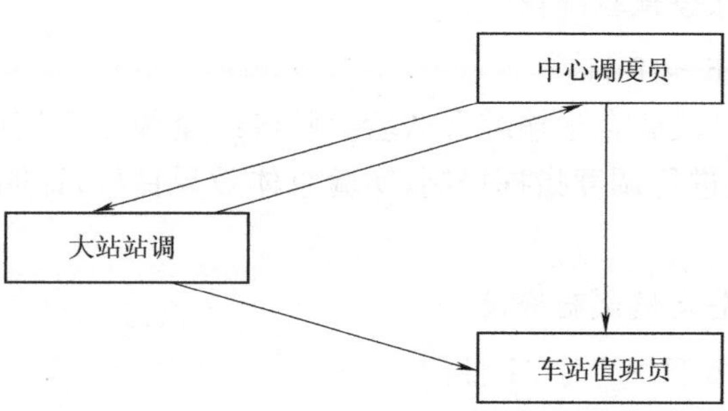

图 10-4　调度集中控制下的大型车站作业模式

中心调度员、大站站调、车站值班员三级作业模式如下：

(1)中心调度员下达日班计划和列车运行计划(其中相关大站的计划粗略)到大站站调系统。

(2)站调根据本站的情况，调整本站的列车发车时刻和股道安排，并发送给中心调度员。

(3)中心调度员确认来自大站站调的计划的修改，并随之调整区段整体运行计划，然后下达到车站值班员以及车站自律机执行。

(4)车站值班员监督列车作业自动执行情况，可以根据情况小范围调整股道以及进路触发时刻。

4. 实现动车组临时限速命令的下达功能。中心调度员通过调度集中系统拟制、校核、下达动车组临时限速命令，车站值班员选择合理时机通过调度集中系统下达到车站列控中心，并通过车地间安全通信最终完成对动车组的临时限速。

5. 考虑轨道电路分路不良对信号系统的影响，通过对分路不良轨道区段的设置、运用提示、空闲确认，实现在分路不良区段的列车进路控制。

6. 实现与 TDCS 系统的融合，一个调度区段内的 TDCS 系统车站和调度集中车站无缝结合，使行车信息得到最大程度的整合，适应运输组织不断变化的需要。

胶济线调度集中系统探索出在繁忙干线建设 CTC 系统的成功经验。从工程建设、运输组织模式创新、系统调试到试验验证，积累了一套适应中国铁路繁忙干线调度集中建设的成功经验，为全路繁忙干线建设调度集中(CTC)系统起到示范作用。

第二节　武广高速铁路调度集中

京广高速铁路武广段是京广高速铁路的重要组成部分，位于湖北、湖南、广东三省境内。北起武汉站，途经咸宁、岳阳、长沙、株洲、衡阳、郴州、韶关、清远等市，南到广州南站，全长 1 068.6 km，全线共 15 个车站，设计运营时速 350 km，武汉至广州全程最短运行时间 3 h。

京广高速铁路武广段是世界上第一条时速 350 km 的长大客运专线，是我国铁路贯彻落实科学发展观的又一重大成果，也是铁路现代化最新成果的集大成者。

一、武广高速铁路调度集中系统基本情况

武广高速铁路自 2008 年初开始建设调度集中系统，作为 CTCS-3 级列车运行控制系统的组成部分，采用 FZk-CTC 型调度集中设备，于 2009 年底与信号系统一起开通运行。

武广高速铁路车站包括：武汉、新乌龙泉、新咸宁、新赤壁、新岳阳、新汨罗、新长沙、新株洲、新衡山、新衡阳、新耒阳、新郴州、新乐昌、新韶关、新英德、新清远、新花都和新广州站，共计 18 个车站，所有车站均纳入调度集中系统控制范围，如图 10-5 所示。

图 10-5　武广高速铁路线路图

全线调度指挥在武汉局调度中心，设三个调度台：

武广一台：管辖武汉、乌龙泉、咸宁北、赤壁北；

武广二台：管辖（武广区段）岳阳东、汨罗东、长沙南、株洲西、衡山西；（杭长区段）醴陵东、长沙东南线路所、长沙南沪昆场、长沙西北线路所；

武广三台：管辖衡阳东、耒阳西、郴州西、乐昌东、韶关、英德西、清远；

在系统投入运行两年后，2011年底，根据调度指挥按管辖属地划分的要求，调度台管辖范围进行了调整。武汉局调度中心武广一台管辖武汉-赤壁北；广铁集团武广二台管辖衡山西—岳阳东，武广三台管辖衡山东—清远。

二、武广高速铁路调度集中系统构成

武广高速铁路调度集中系统由调度中心系统、车站系统和网络通信系统三部分构成。系统总体构成如图10-6所示。

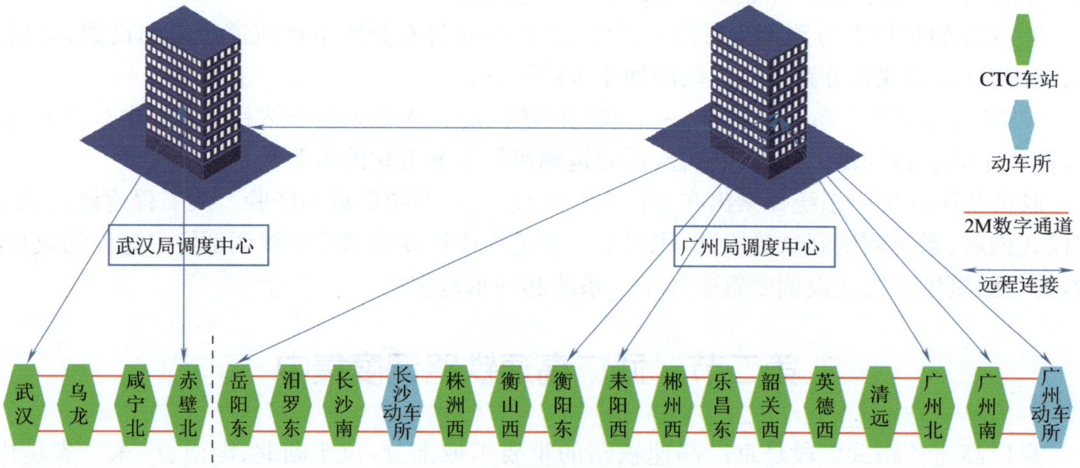

图10-6　武广高速铁路调度集中系统示意图

系统采用双环通信结构，每个通道均采用2 M数字通道。

武广高速铁路调度集中系统主要设备构成如图10-7所示。

三、调度中心系统

（一）调度中心

调度中心应用系统主要提供调度所各相关工种的操作工作界面功能。主要设备包括：调度员台、助理调度员台/操作员台、综合维修工作站、计划员台、打印机、绘图仪等。

1. 列车调度员工作站

该工作站是列车调度员的工作平台，使用分散自律调度集中系统的列调工作站提供的操作界面来完成调整和下达列车阶段计划，维护实际运行图，下达调度命令以及与相邻区段列车调度员交换信息。

列车调度员工作站的显示器用来显示实际运行图界面、调度命令界面，站场基本运行图界面等。列车调度员工作站采用双机互备，当主用设备故障时，可取代故障设备，保证系统的连续正常工作。

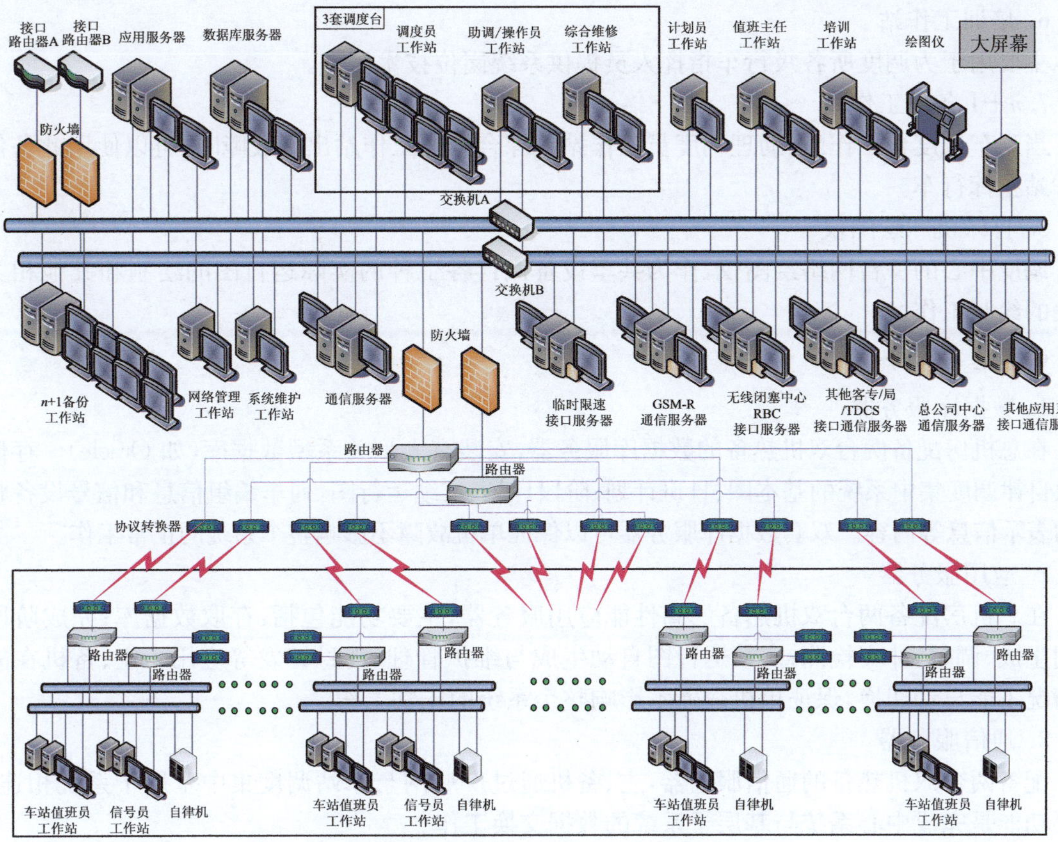

图 10-7　武广高速铁路调度集中系统设备图

2. 助理调度员工作站/操作员工作站

调度中心采用操作员工作站与助理调度员工作站合一方式，助理调度员还要完成操作员工作站的工作。

本工作站监督各站进路序列情况及进路办理情况，及时处理一些需人工干预的接发列车作业。

工作站的显示器可以分别显示管辖范围内每个车站进路操作控制界面和列车运行图界面。

3. 综合维修工作站

综合维修调度员在列车调度员的领导下，通过此工作站完成车站设备日常维护、天窗修、施工以及故障处理方面的登销记手续办理业务，并具有设置电力网、临时限速，区间、股道封锁等功能。

4. 值班主任工作站

值班主任工作站的主要功能包括：了解调度集中区段的列车实际运行图；了解车站接发车作业情况和调车作业情况；发布调度命令及其他管理信息。

5. 计划员工作站

计划员工作站的主要功能包括：调阅调度集中区段的列车实际运行图；监视车站接发车作业情况；发布日班计划及其他管理信息等。

6. 培训工作站

主要用于为调度所各级行车指挥人员提供系统岗位技术培训。

7. $n+1$ 备份工作站

当列车调度台工作站、助理调度员工作站或综合维修工作站出现故障时，可以使用此备份工作站指挥行车。

8. 打印机和绘图仪

调度中心的一台网络绘图仪，作为共享设备执行各工种的实际运行图的绘制和其他相关报表的绘制工作。

（二）总 机 房

1. 数据库服务器

在总机房配备两台双机热备的数据库服务器，安装有大型关系型数据库（如 Oracle）。存储分散自律调度集中系统的基本图、日班计划、阶段计划、实绩运行图，列车编组信息和信号设备状态的表示信息等内容。双套数据库服务器可以保证单机故障不影响整个系统的正常工作。

2. 应用服务器

在总机房配备两台双机热备的高性能应用服务器，主要功能包括：存取数据库；完成阶段计划生成、调整、冲突检测；实绩运行图自动生成与维护管理；消息转发等应用。主、备机在故障情况下能自动切换，保证单机故障不影响整个系统的正常工作。

3. 通信服务器

配备两台双机热备的通信服务器，主、备机通过广域网与车站调度集中基层子系统相连。主要功能是完成中心系统与基层子系统的数据交换工作。

4. 接口通信机

(1)GSM-R 通信服务器

与 GSM-R 系统接口。GSM-R 作为无线综合通信平台，CTC 可通过 GSM-R 实现进路自动预告、无线调度命令传输（含行车凭证）、无线调车作业单传输、无线调车机车信号和监控、无线车次校核、列车停稳以及列车完整性报警等功能。

(2)无线闭塞中心(RBC)接口服务器

与无线闭塞中心进行接口。

(3)接口通信服务器

与其他客专、铁路局以及其他 TDCS/CTC 系统接口，设置一套其他客专/铁路局接口通信服务器。

(4)临时限速接口通信服务器

与临时限速系统服务器接口，设置一套临时限速接口通信服务器。

(5)总公司中心通信服务器

与铁路总公司通信接口，设置一套与铁路总公司中心通信服务器。

(6)其他应用系统接口通信服务器

与旅客服务系统、动车组调度系统、异地备份中心等应用系统的接口，设置一套其他应用系统接口通信服务器。

5. 系统维护工作站

中心机房设系统维护工作站一台。

在系统维护工作站上以图形方式显示以下信息：调度集中服务器，通信服务器和相关调度台工作站的工作状态；车站 CTC 自律机，车站车务终端的工作状态；车站采集/输出板的工作状态及码位状态；当系统维护工作站所监控的设备出现故障时，给予语音或文字报警。

分散自律调度集中机房维护人员在维护工作站上可进行分散自律调度集中系统基础数据的维护和更新操作。

如有条件，系统维护台可与信号机械室环境监控系统联网，可以查询车站信号设备的工作情况。

6. 网络管理工作站

网络管理工作站提供监督分散自律调度集中中心局域网和分散自律调度集中广域网运行状况的功能。以图形方式显示网络拓扑图和广域网通道状态。当所监控的网络设备发生故障时，给予语音或文字报警。

(三)电源及防雷

CTC 中心机房及调度所设备采用集中供电方式。电源设备包括专用电源屏、电源防雷模块和不间断电源(UPS)。其中不间断电源包括两台 240 kVA UPS。

UPS 供电状态信息由 CTC 网络维护终端通过串口方式采集。当 UPS 的供电发生中断，并且电池的消耗达到一定程度时，UPS 将通过标准协议通知网络维护终端，维护终端进行声光报警。当供电恢复时，系统设备能够自动启动。

CTC 中心另配防雷屏(柜)一套，用来统一安装通道防雷模块。

(四)网络安全防护

调度集中网络系统是基于 TCP/IP 协议的网络系统，与专用网络相比较，具有较高的开放性和互联性，使整个系统具有很好的可扩展性和强大的接口功能，同时也提出了更高的网络安全防护要求。

调度集中系统的网络安全防护系统主要包括 3 类设备：

(1)访问控制：防火墙、入侵检测系统、身份验证系统。

(2)网络病毒防护：硬件网络防病毒主机。

(3)系统缺陷检测：网络漏洞评估主机。

网络版杀查毒软件可以随时监控网络上每台安装 Microsoft Windows 系列操作系统的计算机，一旦发现病毒立即查杀。

四、车站系统

车站系统是分散自律调度集中系统的重要组成部分，是整个网络系统的基本功能节点。车站系统根据列车运行调整计划完成进路选排、冲突检测、控制输出和状态显示等核心功能。

(一)系统组成

车站系统主要包含车务终端(值班员工作站)、CTC 维护机、自律机、网络设备、电源设备和防雷设备等，设备结构如图 10-8 所示。

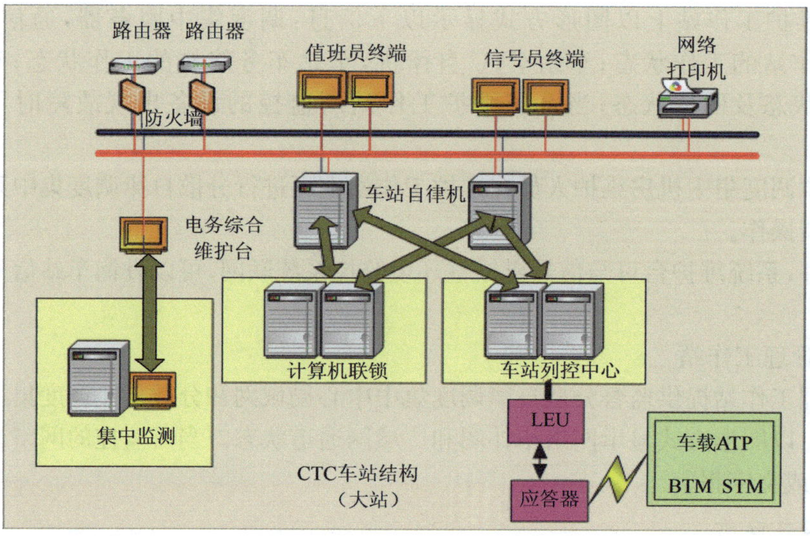

图 10-8　CTC 车站设备结构图

（二）主要设备

1. 车站自律机（LiRc）

自律机是 CTC 系统的车站核心设备，主要功能包括：

（1）接收存储调度中心的列车运行计划，并可以自动按计划进行进路排列，驱动联锁系统执行排列进路指令。

（2）接收调度中心和本地值班员（信号员）的直接控制操作指令（按钮命令），经与列车计划以及联锁关系检查后，确认无冲突后驱动联锁系统执行排列进路指令。

（3）对信号设备的表示信息进行分析，确认进路的完整性和信号的正确性，并能对不正常情况进行处理并给出相应报警信息提示。

（4）对车次号进行安全级管理。

（5）接收邻站的实际和计划运行图。

（6）接收调度中心和本站值班员对进路的人工干预指令，并调整内部处理流程。

2. 车务终端（车站值班员工作站）

车站值班员工作站设置于集中站的车站运转室内，配置双液晶显示器，并采用双机冗余模式。主要功能包括：

（1）用户登录和权限管理。

（2）基本图、班计划、阶段计划、调度命令的调阅与签收。

（3）本站的站场显示和相邻车站的站场显示，区间的运行状态显示。

（4）本站车次号的输入修改确认。

（5）行车日志的自动记录、存储、打印。

（6）列车编组和站存车的输入上报。

（7）监视和控制本站自律机的计划执行和进路办理。

（8）本站非正常情况的报警

3. 车站信号员工作站

在分散自律调度集中控制状态下，信号员来辅助值班员控制车站信号设备，主要作用是办理调车作业和监督列车进路序列的正确性。

车站信号员工作站设置于车站运转室内，一般配置双液晶显示器，并采用双机冗余模式。

武广高速铁路在武汉、新长沙、新衡阳、新广州这四个车站各设置一套双机冗余的信号员工作站。

4. 电务维护终端

电务维护终端主要用于监视车站 CTC 子系统的运行状况，对所有操作控制命令、设备运用情况、故障报警信息和车站网络运行状态等进行分类存储、查询和打印，供电务维修人员参考使用。

(三)网络通信

车站基层广域网连接调度中心局域网和各车站局域网，采用双环、迂回的高速专用数字通道，数字通道的带宽为 2 Mbit/s。每个通道环的站数不超过 8 个站。为了确保通信的可靠性，每个环交叉连接到局域网两台路由器上。

网络通信协议采用通用的 TCP/IP 协议，采用 CHAP 身份验证及 IPSEC 等安全保密技术，在车站局域网安装有网络版病毒查杀软件，对系统中的计算机进行实时病毒检测和清除，保证系统不受病毒的破坏。

FZk-CTC 型分散自律调度集中系统每个车站配置 2 台 CISCO 路由器，分别连接相邻的两个车站的路由器。在抽头车站，每个路由器还与调度中心路由器通过直连通道相连，路由器的广域网模块传输速率为 2 Mbit/s。

五、武广高速铁路调度集中系统特点

为了适应高速列车的运行控制，武广高速铁路调度集中系统实现了与 CTCS-3 级列车运行控制系统相关的多项功能。

(一)临时限速功能

在 CTCS-3 列车运行控制系统中，为了统一管理 CTCS-3 级和 CTCS-2 级的临时限速，新增临时限速服务器(TSRS)，用于管理、监督临时限速命令的执行情况。调度集中系统通过与 TSRS 及车站列控中心的结合，实现完整的临时限速功能。

调度集中系统设置接口服务器与临时限速服务器(TSRS)通过 2 M 专用数字通道相连，接口方式如图 10-9 所示。

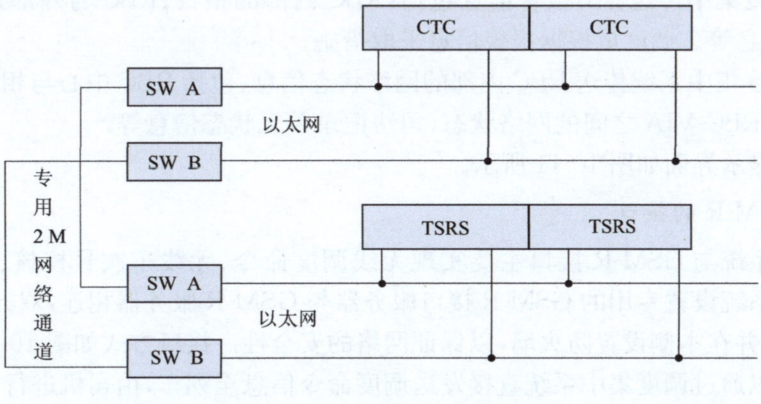

图 10-9 CTC 系统与 TSRS 接口

在调度台上拟定的临时限速命令，通过该接口发给临时限速服务器。临时限速命令包含调度命令号、限速原因、限速值、线路号、限速公里标、限速开始时间和结束时间。

临时限速服务器对拟定的临时限速命令进行验证，如果验证成功，该临时限速就保存在临时限速服务器中，并等待合适的时机下达。如果验证失败，返回错误消息给调度集中系统。当临时限速执行成功后，发送执行成功消息给调度集中系统，在调监界面上显示限速黄色光带。

（二）调度集中系统与 RBC 结合

高速铁路在 CTCS-3 级控制模式下，调度员需要掌握所辖区段列车信息，例如列车编号、速度、位置、移动授权和列车控制模式等，调度集中系统通过与 RBC 系统接口，可以获取并在调度界面上显示列车信息。

调度集中系统与 RBC 通过专用远程通道直接相连，如图 10-10 所示。

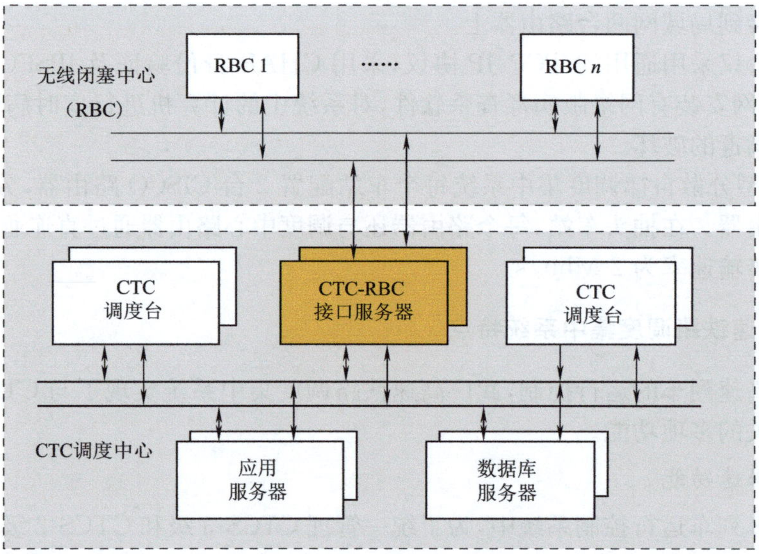

图 10-10　CTC 系统与 RBC 接口

RBC 向调度集中系统传送列车信息包括：列车编号、车次号、列车速度、位置、列车的移动授权信息。调度集中系统在调监画面上显示列车信息。

RBC 向调度集中传送各类报警信息包括：RBC 内部的报警、RBC 与外部接口的报警，网络报警，列车信息等。调度员根据报警信息采取措施。

RBC 向调度集中系统传送 RBC 内部的网络状态信息，包括 RBC 中心与相邻 RBC 中心的网络连接状态，RBC-VIA 之间的网络状态，司法记录单元状态信息等。

列车信息显示界面如图 10-11 所示。

（三）与 GSM-R 的接口

调度集中系统与 GSM-R 接口主要实现无线调度命令、无线车次号校核、进路预告等功能。调度集中系统设置专用的 GSM-R 接口服务器与 GSM-R 服务器相连，双方通过专用网络通道进行通信，并在本侧设置防火墙，以保证网络的安全性。接口方式如图 10-12 所示。

调度员可以通过调度集中系统直接发送调度命令信息至列车，由司机进行命令的签收。

当列车越过三接近信号机时，调度集中系统向列车发送进路预告信息。

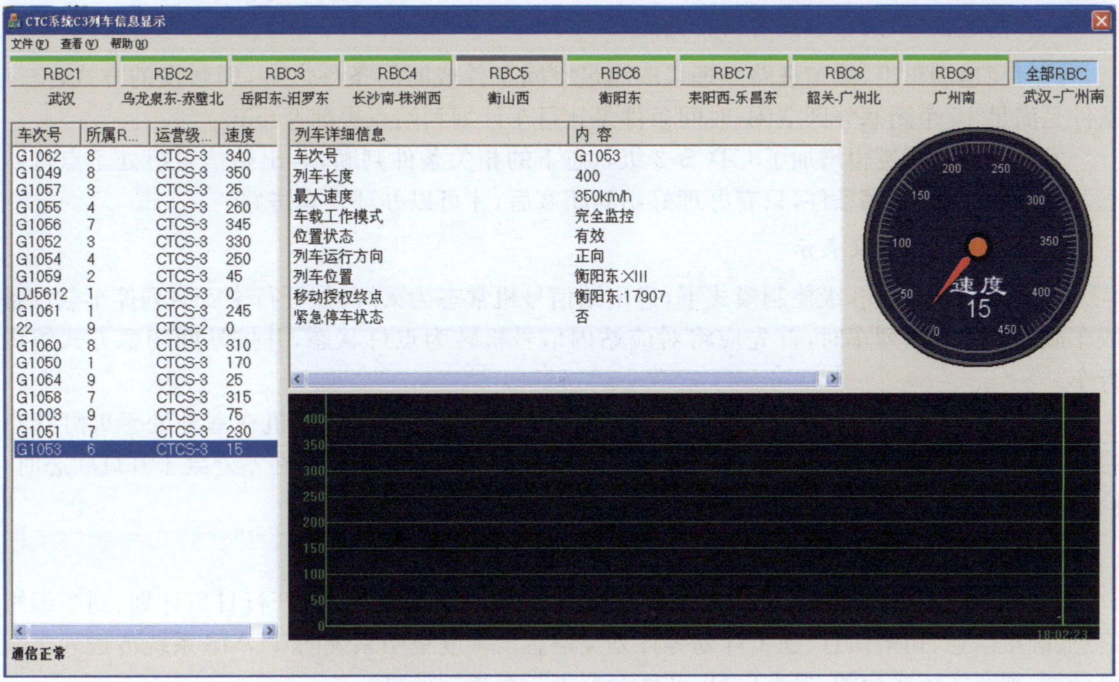

图 10-11　CTCS-3 级列车信息显示

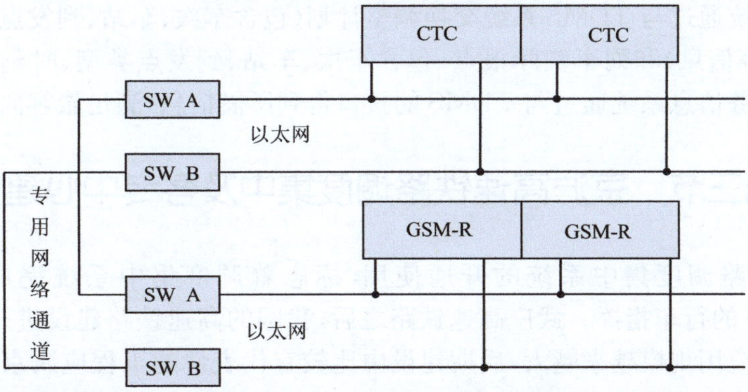

图 10-12　CTC 系统与 GSM-R 接口

当列车每越过一个闭塞分区都会发送车次号和公里标信息给调度集中系统。调度集中系统据此与系统中的列车追踪信息做比较，当发现不一致时调度集中系统将自动发出报警信息，请调度员或车站值班员对车次号进行确认，以保证行车关键信息的正确。

(四)与车站列控中心接口

调度集中系统通过车站自律机与车站列控中心通信，采用 RS-422 电缆双通道交叉互连，调度集中系统通过接口获取区间信号机状态、轨道电路发码状态及区间方向信息。调度集中系统向列控中心发送时间信息，用于系统间的时间同步。

在 CTCS-3 级系统中，区间没有信号机，只有标志牌。但是考虑到调度员和车站值班员已经习惯既有的站场界面显示，调度集中系统在区间显示了轨道的发码状态和占用状态。

（五）高速铁路 CTC 系统自动排列逻辑

针对高速动车组，接车进路办理采取满足空间条件或时间条件之一，即触发的方式，空间条件是满足 15 个闭塞分区空闲，时间条件是比行车计划到站点提前 9 min。

发车进路办理逻辑增加了 CTCS-3 级状态下的相关条件判断，若出站信号机处于点灯状态，需要检查站间闭塞条件，只有办理好站间闭塞后，才可以办理发车进路。

（六）开关灯操作及表示

高速铁路 CTCS-3 级控制模式下，进出站信号机常态为灭灯，如开行未安装列控车载设备或车载设备故障的列车时，首先应将对应站内信号机转为点灯状态，并按站间闭塞方式组织行车。

调度集中系统操作界面中，增加开关灯操作按钮，当进出站信号机在室外处于灭灯状态时，调度集中系统在原信号机图形上增加显示“×”。当进出站信号机在室外处于开灯状态时，信号机灯位显示与正常信号机一致。

（七）与 TDMS 系统接口

调度集中系统在调度中心与 TDMS 系统接口，获取基本图、列车开行日班计划、列车编组信息、确报信息、司乘信息、施工计划等计划类信息。调度集中系统向 TDMS 系统传送列车调整计划、列车实际运行图、报点信息、调度命令等行车指挥信息。

（八）与旅客服务信息系统接口

调度集中系统通过与 TDMS 系统交换调整计划（包含车次、车站、到发点类型、计划时刻、股道、图定时刻等信息）和列车实际报点（包含车次、车站、到发点类型、时刻、股道、早晚点信息），保证旅客服务信息系统通过与 TDMS 的接口得到所需信息，满足旅客向导信息的发布。

第三节　京沪高速铁路调度集中及客专中心建设

武广高速铁路调度集中系统的开通使用，标志着调度集中系统完成了在高速铁路 CTCS-3级模式下的行车指挥。武广高速铁路之后，我国的高速铁路建设进一步加快，高速铁路调度集中系统应用规模越来越大，后期建设中比较有代表性的工程应属京沪高速铁路调度集中和客专调度集中系统中心的建设。

一、京沪高速铁路简介

京沪高速铁路连接环渤海和长江三角洲两个经济发达区域，是中国客货运输最繁忙、增长潜力巨大的交通走廊。

京沪高速铁路全长 1 318 km，穿越北京、天津、济南、徐州、蚌埠、南京及上海七大铁路重点交通枢纽。全线设高速客运站 24 个，北京和上海 2 个动车段，济南、南京南、虹桥 3 处动车组运用所。京沪高速铁路设计最高运行速度 350 km/h，列车最小追踪间隔 3 min。

二、京沪高速铁路调度集中

京沪高速铁路调度集中系统自 2009 年开始规划建设，作为 CTCS-3 级列车运行控制系统的组成部分，采用 FZk-CTC 型调度集中设备，在顺利完成铁路总公司组织的静态验收、动态验收、联调联试、试运行及专家组安全评估后，于 2011 年 6 月 30 日开通运行。

京沪高速铁路正线共 24 个车站，北京局管内有北京南、廊坊、天津西、天津南、沧州西、德州东；济南局管内车站有、济南西、泰安、曲阜东、滕州东、枣庄；上海局管内车站有徐州东、宿州东、蚌埠南、定远站、滁州南、南京南、镇江西、丹阳北、常州北、无锡东、苏州北、昆山南、虹桥站。正线全部配置 FZk-CTC 型调度集中分机设备。

京沪高速铁路设计之初，调度指挥划分是按照虹桥站归上海局调度中心管辖，其余 23 个车站归北京局调度中心管辖，这种调度范围分工需要调度员跨局指挥。在 2011 年 9 月，根据调度指挥属地化的原则要求，对京沪高速铁路调度指挥范围进行了重新调整，车站行车指挥归所属路局管理，这样京沪高速铁路调度集中系统进行了结构性的调整。系统构成如图 10-13 所示。

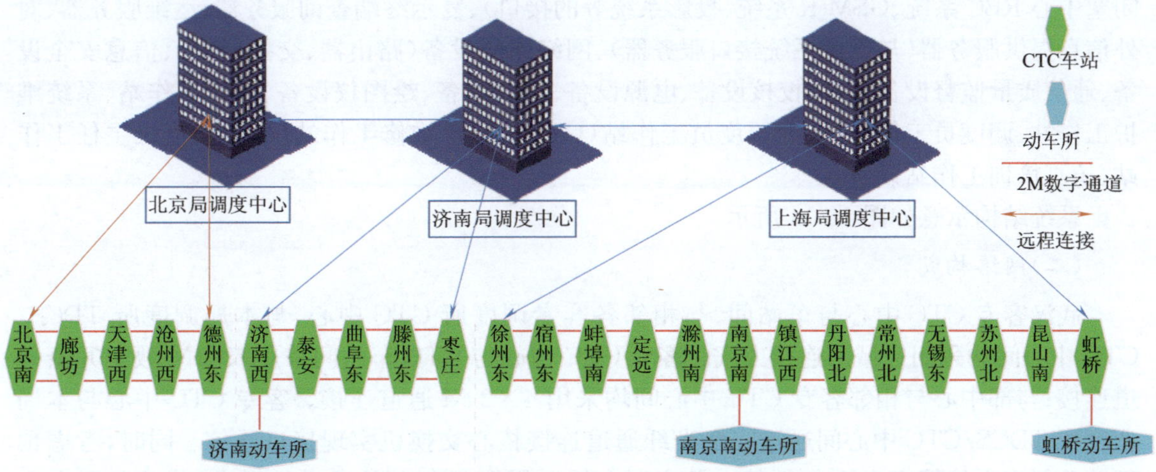

图 10-13 京沪高速铁路调度集中系统结构图

在北京、济南、上海三个局配置调度集中系统中心设备，管辖范围如下：

北京局京沪高调度台：北京南、廊坊、天津西、天津南、沧州西、德州东；

济南局京沪高调度台：德州东、济南西、泰、曲阜东、滕州东、枣庄；

上海局京沪高速铁路一台：徐州东、宿州东、蚌埠南、定远站、滁州南；

上海局京沪高速铁路二台：南京南、镇江西、丹阳北、常州北、无锡东、苏州北、昆山南、虹桥站。

京沪高速铁路调度集中系统中心和车站设备配置与武广高速铁路调度集中一致，系统结构与功能也没有变化，是我国高速铁路调度集中系统一次成熟的应用。

三、客专调度集中系统中心建设

随着客运专线建设步伐的加快，为满足大量客专线路的运营，各局均在调度中心设置独立的客专调度集中系统，为区别于既有普速线路的调度指挥系统（TDCS/CTC），两套系统完全分离，互不干扰。

其中，北京、上海、广州、武汉四个局自 2013 年初开始新建客专调度指挥中心，并新建客专调度集中系统中心，管辖客专所有车站的调度集中分机，把客专与既有普速线路的调度指挥系统分离开来。下面以武汉客专中心为例，介绍客专调度集中系统中心的建设情况。

(一)武汉局客专调度集中系统中心结构

武汉调度所客专调度集中系统中心(以下简称武汉客专 CTC 中心)由服务器、调度员工作站、复示终端、系统维护终端、网络设备及网络安全设备等组成。其中包括中心与车站、与铁路总公司中心、与相邻路局调度所 TDCS/CTC 中心、与相邻各客专调度所 CTC 中心之间以及中心与外部系统之间的接口设备。

武汉客专 CTC 中心主要包括数据库服务器(含共享冗余磁盘阵列)、应用服务器(按线别设置)、通信前置服务器(按线别分别设置)、仿真培训服务器、接口服务器(与铁路总公司 TDCS/CTC 中心、本局 TDCS/CTC 中心、相邻客专调度所 CTC 中心、与 TSRS 服务器、无线闭塞中心 RBC 系统、GSM-R 系统、投影系统等的接口)、复示终端查询服务器、运维服务器、对外信息提供服务器(与运调系统接口服务器)、网络通信设备(路由器、交换机等)、信息安全设备、通信质量监督设备、时钟校核设备、电源设备、防雷设备、绘图仪设备、网管工作站、系统维护工作站、调度员工作站、助理调度员工作站(CTC)、综合维修工作站(CTC)、值班主任工作站、仿真培训工作站设备。

系统结构示意如图 10-14 所示。

(二)网络构成

武汉客专 CTC 中心与车站间、与相邻各客专调度所 CTC 中心、与本局调度所 TDCS/CTC 中心间均采用广域网连接方式。客专 CTC 中心与 CTC 车站间采用双 2 M 数字冗余通道连接；与部中心与相邻客专 CTC 中心间均采用 4×2 M 通道连接。客专 CTC 中心与本局调度所 TDCS/CTC 中心间通过冗余光纤通道连接核心交换机实现接口通信。同时，考虑预留总公司中心接管客专中心的某一条客运专线时需要具备通信通道的需求，与总公司中心 TDCS/CTC 系统间额外采用 16×2 M 通道连接。

(三)系统功能

客专 CTC 中心系统具备以下主要功能：

(1)具备在铁路局调度所统一指挥下对管内各客运专线调度指挥及管理功能；

(2)具备列车运行计划人工、自动调整，实际运行图自动描绘，行车日志自动生成、储存、打印功能；

(3)调度监督信息显示、信号设备状态及列车运行位置、车次号显示功能；

(4)调度命令管理功能；

(5)CTCS-3 级相关功能：C3 区段需实现如区间闭塞分区低频信息显示、移动授权信息显示、C3 列车运行状态显示、C3 客专下列控限速功能等；

(6)系统具有自我诊断、运行日志保存、查询和打印等功能，并逐步实现系统维护智能化；

(7)系统对所有的人工操作具有完整的记录、查询、回放和打印功能；

(8)与运调系统接口功能；

(9)与 GSM-R 系统接口功能；

(10)与管内各客运专线的 RBC 系统、TSR 服务器进行相应的接口功能；

(11)与大屏投影系统接口功能。

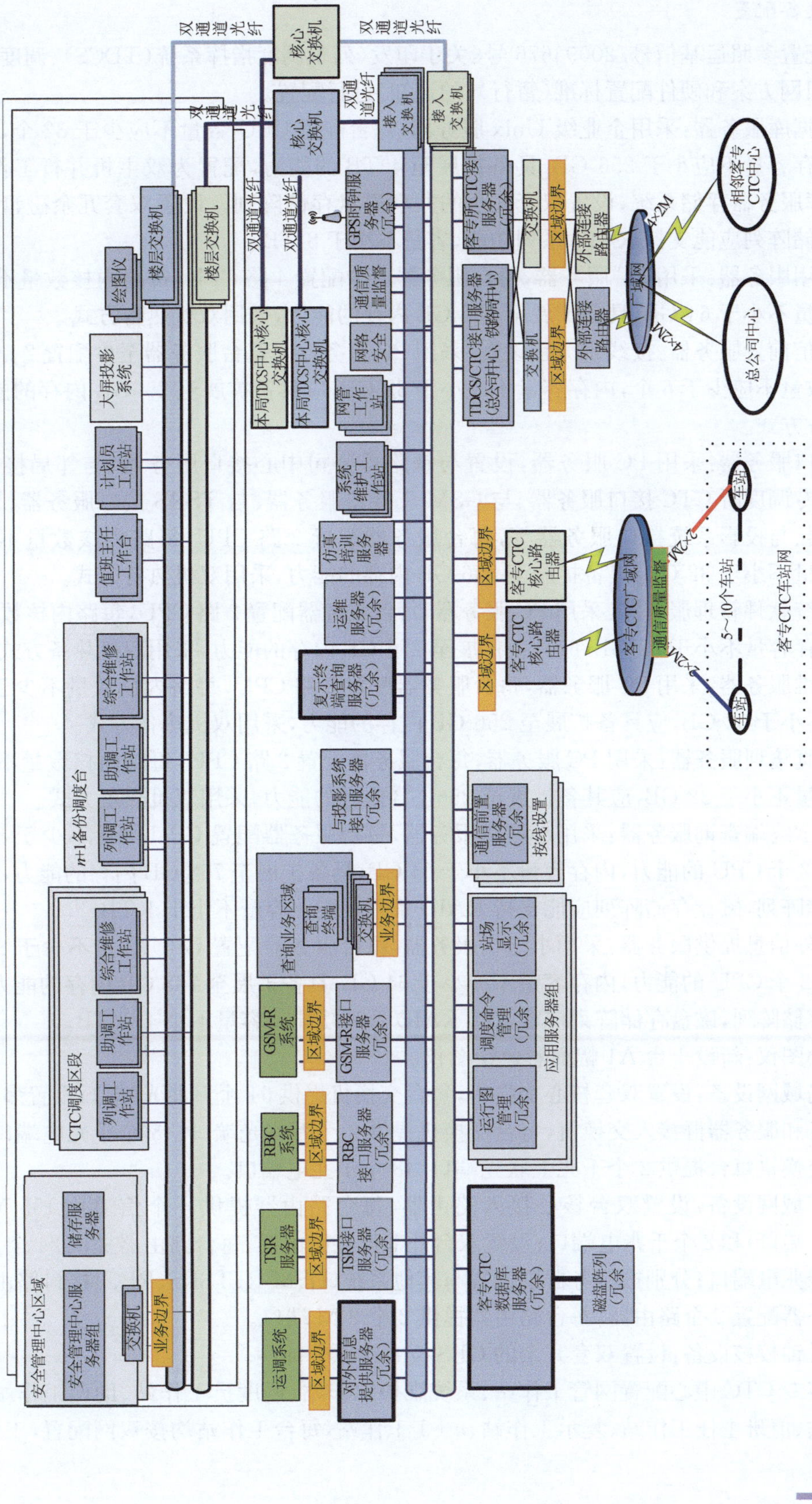

图 10-14 武汉客专 CTC 中心系统结构

（四）设备配置

设备配置参照运基信号〔2009〕676号《关于印发〈列车调度指挥系统（TDCS）、调度集中系统（CTC）组网方案和硬件配置标准（暂行）〉的通知》进行配置。

（1）数据库服务器：采用企业级Unix服务器，每台配置CPU数量不应少于32个，具备扩展能力，内存容量不应小于256 GB，具备扩展至4 TB的能力，配置为双主机并行工作方式。配置数据库服务器存储系统，设置双套冗余的共享磁盘存储阵列。设置双套冗余磁盘存储阵列，磁盘存储阵列应能支持RAID系列功能，容量不小于8 TB。

（2）应用服务器：采用PC服务器，每台服务器至少配置4路CPU，每路内核数量不少于6个，内存容量不小于64 GB，具备扩展至256 GB内存的能力，采用双机热备方式。

（3）通信前置服务器：按线别分别设置，采用PC服务器。每台服务器至少配置2路CPU，每路内核数量不应少于6个，内存容量不应小于32 GB，应具备扩展至256GB内存的能力，采用双机热备方式。

（4）接口服务器：采用PC服务器，设置与铁路总公司中心接口服务器、与邻局接口服务器、与邻客专调度所CTC接口服务器、与GSM-R接口服务器、与TSRS接口服务器、与RBC接口服务器、与投影系统接口服务器等，每台服务器配置2路CPU，每路内核数量不少于6个，内存容量不小于32 GB，具备扩展至256 GB内存的能力，采用双机热备方式。

（5）系统软件管理服务器：采用PC服务器，每台服务器配置2路CPU，每路内核数量不少于6个，内存容量不小于32 GB，应具备扩展至256 GB内存的能力，采用双机热备方式。

（6）运维服务器：采用PC服务器，每台服务器配置2路CPU，每路内核数量不少于6个，内存容量不小于32 GB，应具备扩展至256 GB内存的能力，采用双机热备方式。

（7）仿真培训服务器：采用PC服务器，每台服务器配置2路CPU，每路内核数量不少于6个，内存容量不小于32 GB，应其备扩展至256 GB内存的能力，采用双机热备方式。

（8）复示终端查询服务器：采用小型机服务器，每台服务器配置CPU数量不少于8个，具备扩展至32个CPU的能力，内存容量不小于64 GB，具备扩展至768 GB内存的能力，设置共享磁盘存储阵列，磁盘存储阵列应能支持RAID系列功能。容量不小于1 TB。

（9）对外信息提供服务器：采用小型机服务器，每台服务器配置CPU数量不少于8个，具备扩展至32个CPU的能力，内存容量不应小于64 GB，具备扩展至768 GB内存的能力，设置共享磁盘存储阵列，磁盘存储阵列应能支持RAID系列功能。容量不小于1 TB。

（10）绘图仪：新设1台A1幅面彩色绘图仪。

（11）局域网设备：设置双套核心交换机，每台交换机提供64个万兆光端口；设置多组双套楼层交换机和服务器群接入交换机，每台交换机提供2个万兆光端口、48个千兆电端口；查询终端楼层交换机每台提供2个千兆上联光端口、48个千兆电端口。

（12）广域网设备：设置双台核心接入路由器，每台路由器提供4个信道化155 M端口（252×2 M端口）和2个千兆电端口；设置双台外部连接路由器，每台路由器提供24个2 M端口和2个千兆电端口；分别按服务器别设置与其他系统（GSM-R、TSRS、RBC）接口路由器，每对接口服务器配置2个路由器，每台路由器提供2个2 M端口。

（13）时钟校核设备：设置双套冗余的GPS授时铷原子钟。

（14）客专CTC中心配置网管工作站、系统维护工作站、调度员工作站、助调工作站、综合维修工作站、值班主任工作站、复示工作站、$n+1$工作站，每台工作站均按双网配置，工作站采用图形工作站，根据需要配置多屏显示卡，设备配置不少于 2 路 CPU，每路 CPU 不少于 2 核。内存容量不小于 4 GB。

(15)信息安全系统：客专 CTC 中心配置网络安全设备。

(16)通信质量监督系统：客专 CTC 中心配置通信质量监督系统，监视远程通信质量。

(17)客专 CTC 中心系统监控室配置 6 块 60 英寸 MPDP 大屏幕监视屏。

(18)中心电源：客专 CTC 中心系统配置双套冗余电源，保证系统不间断使用。

(19)CTC 应用软件：客专 CTC 中心采用铁路总公司统一发布的软件版本。

(五)系统接口

武汉客专 CTC 中心包含如下接口：

(1)与武汉局普速 TDCS/CTC 中心接口，交互高速、普速关联车站信息，通过核心交换机连接进行交互。

(2)与运调系统/TDMS 系统接口，交互行车计划、列车实际运行信息、列车编组等信息，通过网络安全设备防护隔离后进行交互。

(3)与 GSM-R 系统接口，实现无线调度命令发布、列车进路预告、无线车次号校核等功能，通过网络安全设备防护隔离后进行交互。

(4)与铁路总公司客专中心接口，提供本局调度集中系统信息调阅功能，通过网络安全设备防护隔离后进行交互。

(5)与相邻客专 CTC 中心接口，实现分界口车站信息交互，通过网络安全设备防护隔离后进行交互。

(6)与 RBC 系统接口，实现 CTCS-3 级模式列车运行信息交互，通过 2 M 远程通道连接进行交互。

(7)与临时限速服务器(TSRS)接口，实现临时限速信息交互，通过 2 M 远程通道连接进行交互。

(8)与大屏投影系统接口，提供调度区段内车站信息的显示。

附录　名词术语英(缩略语)中对照

英文缩写	英文全称	中文全称
CBI	Computer Based Interlocking	计算机联锁
CTC	Centralized Traffic Control	调度集中
CTCS	Chinese Train Control System	中国列车运行控制系统
CSM	Centralized Signaling Monitoring System	信号集中监测系统
GSM-R	Global System for Mobile Communications-Railway	铁路数字移动通信系统
TCC	Train Control Center	列控中心
TDCS	Train Dispatching Command System	列车调度指挥系统
TDMS	Transporting Dispatching Management information System	运输调度管理信息系统
TSR	Temporary Speed Restriction	临时限速
RBC	Radio Block Center	无线闭塞中心

参考文献

[1] 刘朝英. 中国铁路分散自律调度集中[M]. 北京:中国铁道出版社,2009.

[2] 科技运〔2004〕15 号　分散自律调度集中系统(CTC)技术条件(暂行)[S].

[3] 运基信号〔2009〕676 号　列车调度指挥系统(TDCS)、调度集中系统(CTC)组网方案和硬件配置标准(暂行)[S].

[4] 穆建成. 中国铁路调度集中系统(CTC)的发展与展望[J]. 铁道运输与经济,2004,26(增刊):6-7.

[5] 铁总运〔2013〕141 号　铁路列车调度指挥系统(3.0)技术条件[S].

[6] 铁总运〔2014〕141 号　列车调度指挥系统(TDCS)数据通信规程(V3.0)[S].

[7] 中国铁路总公司. 分散自律调度集中系统[M]. 北京:中国铁道出版社,2014.